V&R

Karl König

Gegenübertragungs-analyse

3. Auflage

Vandenhoeck & Ruprecht
in Göttingen

Die Deutsche Bibliothek – CIP-Einheitsaufnahme

König, Karl:
Gegenübertragungsanalyse / Karl König. –
3. Aufl. – Göttingen :
Vandenhoeck & Ruprecht, 1998
ISBN 3-525-45755-3

3. Auflage 1998

Das Werk einschließlich aller seiner Teile ist urheberrechtlich geschützt.
Jede Verwertung außerhalb der engen Grenzen des Urheberrechtsgesetzes
ist ohne Zustimmung des Verlages unzulässig und strafbar.
Das gilt insbesondere für Vervielfältigungen, Übersetzungen,
Mikroverfilmungen und die Einspeicherung und Verarbeitung
in elektronischen Systemen.
© 1998, 1993 Vandenhoeck & Ruprecht, Göttingen
Printed in Germany
Druck und Einband: Hubert & Co., Göttingen

Inhalt

Vorwort 9

Theoretische Grundlagen 12

   Gegenübertragung - der ganze Elefant
   und seine Teile 12
   Bewußt, bewußtseinsfähig, vorbewußt, unbewußt ... 16
   Projektive Identifizierung und Gegenübertragung ... 19
   Beziehungswünsche des Therapeuten 27
   Vereinfachende Konzepte 28
   Das totalistisch-spezielle Konzept 33
   Abgrenzungsfragen 39

Praxis 41

   Ziele und Methodik der Gegenübertragungs-
   analyse 42
   Charakter und Übertragung 44
   Der Charakter des Analytikers 45
   Der Arbeitsstil des Analytikers und der
   Arbeitsstil des Patienten 48
   Charakter und Setting 50
   Normen und Werte von Analytiker und Patient 52
   Zum Arbeits-Ich des Analytikers 56
   Wie reagiert der Analytiker auf das, was die
   professionelle Rolle vorschreibt? 60
   Übertragungsauslöser und Abstinenz 62
   Therapeutenrolle - Elternrolle, Kindrolle,
   Geschwisterrolle 64
   Die subjektive Einschätzung von Wirkfaktoren 68
   Einsicht und Durcharbeiten 70
   Der Therapeut reagiert auf Widerstand 77
   Mehr zu Widerstandskollusionen 87
   Übersehen und Erkennen von Abwehr-
   mechanismen 92

Leugnen, Leugnung und Gegenübertragung	93
Agieren	94
Suizidalität	101
Gegenübertragungsträume	108
Mehr zu Gegenübertragungsgefühlen	110
Zur Container-Funktion des Therapeuten	122
Das übertragene Objekt spielen	124
Verbalisieren von Gegenübertragung	126
Zur Liebesübertragung und zum realen Inzest	130
Umgang mit der Liebesübertragung	132
Gegenübertragungswiderstand gegen ödipale Pathologie	134
Widerstand gegen das Erkennen von Übertragungen aus der Adoleszenz	136
Zum Geschlecht des Analytikers	137
Die Mutter als Ernährerin, der Vater als Ernährer	141
Die Übertragung sozialer Rollen auf den Analytiker	143
Körperliche Merkmale bei Patient und Therapeut	144
Der Analytiker reagiert auf den psychosomatisch Kranken	148
Institutionen und Gegenübertragung	150
Rituale und Rahmenbedingungen	152
Der Analytiker und die Religion	162
Diagnose, Indikation, Prognose - die subjektiven Einflußfaktoren	164
Eine Therapie beenden	173
Ausbildung	175
Die Grenzen der Lehranalyse	175
Selbstanalyse	179
Die Funktionen von Selbstanalyse, Supervision und Lehranalyse beim Bearbeiten von Gegenübertragung	185
Nachdenken über Patienten	188
Die Abstinenz nach der Lehranalyse	190
Wer sollte überhaupt Analytiker werden?	193

Gruppen 196

Anmerkungen zur Psychohygiene 204

Anhang 210

    Fragen zur Gegenübertragung 210
    Zur Psychohygiene des Therapeuten 217

Literatur 220

Register 228

Vorwort

Dieses Buch hat eine lange Geschichte. In den letzten fünfzehn Jahren habe ich in Zeitschriftenartikeln und Büchern zum Thema Gegenübertragung immer wieder publiziert. Ursprünglich war es meine Absicht, in einem Band zusammenzufassen, was ich über die Gegenübertragung und ihre Analyse geschrieben habe, um dem psychoanalytischen Therapeuten ein Arbeitsbuch in die Hand zu geben, das er konsultieren kann, wenn er Probleme mit der Gegenübertragung hat. Im Lauf der Arbeiten an dem Buch stellte sich aber heraus, daß es notwendig war und möglich wurde, bisher nicht Bearbeitetes zu ergänzen, den Stellenwert des in verschiedenen Büchern und Artikeln Dargestellten im Vergleich näher zu bestimmen, Lücken auszufüllen und neue Überlegungen hinzuzufügen. So ist eine Gesamtübersicht über das Thema *Gegenübertragungsanalyse* entstanden. Ich würde mir wünschen, daß das Buch so, wie es jetzt vorliegt, als Ganzes gelesen wird; auf bestimmte Kapitel oder Abschnitte sollte der Leser wieder zurückgreifen, wenn sich in seiner Behandlungspraxis entsprechende Situationen ergeben.

In diesem Buch sollen nicht nur die Reaktionen von Therapeuten auf ihre Patienten dargestellt werden, sondern auch die Reaktionsweisen des Therapeuten auf die angewandte Methode, ähnlich wie ich das im Falle der Kurztherapie früher schon einmal versucht habe. Hier geht es um das Setting, um seine Grenzen, um die verschiedenen Formen der Intervention und auch um Psychohygiene. Selbstverständlich wird auch berücksichtigt, was RACKER (1957, 1968) als indirekte Gegenübertragung bezeichnet hat: Reaktionsweisen des Therapeuten auf die Beziehungspersonen des Patienten. Der Einfluß von Charakter, Biographie und aktuellen Objektbeziehungen des Therapeuten wird ebenfalls dargestellt.

Wer ein Buch über Gegenübertragung schreiben will, darf nicht zu jung sein, wenn er sich nicht auf die Auswertung der Literatur beschränken will. In der Lehranalyse lernt man die eigene Gegenübertragung nicht direkt kennen, man überträgt aus der Position des Analysanden heraus. Man lernt sie erst in den eigenen Behandlungen kennen, zunächst unter Mithilfe eines Supervisors, später in eigener Gegenübertragungsanalyse. Zwar können Gegenübertragungen in der Lehranalyse geklärt werden, das findet aber seltener statt als man annehmen möchte, weil die Gegenübertragung, die ein bestimmter Patient in einem auslöst, nicht immer in jeder Phase der Lehranalyse paßt. Die Variationsbreite von Gegenübertragung lernt man kennen, wenn man selbst als Supervisor arbeitet. Selbst hat man ja nur eine Persönlichkeit. Den Kolleginnen und Kollegen, mit denen ich im Laufe meiner Tätigkeit als Supervisor zusammengearbeitet habe, möchte ich an dieser Stelle danken.

Wenn ich nun dieses Buch vorlege, verbinde ich damit die Hoffnung, daß es in der therapeutischen Praxis nützlich sein kann. Gleichzeitig hoffe ich aber, daß sich aus diesem Buch Forschungsansätze ergeben könnten, Forschungsansätze zur weiteren Überprüfung einiger der in diesem Buch dargestellten Hypothesen. Das kann empirisch-statistische Forschung sein. Sie könnte nicht alles klären, aber doch mehr als viele Analytiker annehmen.

Aus Diskussionen mit Kolleginnen und Kollegen habe ich nicht nur in den Supervisionen gelernt, sondern auch in der Zusammenarbeit bei der Behandlung von Patienten im Krankenhaus Tiefenbrunn, an der Abteilung für klinische Gruppenpsychotherapie der Georg-August-Universität in Göttingen und am Göttinger Psychoanalytischen Institut. Hervorheben möchte ich besonders MOHAMMAD ARDJOMANDI, JOACHIM BISKUP, FRANZ HEIGL, ANNELISE HEIGL-EVERS, ALBRECHT HERING, GERLINDE HERDIECKERHOFF-SANDERS, JÜRGEN KIND, REINHARD KREISCHE, FALK LEICHSENRING, HERMANN STAATS, ULRICH STREECK und JOHANN ZAUNER.

In diesem Buch werden die Bezeichnungen "Analytiker" und "Therapeut" synonym gebraucht. Jeder Analytiker, der einen Patienten behandelt, ist ein Therapeut. Natürlich ist nicht umgekehrt jeder Therapeut auch Analytiker. Es gibt aber analytisch *orientierte* Therapeuten in vielen Bereichen unseres Gesundheitswesens.

Verhaltenstherapeuten, die sich von den Analytikern ausdrücklich abgrenzen, interessieren sich zunehmend für die Dynamik der Beziehung zwischen Therapeut und Patient. Ich hoffe, daß auch sie dieses Buch für sich nutzen können. Gegenübertragung in dem weiten Sinne, wie ich sie in diesem Buch begreife, ist ein ubiquitäres Phänomen, das in jeder Beziehung zwischen einem Therapeuten und einem Patienten wirksam ist, gleich welches Konzept der Therapeut anwendet. In diesem Zusammenhang will ich darauf hinweisen, daß ich in dem Buch *Kleine psychoanalytische Charakterkunde* zentrale kliniknahe psychoanalytische Begriffe erläutert und auf das dargestellte kasuistische Material angewendet habe. Außerdem enthält das Glossar Definitionen psychoanalytischer Begriffe, die im Text jenes Buches nicht vorkommen, wohl aber in anderen Texten anzutreffen sind - zum Beispiel in diesem.

Die Schreibarbeit an diesem Buch haben ELISABETH WILDHAGEN und RITA RIVERA getan, einen Teil auch ERIKA DZIMALLE. Soweit ich selber schrieb und Korrekturen ausführte, hat mir wieder mein Sohn Peter als Hobby-Computerspezialist zur Seite gestanden. SUSAN LATHE suchte Literatur und erstellte das Literaturverzeichnis. Allen Beteiligten möchte ich für die gute Zusammenarbeit danken. Meiner Frau Gisela danke ich wieder für Anregungen und Geduld.

Theoretische Grundlagen

Gegenübertragung - der ganze Elefant und seine Teile

Wissenschaftstheoretiker erzählen gern die Geschichte vom Elefanten: Blinde Wissenschaftler untersuchen einen Elefanten. Ein Forscher kommt zu dem Ergebnis: Der Elefant ist ein Pinsel. Ein anderer: Der Elefant ist eine Säule. Ein weiterer: Ein Elefant ist ein Schlauch, und wieder ein anderer: Der Elefant ist eine Stange, gebogen und spitz. Jeder hat ein anderes Teil des Elefanten abgetastet, den Schwanz, ein Bein, den Rüssel, einen Stoßzahn.

Die Wissenschaftsgeschichte zeigt, daß man immer wieder zunächst nur Teilaspekte entdeckt. Später erst gewinnt man einen Blick auf die "Konturen des Elefanten" (TRESS 1989). Im besonderen Maße gilt das auch für die Gegenübertragung. FREUD entdeckte Gefühlsreaktionen und Handlungsimpulse des Analytikers, die dessen Objektivität gegenüber seinem Patienten störten, die ihn daran hinderten, zu seinem Patienten wie eine "Spiegelplatte" zu sein (FREUD 1912, S. 384). Die Gegenübertragung sollte überwunden werden.

Erst PAULA HEIMANN (1950), MARGARET LITTLE (1951) und RACKER (1957) entdeckten, daß Gegenübertragung nicht nur stören muß, sondern dazu dienen kann, etwas *über den Patienten zu erfahren* - besonders über dessen Übertragungen. Zwei der drei Forscher, die als erste über Gegenübertragung publizierten, waren Frauen. Das ist wohl kein Zufall. Vielleicht ist die Vorstellung, ein Mensch könne wie eine Spiegelplatte wirken, also ganz sachlich sein, etwas eher Männliches. Vielleicht fällt es Frauen leichter, in Gefühlsreaktionen etwas Nützliches und Brauchbares zu sehen.

PAULA HEIMANN vertrat noch eine sehr "objektive" Vorstellung von Gegenübertragung. Sie meinte, die Reaktionen eines gut analysierten, nicht neurotischen Analytikers würden nur durch die Übertragungen des Patienten hervorgerufen. Auf diese Übertragungen reagiert der Analytiker dann wie ein Indikator. Ich nenne das die Lackmustheorie der Gegenübertragung: Der Analytiker verändert sich in voraussehbarer Weise im Kontakt mit dem Patienten, ähnlich wie ein Stück Lackmuspapier es tut, das man mit einer Säure oder Base in Verbindung bringt.

Dem entspricht die Vorstellung von FREUD (1912, S. 381), daß der Analytiker sich auf den Patienten einstellt, wie der "Receiver" eines Telefons auf den "Teller", also wie das Hörteil eines Telefons auf das Mikrofon des Gesprächspartners. Das Unbewußte des Analytikers kann sich auf das Unbewußte des Patienten einstellen.

Welche Art von Signalen aber zwischen dem "Teller" und dem "Receiver" beim Telefonieren übermittelt werden und wie das geschieht, über welchen Draht, ließ FREUD offen. Metaphern wurden von FREUD sehr häufig benutzt, wenn er noch nicht genau wußte, wie etwas zustande kommt.

FLIESS (1953), ANNIE REICH (1951, 1960, 1966), auch GLOVER (1955) sahen Gegenübertragung als eine unbewußte Reaktion auf die Übertragung des Patienten. GREENSON (1967) bezeichnete die Übertragung des Analytikers als Gegenübertragung. Neben PAULA HEIMANN (1950), MARGARET LITTLE (1951) und RACKER (1957) haben später auch KEMPER (1953, 1954), HEIGL (1960), RIEMANN (1960), WINNICOTT (1960) und KERNBERG (1965), auch LOCH (1965) mehr oder weniger vertreten, daß der Analytiker objektiv auf den Patienten reagiert und daß man daraus direkte Schlüsse auf den Patienten ziehen könne.

LITTLE differenzierte allerdings schon zwischen bewußten und unbewußten Reaktionen auf den Patienten, zwischen neurotischen und nicht-neurotischen Reaktionen - zwischen Reaktionen, die durch die Übertragung des Analytikers bestimmt sind und solchen, die als Reaktion auf die Übertragung des Patienten aufgefaßt werden können. ANNIE REICH betonte, daß die Gegenübertragung des Analytikers keinen direkten Aufschluß darüber gibt, was im Patienten vorgeht, sondern daß die Gegenübertragungsreaktionen erst einmal diagnostisch ausgewertet werden müssen, wobei die Erfahrungen des Analytikers eingesetzt werden sollten - eine Ansicht, die man beim heutigen Erkenntnisstand wohl nur unterstreichen kann.

Allerdings hat sie insofern das Kind mit dem Bade ausgeschüttet, als sie die Gegenübertragung wieder als etwas ansah, was am besten überwunden werden sollte; als einen Störfaktor in der Behandlung. Heute würden wir sagen, daß der Analytiker durch die Analyse der Gegenübertragung - also durch einen kritischen, nach Erklärung und Verständnis suchenden Umgang mit ihr (wie macht mir der Patient diese Gefühle: *erklären*, warum macht er sie mir: *verstehen*) - die Gegenübertragung auswertet, so daß er sie sich erklären kann und sie versteht und indem er die Gefühle, die auftreten, begrenzt und dadurch verhindert, daß er unmittelbar und naiv aus der Gegenübertragung heraus handelt.

Von verschiedenen Autoren wurden die bewußten und unbewußten Reaktionen des Analytikers auf seine Patienten in unterschiedlichem Maße in den Vordergrund gestellt. Gerade Vertreter der "Lackmustheorie" haben sich mehr mit den bewußten Reaktionen des Analytikers auf seinen Patienten befaßt, und zwar eben auf dessen Übertragung. Andere wieder, die Gegenübertragung mehr als einen Störfaktor sahen, zum Beispiel ANNIE REICH, eher mit den Auswirkungen des Patienten auf das Unbewußte des Analytikers, wobei "unbewußt" mehr oder weniger mit "neurotisch" gleichgesetzt wurde. Der Analytiker wird auf seine unbewußte Gegenübertragung aufmerksam, wenn er Fehlhandlungen begeht, unerklärliche Gefühle entwickelt oder den Patienten nicht mehr versteht.

Wir sind uns heute klarer darüber als vor dreißig oder vierzig Jahren, daß verschiedene Analytiker nur auf schwergestörte Patienten, die den Analytiker projektiv mit einem inneren Objekt oder Partialobjekt oder einem Selbstanteil identifizieren, gleich oder sehr ähnlich reagieren würden (vgl. KERNBERG 1965).

Bei allen ödipalen Übertragungen und Externalisierungen, also bei der Übertragung ödipaler Objekte und bei Externalisierungen und Anteilen des Selbst, die aus der ödipalen Phase der Entwicklung stammen, sind die Reaktionen verschiedener Analytiker *sehr unterschiedlich*. Die eigene Lebensgeschichte und Charakterstruktur, die Beziehungen außerhalb der Beziehung zum Patienten, um den es gerade geht, zu anderen Patienten, zu Angehörigen, Freunden und Arbeitskollegen etc. und auch die Konstitution, das Geschlecht und die Tagesform des Analytikers spielen eine wichtige Rolle.

Reaktionen auf die Übertragung des Patienten verschränken sich mit den Übertragungen des Analytikers; sie sind oft schwer auseinanderzuhalten. Der Patient wirkt für den Analytiker ebenso wie der Analytiker für den Patienten in seiner Gesamtheit als Übertragungsauslöser - dadurch, wie er aussieht, welche Position er in der Gesellschaft hat, ob er verheiratet oder unverheiratet ist, Kinder hat oder keine und was über seine Beziehungen sonst bekannt ist - und eben auch, was er gerade überträgt oder externalisiert. All das hat einen Einfluß auf die Übertragung des Analytikers. Der Analytiker reagiert auf seine Patientinnen und Patienten aber auch in direkterer Weise, zum Beispiel auf erotische Attraktivität. Es gibt auch so etwas wie realistischen Neid auf den Patienten und nicht-neurotisches Gekränktsein durch ihn.

In diesem Buch will ich ein ganzheitlich-spezielles Konzept der Gegenübertragung darlegen und anwenden. Ganzheitlich heißt hier, daß zunächst alle Reaktionen des Analytikers auf einen Patienten ins Auge gefaßt werden sollen. Wie ein sehender Forscher, der nicht allein auf seinen Tastsinn angewiesen ist, sollte der Analytiker die "Konturen des Elefanten" ins Auge fassen und das Tier möglichst von allen Seiten betrachten. Anschließend sollte er sich mit den verschiedenen Körperteilen des Elefanten beschäftigen, die alle miteinander zusammenhängen und verschiedene Funktionen haben.

Entsprechend sollten die Gefühlsreaktionen des Therapeuten, seine Affekte, Stimmungen und Handlungsimpulse, aber auch seine Körperreaktionen auf ihre Qualität und Intensität und ihre Entstehungsweise untersucht werden, wie auch bezüglich der Funktion, die es für den Patienten hat, im Analytiker bestimmte Gefühle und Handlungsimpulse hervorzurufen, und ebenso bezüglich der Funktion, die es für den Analytiker hat, auf das Verhalten und auch auf das So-Sein des Patienten in dieser und nicht in irgendeiner anderen Weise zu reagieren. Es kann auch aufschlußreich sein, wenn der Analytiker auf seinen Patienten auf irgendeine Weise nicht reagiert, wo man eine Reaktion erwarten könnte.

Der Analytiker reagiert auch auf die Beziehungspersonen des Patienten und auf Institutionen, mit denen dieser in Verbindung steht. RACKER (1957, 1968) nannte das "indirekte Gegenübertragung". Der Analytiker reagiert auch auf die Art seiner Aufgabe und die Erfordernisse seiner therapeutischen Rolle.

Ich befinde mich hier im großen und ganzen in Übereinstimmung mit MERTENS, der schreibt: "Allerdings verlangt diese totalistische Einstellung in einem weiteren Schritt auch, daß der Analytiker eine Differenzierung vorzunehmen versucht, die letztlich freilich nie vollständig gelingen wird. Dennoch bleibt es wichtig, zumindest tendenziell unterscheiden zu können, was überwiegend auf die Übertragung des Patienten zurückzuführen ist, was eigene neurotische Übertragung des Analytikers ist, was der Patient versucht hat, im Analytiker bei projektiver Identifizierung auszulösen und anderes mehr" (MERTENS 1991 III, S. 50f.).

Eine jede totalistische Auffassung von Gegenübertragung bedient sich einer Bezeichnung, die eigentlich nicht paßt. Der Analytiker *reagiert* eben *nicht* nur auf die Übertragungen des Patienten. Im psychoanalytischen Wörterbuch der amerikanischen psychoanalytischen Gesellschaft (MOORE u. FINE 1990, in Anlehnung an CHEDIAK 1979) wird für die gesamten Reaktionen des Analytikers das Wort "counterreaction" vorgeschlagen, also Gegenreaktion. Diese Bezeichnung wäre sprachlich richtiger. Das Wort *Gegenreaktion* könnte man als Pleonasmus ansehen; auf etwas reagiert man ja immer, mit jeder Aktion. Im Deutschen erinnert das Wort "Gegen" aber auch an "Gegenüber". Eine Gegenreaktion könnte man als eine Reaktion auf das Gegenüber, das Objekt, auffassen. Ob sich der Begriff einbürgern wird, bleibt abzuwarten. In diesem Buch benutze ich jedenfalls noch die alte Bezeichnung *Gegenübertragung*.

Bewußt, bewußtseinsfähig, vorbewußt, unbewußt

SANDLER und SANDLER (1983) nehmen an, daß zwischen dem Vorbewußten und dem Bewußten ein "zweiter Zensor" existiert, wobei sie sich auch auf FREUD (1915a) beziehen, der in seiner Arbeit über das Unbewußte die Möglichkeit einer Zensur zwischen dem Vorbewußten und dem Bewußten erwähnte. Das Unbewußte nennen SANDLER und SANDLER auch das infantile Unbewußte, das Vorbewußte nennen sie das Gegenwartsunbewußte. Um an die Inhalte des infantilen Unbewußten zu kommen, muß die Zensur des Gegenwartsunbewußten "aufgelöst" werden.

Ich selbst halte es für zweckmäßig, das *Vorbewußte* und *Ge-*

genwartsunbewußte von einem zweiten, dem zur Zeit nicht *bewußten*, aber *bewußtseinsfähigen* Teil, zu unterscheiden. Wir denken nicht dauernd an unsere Telefonnummer, können sie in der Regel aber ohne Schwierigkeiten erinnern. Auch Fehlleistungen kommen oft aus bewußtseinsfähigem Vorbewußten. Hat jemand eine bewußte Aversion gegen seinen Chef, die er ins Vorbewußte abdrängt, weil er eine freundliche Geburtstagsrede halten soll, und fordert er die Anwesenden dann dazu auf, auf den Chef "aufzustoßen" statt "anzustoßen", manifestiert sich das ins bewußtseinsfähige Vorbewußte Abgedrängte. Der Zensor des Gegenwartsunbewußten kann seine Aktivität auf das sonst Bewußtseinsfähige ausdehnen, zum Beispiel, wenn wir in einer bestimmten Situation einen Namen nicht erinnern können, der uns sonst leicht einfällt. Alternativ kann man mit SANDLER und SANDLER annehmen, daß bewußtseinsfähige und in der Regel unbewußte Inhalte des Gegenwartsunbewußten sich in ein und derselben "Schachtel" befinden, die "unmittelbar bewußtseinsfähigen" Inhalte vom Zensor aber "durchgewunken" und andere an der Grenze festgehalten werden, ähnlich wie dies an Zollstationen mit den Autos geschieht.

Die Durchlaß-Praxis des Ich könnte sich dann nach den Verhältnissen im eigenen Land und im Nachbarland "Außenrealität" richten.

Das *Vorbewußte* im Sinne von SANDLER und SANDLER (das Gegenwartsunbewußte) hat Zugriff auf die Inhalte des Bewußten und Bewußtseinsfähigen und richtet seine Abwehr entsprechend ein. Ich meine, daß man sich den "Zensor" des Gegenwartsunbewußten zweiteilig vorstellen kann. Ein Teil nimmt Informationen aus dem Bewußtsein entgegen, und ein Teil hat Verbindungen zu Abwehrmechanismen und setzt diese in Gang, wenn verhindert werden soll, daß der betreffende Mensch in Schwierigkeiten mit der äußeren Realität gerät. WEISS und SAMPSON (1986) schreiben dem Unbewußten ebenfalls derartige Fähigkeiten zu, unterscheiden aber nicht zwischen einem Gegenwartsunbewußten und einem Vergangenheitsunbewußten. Wie SANDLER und SANDLER nehmen WEISS und SAMPSON an, daß im Unbewußten "gedacht" wird, daß also auch das Unbewußte nach dem Sekundärprozeß arbeiten kann.

In Analogie zur Bezeichnung "Drei-Schachtel-Modell" von SANDLER und SANDLER möchte ich hier von einem "Vier-

Schachtel-Modell" sprechen: beim Bewußten, Bewußtseinsfähigen, Vorbewußten und Unbewußten, wobei ich wie SANDLER und SANDLER das Vorbewußte mit dem Gegenwartsunbewußten gleichsetze, das Unbewußte mit dem infantilen Unbewußten.

Das *Gegenwartsunbewußte* kann etwas wahrnehmen, was dem Bewußten entgeht und die Wahrnehmung des Bewußten steuern, im Sinne einer selektiven Wahrnehmung (SULLIVAN 1953). Natürlich wird unsere bewußte Wahrnehmung auch durch das Nichtbewußte, aber jederzeit Bewußtseinsfähige beeinflußt. Wenn man ein bestimmtes Auto kaufen will, sieht man plötzlich sehr viel mehr Autos dieses Typs, obwohl man nicht bewußt nach ihnen sucht.

Nach SANDLER und SANDLER stammen die Inhalte des *infantilen Unbewußten* aus den ersten fünf Lebensjahren und bilden "das Kind im Erwachsenen". Im Unterschied dazu meine ich, daß es günstig ist, das Gegenwartsunbewußte tatsächlich nur auf die Gegenwart zu beziehen und frühere Entwicklungsstufen dem Unbewußten zuzuordnen, wobei das infantile Unbewußte stärker abgewehrt wird als Erinnerungsinhalte aus späteren Lebensjahren - wahrscheinlich deshalb, weil es für den Erwachsenen besonders ungünstig wäre, wenn er durch das *infantile* Unbewußte in seinem Verhalten direkt beeinflußt würde.

Nach SANDLER und SANDLER steht auch das *Vergangenheitsunbewußte* (das infantile Unbewußte) mit dem Bewußten in Verbindung und kann durch Bewußtseinsinhalte aktiviert werden, ähnlich wie das Gegenwartsunbewußte auch durch Sinneseindrücke, die nicht als bewußte Wahrnehmungen verarbeitet worden sind. *Impulse* aus dem infantilen Unbewußten müssen aber das Gegenwartsunbewußte passieren, ehe sie wirksam werden können. Es ist eine Aufgabe des Gegenwartsunbewußten, diese Impulse an die aktuelle Lebenssituation zu adaptieren, damit nicht Scham, Verlegenheit und Demütigung auftreten. Warum SANDLER und SANDLER die Aufgabe des Gegenwartsunbewußten nur darin sehen, wird nicht ganz klar. Sicher sollen auch Schuldgefühle und Angst vermieden werden. In der Betonung von Scham, Verlegenheit und Demütigung kommt allerdings die Ausrichtung des Gegenwartsunbewußten auf das Soziale zum Ausdruck, auf die aktuelle Lebenssituation und die antizipierte Zukunft. Manifeste Übertragungen sehen SANDLER und SANDLER vorwiegend unter

Aspekten des Gegenwartsunbewußten. Dieses formt infantile Wünsche so um, daß sie auf das gegenwärtig Wahrgenommene besser passen als in ihrer ursprünglichen Form; es macht sie "erwachsener".

WEISS nimmt an, daß der Patient in der Beziehung zum Therapeuten nicht nur Vergangenes wiederholt, sondern auch Neues ausprobieren und erfahren möchte. Der Patient testet den Therapeuten, um herauszufinden, ob er etwas Neues ohne allzu große Gefährdung ausprobieren kann.

Ich gehe davon aus, daß das Gegenwartsunbewußte Tendenzen enthält, die den basalen Beziehungswünschen entsprechen: Wünsche nach Neuem, nach Veränderung und Wünsche, das Vorhandene zu bewahren oder, wenn man so will, progressive und konservative Wünsche (KÖNIG 1991a, 1992 u. 1992b).

Die konservativen Wünsche haben etwas mit der Erhaltung und Wiederfindung von Familiarität zu tun (KÖNIG 1982, 1984, 1991, 1992a), die progressiven Wünsche streben nach Neuem und nach Veränderung. Die Dichotomie zwischen progressiven und konservativen Wünschen gibt es übrigens auch schon bei Tieren (BISCHOF 1985).

Sieht man das Verhalten eines Patienten nur durch konservative Wünsche bestimmt, wird man auf den Patienten anders reagieren als dann, wenn man auch annimmt, daß er eine Tendenz hat, etwas Neues auszuprobieren. Manches, was sonst als Agieren aufgefaßt würde, ist vielleicht ein Probieren. MITSCHERLICH-NIELSEN (1968, zit. bei SANDLER et al. 1992) sieht ähnliches auf einer höheren Bewußtseinsstufe: Der Patient probiert etwas aus, wenn er eine Deutung assimiliert hat. Ob ein Probieren - aus dem Gegenwartsunbewußten oder aus dem Bewußten heraus - vom Analytiker als Agieren betrachtet wird, hängt sicher stark von dessen Persönlichkeit ab und davon, wie er die Grenzen des Settings auffaßt und bewertet.

Projektive Identifizierung und Gegenübertragung

Bisher wurde keine Einigkeit darüber erzielt, wie die projektive Identifizierung zu definieren sei (SANDLER 1987, 1992). Zum Verständnis dieses Buches ist es nötig, daß der Leser weiß, von welchem Konzept und von welcher Definition der projektiven Identifizierung ich ausgehe. Deshalb stelle ich mein Konzept hier ausführlich dar, im Zusammenhang mit der totalistischen Auffassung von Gegenübertragung.

Der Terminus *Projektive Identifikation* (im Deutschen besser: *projektive Identifizierung*) wurde von MELANIE KLEIN (1946) eingeführt. Sie betrachtete die projektive Identifizierung noch als innerpsychischen Vorgang. Der Patient bildet eine Phantasie; Teile seiner selbst phantasiert er im Analytiker.

MELANIE KLEIN wußte oder ahnte aber auch schon, daß der Analytiker bei einer projektiven Identifizierung durch den Patienten die Gefühle, die der Patient bei ihm vermutet, tatsächlich erleben kann. Allerdings hat sie sich meines Wissens nirgends dazu geäußert, wie ein solches Phänomen zustandekommt. GRINBERG (1962) nahm an, die Reaktion des Analytikers auf die projektive Identifizierung durch den Patienten sei ein Akt aktiver Empathie. Später hat GRINBERG (1982) eingeräumt, daß die projektive Identifizierung durch den Patienten im Analytiker Gefühle hervorrufen kann, die solchen Gefühlen des Patienten entsprechen, mit denen er sonst nicht in Kontakt gekommen wäre. GRINBERG meinte, die "projektive Gegenidentifizierung" sei von eigenen Konflikten des Analytikers im wesentlichen unabhängig. Das meint auch KERNBERG (1965) zu den projektiven Identifizierungen frühgestörter Patienten, auf die er den Begriff beschränkt wissen will. SANDLER (1976) beschreibt, daß ein Analytiker, ohne es zu merken, eine Rolle übernehmen kann, in der der Patient sich ihn wünscht. Schon 1973 haben SANDLER, HOLDER und DARE beschrieben, daß ein Patient den Analytiker manipulieren kann, um seine Übertragungserwartungen bestätigt zu sehen.

SANDLER geht nicht darauf ein, wie weit die Persönlichkeit des Analytikers an der Rollenübernahme beteiligt ist. Er stellt der freischwebenden Aufmerksamkeit eine "free floating responsiveness" gegenüber, in der Übersetzung von KLÜWER (1983) eine freischwebende Antwortbereitschaft. Wie SANDLER hält er es nicht für einen Fehler, wenn der Analytiker ein Stück weit auf das Rollenangebot eingeht, ohne es zu merken. Merkt er es auf Dauer nicht, kann es aber zu therapeutischen Mißallianzen kommen, worauf KLÜWER ebenso wie LANGS (1976) hinweist. Ein Handeln des Patienten, das den Analytiker zu bestimmten Reaktionen bringt, und die Reaktion des Analytikers selbst bezeichnet KLÜWER in ihrem Wechselspiel als Handlungsdialog. Patient *und Analytiker* handeln zunächst unbewußt oder zumindest unreflektiert.

CHUSED und RAPHLING (1992) sprechen von Aktualisierungen der Übertragung. Sie bezeichnen das Eingehen des Analytikers auf die Rollenangebote zwar als "Fehler" - der Analytiker fällt dann aus seiner therapeutischen Rolle, woran auch die Restneurose des Analytikers beteiligt sein kann. Mit diesem "Fehler" kann der Analytiker aber produktiv umgehen.

OGDEN (1979) nennt das Handeln des Patienten bei der projektiven Identifizierung deren "interaktionellen Anteil". Ich sprach von *Übertragung mit einem interaktionellen Anteil* (KÖNIG 1979, 1982). Angeregt durch eine Äußerung von SANDLER (1987), er könne damit einverstanden sein, wenn sein Konzept der Rollenübernahme als eine Form der projektiven Identifizierung aufgefaßt würde, nannte ich die Übertragung mit einem interaktionellen Anteil später (1991a, 1992a) *projektive Identifizierung vom Übertragungstyp*. Unter diesem Begriff faßte ich die Übertragungen reifer und archaischer Objekte zusammen. SANDLER (1976) hatte sich mehr auf reife Objekte bezogen, KERNBERG (1965) auf archaische Objekte und Selbstanteile, die frühgestörte Patienten übertragen oder externalisieren. Ich gehe davon aus, daß es ein Kontinuum zwischen reifen und archaischen Objekten gibt; entsprechendes gilt auch für die Selbstanteile, mit denen ein Patient den Analytiker projektiv identifiziert. Die verbalen und nonverbalen Signale, mit denen ein Patient das bewirkt, sind bei frühgestörten Patienten allerdings stärker und müssen es sein, weil die Übertragungserwartungen archaischer Natur sind, so daß es grober Einflußnahme bedarf, um die Erwartung wahrzumachen; bei der Übertragung reiferer Objekte sind die Signale subtiler und bleiben leichter unbemerkt. Bezüglich der Intensität der Signale liegen neurotische und frühgestörte Patienten auf einem Kontinuum, das dem Kontinuum zwischen reifen und archaischen Objekten entspricht.

Ich unterscheide vier verschiedene Formen der projektiven Identifizierung nach ihrer Motivation:

- Die projektive Identifizierung vom *Übertragungstyp* will Übertragung wahrmachen, um damit ein Gefühl von Sicher-

heit (SANDLER 1960) oder, weiter gefaßt, von Familiarität (KÖNIG 1979, 1982) zu erreichen, von Vertrautheit, die ein Sicherheitsgefühl hervorruft.
- Die projektive Identifizierung vom *Konfliktentlastungstyp* will einen inneren Konflikt zu einem interpersonellen machen, was die innere Welt des Patienten entlastet.
- Die projektive Identifizierung vom *kommunikativen Typ* will bewirken, daß Patient und Analytiker gleich fühlen, wodurch eine bessere Verständigung möglich wird.
- Entsprechend kann man auch eine projektive Identifizierung vom *Abgrenzungstyp* annehmen. Menschen mit Fusionsängsten aktualisieren im Gegenüber ein unempathisches Verhalten, indem sie das Gegenüber mit einem unempathischen Mutter- oder Vater-Objekt projektiv identifizieren. Sie verstärken damit ihre Phantasie, der andere sei ganz verschieden und nicht ähnlich, was die Fusionsängste mindert. Daran sollte ein Analytiker denken, wenn Schwierigkeiten auftreten, sich in den Patienten einzufühlen.

Bei einer projektiven Identifizierung vom Konfliktentlastungstyp kann es zur aktualisierten Objektbeziehung gehören, daß der Patient den Analytiker kontrolliert, etwa bei einer Objektbeziehung, die eine anale Form hat, oder die durch den Wunsch nach omnipotenter Kontrolle bestimmt ist. So etwas kann aber auch bei der projektiven Identifizierung vom Übertragungstyp vorkommen, die ein anderes Ziel hat. Ebenso bei der projektiven Identifizierung vom Konfliktentlastungstyp, wenn die übertragenen Objekte solche sind, zu denen das Selbst in einer kontrollierenden Beziehung steht.

Aber auch, wenn nichtkontrollierende Objekte oder Selbstanteile im Gegenüber aktualisiert werden, kann der Analytiker das Gefühl haben, der Patient kontrolliere ihn, und das tut er dann tatsächlich, indem er den Analytiker dazu bringt, zu handeln, wie es der projektiven Identifizierungserwartung entspricht. Dabei muß der Patient aber nicht Kontrolle um ihrer selbst willen anstreben. Er zwingt den Analytiker nur in eine bestimmte Rolle. Das Gefühl, kontrolliert zu werden, ist dann eine unspezifische Reaktion des Analytikers auf projektive Identifizierung.

Die projektive Identifizierung hat insofern Abwehrcharakter, als sie die Außenrealität entsprechend den Wünschen des Patienten verändert und verhindert, daß der Patient die Realität so wahrnimmt, wie sie ursprünglich ist. Man kann die projektive Identifizierung als der Leugnung benachbart sehen: Eine Leugnung von Merkmalen, die nicht zur projektiven Identifizierungserwartung passen, wird dadurch ergänzt, daß diese Merkmale in der Realität durch andere ersetzt werden, die besser passen. Wenn Leugnung und Projektion nicht ausreichen, wird projektive Identifizierung in Gang gesetzt, Innerpsychisches wird durch Interpersonelles ergänzt.

Bei neurotischen Patienten haben die Übertragungsauslöser, die ein Therapeut bietet, einen großen Einfluß darauf, welche Form der Übertragung sich entwickelt. Sie haben auch einen großen Einfluß darauf, welche inneren Objekte der Patient im Analytiker durch projektive Identifizierung zu aktualisieren sucht. Bei Borderline-Patienten ist die projektive Identifizierung mehr durch die inneren Bedürfnisse bestimmt. Das Bedürfnis nach Familiarität, Konfliktentlastung, Kommunikation oder Abgrenzung ist bei Borderline-Patienten intensiver; gleichzeitig nehmen sie die Außenrealität von vornherein weniger wahr als neurotische Patienten.

Zwischen einem Menschen, der projektiv identifiziert, und einem anderen, der projektiv identifiziert wird, kommt ein Regelkreis zustande (KÖNIG 1982). Sind die Signale *nicht wirksam genug*, wird der Patient sie verstärken, oder vielleicht neue finden. Sind sie zu stark wirksam, reagiert die Person, die projektiv identifiziert wird, also überschießend, wird der projektiv Identifizierende die Signale zurücknehmen oder sogar dämpfende Signale aussenden.

Patienten stellen dabei meist die Vorschriften der professionellen Rolle eines Therapeuten in Rechnung. Sie gehen davon aus, daß diese Rolle dem Therapeuten ein gewöhnliches Spontanverhalten verbietet. Zum Beispiel wissen sie von vornherein, oder sie haben die Erfahrung gemacht, daß der Analytiker einen Angriff nicht mit einem Gegenangriff beantwortet. Deshalb schließen sie schon aus geringen Veränderungen im Verhalten des Therapeuten auf dessen innere Befindlichkeit und nehmen an, daß er starken Ärger empfinden müsse, wenn er leicht ärgerlich reagiert. Entsprechendes gilt für Anzeichen von Sympathie, die der Patient am Therapeuten bemerkt. Er vermutet dann vielleicht, daß er dem Analytiker noch viel sympathischer sei, als der zeigt.

Haben die Signale des Patienten keine für ihn erkennbare Wirkung, kann es entweder zu Eskalationen kommen, bis der Patient eine Wirkung wahrnimmt, oder der Patient wird die projektive Identifizierung zurücknehmen. So kann zum Beispiel ein Analytiker auf einen Patienten, der ihn zum bösen Objekt machen will, besonders freundlich reagieren. Handelt es sich um eine projektive Identifizierung vom Konfliktentlastungstyp, kann der Patient dann unter Umständen depressiv oder gar suizidal werden. Der Patient kann zwar wünschen, daß der Analytiker die Gefühle, die er in ihm hervorruft, "metabolisiert" (BION 1970, OGDEN 1979), er wünscht aber, daß diese für ihn noch in irgendeiner Form erkennbar sind. Zum Beispiel muß es ihm möglich sein, einen Zusammenhang zwischen seiner projektiven Identifizierung und einer Deutung des Analytikers zu erkennen. Der Analytiker darf nicht an der projektiven Identifizierung "vorbeideuten".

Nicht alle Patienten möchten allerdings, daß der Analytiker die Gefühle beherrscht und "metabolisiert", die sie in ihm hervorrufen. Ein Patient kann auch wünschen, daß der Analytiker "explodiert", daß er die Beherrschung verliert und der Patient dann die Rolle des Kontrollierenden übernimmt, zum Beispiel indem er dem Therapeuten Vorhaltungen macht, weil der aus seiner professionellen Rolle herausgefallen ist. Der Patient kontrolliert dann vielleicht Willkürimpulse, die seinem eigenen Selbst angehören und die er im Therapeuten erzeugt hat, was ihn von den eigenen Willkürimpulsen entlastet.

Wird der Analytiker mit archaischen Objekten und archaischen Selbstanteilen projektiv identifiziert, empfindet er das sowohl als inkongruent mit der professionellen Therapeutenrolle als auch zu seinem Empfinden und Verhalten im Alltag. Identifiziert ihn der Patient aber projektiv mit reiferen Objekten, empfindet der Therapeut vielleicht nur eine Inkongruenz mit der Therapeutenrolle. Im Alltag könnte er sich so verhalten, wie der Patient es hervorruft, ohne daß ihm das auffallen würde.

Wird der Therapeut mit archaischen Objekten projektiv identifiziert, kann er das an der Intensität der Gefühle und an ihrem plötzlichen Beginn erkennen. *Plötzlich* beginnen besonders häufig aggressive Gefühle, die durch ein provozierendes

Verhalten des Patienten hervorgerufen werden. Positive Gefühle, die durch ein verführendes Verhalten des Patienten hervorgerufen werden, der ein ideales Objekt im Therapeuten aktualisieren möchte, beginnen im allgemeinen langsamer. Der Patient erscheint etwa als ein besonders "guter Patient", für den man sich besonders einsetzen sollte. Der Therapeut spürt den Drang, sich in unrealistischer Intensität zu engagieren, oder er tut es.

Ein Therapeut, der allein mit einem Patienten arbeitet, zum Beispiel in einer psychotherapeutischen Einzelpraxis, kann diesen Patienten lange Zeit besonders engagiert behandeln und dadurch gleichzeitig verhindern, daß die aggressiven Impulse zutage treten, die der Idealisierung zugrunde liegen. In Kliniken wird man meist durch Kollegen auf ein Überengagement aufmerksam gemacht. Es kommt auch zu Konflikten mit Mitgliedern des Teams, die durch den Patienten mit bösen Objekten identifiziert werden.

Therapeuten, die eine projektive Identifizierung in bestimmter Weise schon einmal erlebt haben, erkennen eine projektive Identifizierung der gleichen Art meist rasch wieder. Das erleichtert es ihnen, ihre Gefühle und Handlungsimpulse zu beherrschen. Hier liegt ein Vorteil therapeutischer Erfahrung. Hilfreich bei der Gegenübertragungsanalyse der projektiven Identifizierung sind auch Erfahrungen mit archaischen Gefühlen entweder in hochfrequenten Lehranalysen oder aber in minimal strukturierten Selbsterfahrungsgruppen. Die Selbsterfahrung in einer psychoanalytischen Kleingruppe konfrontiert den Weiterbildungsteilnehmer meist mit stärkerer Regression als eine niederfrequente Selbsterfahrung im Einzelsetting. Sehr archaische Phänomene treten in minimal strukturierten Großgruppen auf, was zur Selbsterfahrung genutzt werden kann.

Natürlich setzt der Therapeut auch kognitive Mittel ein, um sich von den erkannten Gefühlen zu distanzieren. Wenn man versteht, welches Objekt aktualisiert wird, werden die Gefühle schon geringer; auch wenn man versteht, aus welchem Motiv der Patient ein Objekt oder einen Selbstanteil aktualisiert. Für all das ist natürlich Voraussetzung, daß der Therapeut Zeit dazu findet, Überlegungen anzustellen. Zunächst geht es oft darum, die Ich-Funktionen der Affekttoleranz und der Impulskontrolle einzusetzen und das Gefühl und den Handlungsimpuls zu beherrschen. Dann erst kann es zugeordnet und metabolisiert werden. Besonders hilfreich erscheint es mir, herauszufinden, *wie* der Patient die Aktualisierung erreicht hat, auf welche Weise er provoziert oder verführt.

Bei projektiven Identifizierungen durch frühgestörte Patienten entsteht meist das Problem, entstandene Gefühle zu *beherrschen*. Erkannt werden können sie dagegen leicht. Bei den Übertragungsaktualisierungen neurotischer Patienten herrscht eher das Problem vor, die Aktualisierung zu *entdecken*. Ein Patient kann sehr subtile Signale einsetzen. Mimik, Gestik oder Körperhaltung können beteiligt sein, der Stimmklang, die Lautstärke des Sprechens, das Sprechtempo. Schweigepausen können eingesetzt werden und natürlich auch der Inhalt des Gesprochenen. Der Patient kann zu spät kommen, agieren oder von Agieren berichten und manches mehr.

Wie schon erwähnt, findet projektive Identifizierung in allen Therapien immer dann statt, wenn die innerpsychischen Mechanismen nicht mehr ausreichen, um das Phantasierte mit dem Wahrgenommenen ausreichend zur Deckung zu bringen. Natürlich findet sie nicht nur in Therapien statt, sondern auch im Alltagsleben. Ebenso wie die Übertragung ist projektive Identifizierung ubiquitär. Bei frühgestörten Patienten ist sie nur am auffälligsten.

Sie kommt auch von seiten des Therapeuten vor. Die Vorschriften seiner professionellen Rolle hindern ihn daran, viele der Signale einzusetzen, die einem Patienten zur Verfügung stehen. Es ist aber nötig, an sie zu denken. So kann ein Patient einen idealen Analytiker haben wollen, der Analytiker einen idealen Patienten. Mit Hilfe der Möglichkeiten, die ihm das Konzept der Arbeitsbeziehung (GREENSON 1967) gibt, kann er den Patienten dazu bringen, dem idealen Bild eines Patienten zu entsprechen, auch wenn der Patient seine Konflikte besser in die Therapie bringen könnte, indem er sich nicht "ideal" verhält, während der Patient gern ein idealer Patient sein möchte, um den Analytiker für sich einzunehmen. Um nun den Analytiker zu einem idealen zu machen, liefert der Patient Material, das dem Analytiker seine Arbeit erleichtert und es ihm ermöglicht, viele interessante Deutungen zu geben. Es kommt dann zu *Kollusionen* auf der Ebene projektiver Identifizierungen. Widerstände treten wenig auf, die Kollusion selbst ist der Widerstand. Am Ende bleiben vielleicht die aggressiven Übertragungen unbearbeitet. Ich habe manchmal den Eindruck gehabt, daß Analysen nach KOHUT so abliefen. Hier waren idealer Patient und idealer Analytiker vielleicht eine Kollusion eingegangen, in der sich der Patient empathisch helfen ließ und dem Analytiker ermöglichte, empathisch zu sein.

Beziehungswünsche des Therapeuten

BRENNER (1982) hat darauf hingewiesen, daß jede Objektbeziehung unter dem Einfluß eines Konflikts zwischen Ich, Über-Ich und Es steht. Auch intrasystemische Konflikte können eine Objektbeziehung beeinflussen. Diese Konflikte modifizieren den ursprünglichen Beziehungswunsch (EZRIEL 1960, 1961). Anteile des Ich, des Über-Ich und des Es können auf einen Beziehungspartner externalisiert werden. Das gleiche gilt für Objekte und Anteile der Selbstrepräsentanz. Ein innerpsychischer Konflikt wird zum interpersonellen gemacht und die Ähnlichkeit des Beziehungspartners mit dem Externalisierten kann in der Phantasie bestehen oder durch projektive Identifizierung real hergestellt werden. Objektaspekte, die über Identifizierungsvorgänge zum Aufbau der Selbstrepräsentanz oder des Über-Ich verwendet wurden, werden in der Regression restituiert und in der ursprünglichen Form auf äußere Objekte projiziert.

In einer jeden Objektbeziehung werden auch die Abwehrformen wiederbelebt, die in der ursprünglichen Beziehung zum übertragenen Objekt aktiv waren. Sie kombinieren sich unter Umständen mit Abwehrmechanismen, die das Gegenwartsunbewußte einsetzt, um das Manifestwerden einer infantilen Objektbeziehung zu verhindern.

Auch die zutreffend wahrgenommenen Eigenschaften einer Person, mit der jemand in Beziehung steht, lösen Beziehungswünsche aus, die zugelassen oder abgewehrt werden können. Die Beziehung zu einer Person kann gleichzeitig durch diese realen Eigenschaften und durch übertragungsbedingte Zuschreibungen und Aktualisierungen bedingt sein, in wechselnden Mischungsverhältnissen.

Übertragungen des Analytikers werden nun zusätzlich durch die professionelle Rolle beeinflußt. Der Analytiker gestattet sich vielleicht Beziehungswünsche nicht, die er dem Patienten gegenüber in einer privaten Situation erleben würde: er wehrt sie ab.

Erfordernisse der therapeutischen Rolle können aber auch in den Dienst unbemerkter Beziehungswünsche gestellt werden. So kann Konfrontation im Dienst eines sadistischen Beziehungswunsches stehen. Umgekehrt kann ein sadistischer Beziehungswunsch abgewehrt sein, zum Beispiel durch Reaktionsbildung; dann konfrontiert der Analytiker gerade nicht.

Regrediert der Analytiker, wird der Einfluß seiner Übertragungen größer, weil sich die Objekte, die am Aufbau seiner Charakterstruktur beteiligt waren, aus ihr herauslösen und nun sein Erleben und Verhalten direkt mitbestimmen, soweit es die Abwehr des Analytikers zuläßt, während der Einfluß der erwachsenen Charakterstruktur zurücktritt.

Wie der Patient, kann auch der Analytiker seine Beziehungswünsche an den Patienten auf Personen in seinem außeranalytischen Beziehungsumfeld oder auf einen anderen Patienten verschieben.

Schließlich ist der Patient in der inneren Welt des Therapeuten repräsentiert und kann deshalb auch "übertragen" werden. Nicht nur Beziehungswünsche, sondern alle den Patienten betreffenden Affekte und Impulse kann der Therapeut auf andere Personen in seiner Umgebung verschieben, die bestimmte Merkmale mit dem Patienten gemeinsam haben. Er kann sich so über jemanden ärgern, der ihn, ohne daß er es merkt, an den Patienten erinnert. Er kann sich sogar inadäquat stark über ihn ärgern, wenn er das merkt ("Schon wieder so einer, der Patient reicht mir").

Vereinfachende Konzepte

FREUD (1912, S. 384) ging zunächst von der Annahme aus, es sei einem Analytiker möglich, sich dem Patienten gegenüber neutral "wie eine Spiegelplatte" zu verhalten. Das war ein vereinfachendes Konzept. Aus diesem Konzept ergab sich die Handlungsanweisung, der Analytiker solle sich bemühen, die Unebenheiten des Spiegels durch eine Lehranalyse zu glätten. Als sich mit der Zeit herausstellte, daß dies nur begrenzt möglich ist und daß die Reaktionen des Analytikers auf seinen Patienten diagnostisch genutzt werden können, kam es wieder zu einer Vereinfachung, die sich im von mir so genannten Lackmus-Konzept ausdrückt. Die Reaktionen des Analytikers wurden als Schöpfungen des Patienten angesehen (PAULA HEIMANN 1950). Wie schon dargestellt, wurde dieser Standpunkt später von ANNIE REICH (1951, 1960, 1966) zu Recht kritisiert. ANNIE REICH vereinfachte wieder, indem sie die diagnostischen Möglichkeiten der Gegenübertragungsanalyse sehr in Frage stellte und Gegenübertragung wieder als etwas darstellte, das möglichst zu bereinigen sei. GREENSON (1967) vereinfachte dadurch, daß er nur die Übertragung des Analytikers als Gegenübertragung bezeichnete.

Betrachtet man die Entwicklungsgeschichte der Psychoanalyse, muß einem auffallen, daß in ihr Vereinfachungen schon immer eine große Rolle gespielt haben. FREUD führte mehr, als wir heute für richtig halten, auf die Sexualität zurück. Wesentliche neue Aspekte, zum Beispiel Aspekte der Ich-Psychologie, die ADLER entdeckte, oder Aspekte der Selbstpsychologie, die JUNG einbrachte, wurden nicht in das Gesamtgebäude der FREUDschen Psychoanalyse integriert, sondern entwickelten sich zu eigenen Schulen.

Neuentwicklungen, die etwas hinzufügen, erhöhen die Komplexität, mit der man es zu tun hat. Dem kann man durch Reduktion entgegenwirken. Vertreter der schon vorhandenen theoretischen Konstrukte weisen neu hinzukommende Konstrukte zurück, und die Schöpfer der neuen Konstrukte machen aus ihnen eine eigene Psychologie und erklären die bisher gebrauchten Konstrukte für nicht mehr valide. In den letzten Jahrzehnten ließ sich das auch bei der von KOHUT initiierten Selbstpsychologie beobachten, aus der schließlich eine eigene Form von Psychoanalyse wurde. SCHULTZ-HENKE bemühte sich um ein "Amalgam" der Lehren von FREUD, ADLER und JUNG, entledigte sich aber der FREUDschen Metapsychologie und vernachlässigte den Beziehungsaspekt im Hier und Jetzt der psychoanalytischen Stunde. LUBORSKY (z.B. 1988) hat in jüngster Zeit den zentralen Beziehungskonflikt in das Zentrum der von ihm empfohlenen therapeutischen Praxis gestellt und dabei andere Konfliktformen vernachlässigt, zum Beispiel in der von EZRIEL (1960, 1961) konzipierten Form.

Was hier geschehen ist und geschieht, hat schon GOETHE im

ersten Teil seines Faust karikiert, als er Mephisto sagen ließ: "Es ist der Frauen Weh und Ach aus einem Punkte zu kurieren." Die Vorstellung, Menschen würden "aus einem Punkte" motiviert, bestimmt auch das Verhalten Mephistos gegenüber Faust. Dem geht es aus der Sicht Mephistos nur um Sexualität. Mit der Todestrieb-Hypothese versuchte FREUD (1920, 1923), seine Konzepte zu ergänzen und zu erweitern. Dafür rückten dann wieder die Ich-Interessen in den Hintergrund.

Manche Vorstellungen der Dissidenten ADLER und JUNG wurden später in den Hauptstrom der Psychoanalyse integriert. In den letzten Jahren sieht man Bemühungen, die Hypothese RANKs vom Geburtstrauma zu überprüfen und zu integrieren (JANUS 1987), wobei es wieder zu einer Einengung auf das Geburtstrauma als pathogenen Faktor zu kommen scheint.

Analytiker, die Schwierigkeiten mit Komplexität haben - und das sind wohl die meisten -, blenden einen Teil der Objekte, mit denen sie selbst in Verbindung stehen, und mit denen der Patient in Verbindung steht, aus ihrem Wahrnehmungsfeld aus und gelangen dann zu falschen Schlüssen. Solche Analytiker arbeiten oft bevorzugt mit einer Technik, die Regression stark fördert. Das vereinfacht die Situation auf zweierlei Weise: Erstens regrediert der Patient vielleicht in eine Zeit, als für ihn dyadische Beziehungsformen vorherrschten. Er überträgt dann Zweierbeziehungen, nicht mehr Mehr-Personen-Beziehungen, in denen der Analytiker selbst zu einer von mehreren Beziehungspersonen würde. Das Interesse des stark regredierten Patienten richtet sich auch infolge der aktualisierten Abhängigkeit des kleinen Kindes von einem Elternobjekt stärker auf den Analytiker, und seine sonstigen Beziehungspersonen verlieren für ihn an Bedeutung. Macht der Patient den Analytiker in der Stunde zum einzigen Beziehungsobjekt, erleichtert das dem Analytiker, alle anderen Personen und Institutionen, mit denen dieser sonst in Beziehung steht, zu "vergessen".

Erfahrung erleichtert den Umgang mit Komplexität, weil sie es erleichtert, verschiedene miteinander in Verbindung stehende Phänomene richtig zu gewichten.

Der Lehrende an einem psychoanalytischen Institut befindet sich angesichts der Komplexität dessen, was er lehren will, in einem Dilemma. Weist er auf alle Möglichkeiten hin und achtet er in den Supervisionen darauf, daß an alles nur Mögliche gedacht wird, überfordert er den Kandidaten kognitiv, gerade weil dieser noch nicht über die klinische Erfahrung verfügt, die es ihm erleichtern würde, jeweils das Wesentliche vom weniger Wesentlichen zu unterscheiden. Im Bereich der Gegenübertragungsanalyse ist es aber notwendig, auch an das zu denken, was einem nicht ins Auge fällt. Es geht nicht nur darum, eigene *vorhandene* Reaktionen auszuwerten. Das *Fehlen* von Reaktionen und Wahrnehmungen kann einem nur auffallen, wenn man weiß, daß sie vorhanden sein *könnten*. Dies gilt sowohl für das, was man am Patienten wahrnimmt, wie für das, was man an sich selbst wahrnehmen könnte.

Unterschiede in der Reaktionsweise des Patienten fallen dem Analytiker eher auf, wenn er mit unterschiedlichen Patienten umgeht. Dagegen bleibt er selbst immer die gleiche Person mit ihren habituellen Reaktionsweisen. Wenn eine bestimmte Reaktion nun aber auf einen Patienten hin auftritt und auf einen anderen nicht, kann das zweierlei bedeuten: Einmal kann es sein, daß der andere Patient sich nicht so verhält, daß eine entsprechende Reaktion beim Analytiker ausgelöst werden könnte; zum anderen ist es aber auch möglich, daß er sich sehr wohl so verhält, daß der Analytiker dies aber ausblendet - zum Beispiel, weil andere Verhaltensmerkmale des Patienten zu einer eigenen Übertragungserwartung passen, die ausgeblendeten nicht.

Daß wir in unseren Möglichkeiten, Komplexität wahrzunehmen, beschränkt sind, muß man wohl als gegeben hinnehmen. Es könnte aber ein Ziel der psychoanalytischen Ausbildung sein, die Fähigkeit des künftigen Analytikers, mit Komplexität umzugehen, zu trainieren, zum Beispiel indem wir die Ausbildungskandidaten immer wieder auf den Faktor Komplexität hinweisen.

Ich habe weiter oben erwähnt, daß zunehmende Erfahrung den Umgang mit Komplexität erleichtert, weil der Erfahrene besser gewichten kann. Erfahrung kann aber auch in die entgegengesetzte Richtung wirken. Was der Analytiker häufig sieht, nach dem wird er auch am meisten suchen, während er Selteneres übersieht. Das ist ein Problem bei jeder klinischen Tätigkeit. Erfahrene Kliniker lernen das Häufigere differenziert kennen und erkennen, Selteneres vergessen sie. Es ist dann wichtig, aufmerksam zu werden, wenn ein bestimmtes pathologisches Phänomen nicht *ganz* in eine bestimmte diagnostische Rubrik paßt. Bei selteneren Krankheiten kann bekanntlich ein junger Arzt "frisch von der Schulbank" gegenüber dem Erfahrenen im Vorteil sein. Er sucht noch nach Krankheiten, an die ein Erfahrener vielleicht nicht mehr denkt.

Bei der Gegenübertragungsanalyse haben wir es nun aber mit einer Komplexität zu tun, die nicht das Gesamt möglicher Phänomene betrifft, von denen bei einem bestimmten Patienten einige relevant sind und viele nicht, also etwa mit der Komplexität der speziellen Neurosenlehre, sondern es geht darum, daß ein jeder Analytiker ebenso wie auch ein jeder Patient unter vielfältigen Einflüssen steht, die sich auch im Hier und Jetzt einer psychoanalytischen Stunde auswirken können; daraus erwächst Komplexität in der Gegenübertragungsanalyse. Wird zum Beispiel alles, was der Patient in der Stunde sagt und tut, auf den Analytiker bezogen, kann ein wichtiger Anteil der Faktoren, die den Patienten zu seinem Verhalten motivieren, "außen vor" bleiben: nicht in ihrer faktischen Bedeutung, sondern in ihrer Bewertung. Ein Analytiker, der sich für neutraler hält, als er ist, wird in der Bearbeitung seiner Gegenübertragung manches übersehen oder falsch gewichten. Schwierigkeiten im Umgang mit Komplexität sind nicht nur eine Frage der kognitiven Überforderung. Interessanter- aber auch verständlicherweise neigen gerade *zwanghafte Analytiker*, die sonst Vollständigkeit anstreben und sich gegen unbeobachtete Einflüsse sichern möchten, zu einem reduktionistischen Vorgehen, wobei nicht sein kann, was nicht sein darf. Der Analytiker muß neutral sein, also ist er es, er darf nicht nicht-neutral sein. Im Prokrustesbett solcher Analytiker haben dann nur ganz bestimmte Phänomene Platz, die anderen "gehören nicht hinein", sie würden es verunreinigen. Faktisch sind sie aber vorhanden. *Hysterische Analytiker* wiederum nehmen ihre eigene Subjektivität zum Maßstab und sehen nur, was sie interessiert. *Schizoide Analytiker* sehen das am Patienten, was ihn ihnen ähnlich macht. *Narzißtische Analytiker* sehen das, was sich auf ihre eigene Person bezieht, nicht auf andere, die ja soviel weniger wichtig sind. *Phobische Analytiker* übersehen, was sie konfrontieren müßten. Sie fühlen sich auf den Patienten als steuerndes Objekt (KÖNIG 1981) angewiesen und möchten die Harmonie der Beziehung nicht stören. *Depressive Analytiker* scheuen die Konfrontation, um nicht die Liebe des Patienten zu verlieren, und blenden aggressive Impulse des Patienten aus.

Alle diese strukturbedingten Einschränkungen in der Wahrnehmungsfähigkeit gehen letztlich auf Beziehungswünsche und Beziehungsängste des Analytikers zurück.

Das totalistisch-spezielle Konzept

Ich bezeichne als Gegenübertragung alle Affekte, Stimmungen und Handlungsimpulse, die ein Patient oder die Personen oder Institution, mit denen er in Beziehung steht, unter den Bedingungen der therapeutischen Aufgabe im Therapeuten hervorrufen. Zu den Bedingungen der therapeutischen Aufgabe gehören auch berufliche Affiliationen wie zum Beispiel Zugehörigkeit zu einem Institut oder einer Fachgesellschaft. Die Reaktionen des Therapeuten auf den Patienten werden auch von seinen aktuellen Beziehungen außerhalb der therapeutischen Situation, von seinem Geschlecht, seinem Charakter, seiner Konstitution und von den Erfahrungen beeinflußt, die er bisher mit Menschen gemacht hat.

Alle Reaktionen des Therapeuten auf seinen Patienten sollten potentiell Gegenstand der Gegenübertragungsanalyse sein. Die Gegenübertragungsanalyse macht die Reaktionen des Analytikers verständlich und erklärt ihre Entstehungsweise. Sie ermöglicht die Zuordnung zu einer oder mehreren der folgenden Kategorien:

- Übertragung des Analytikers, ausgelöst durch Übertragungsauslöser, die der Patient durch alles bieten kann, was der Analytiker an ihm wahrnimmt und von ihm weiß. Der Analytiker kann auch auf Beziehungspersonen des Patienten übertragen, zum Beispiel auf eine Partnerin oder auf ein Kind oder auf eine Institution, mit der der Patient in Verbindung steht (indirekte Gegenübertragung nach RACKER 1957, 1968).
- Charakterbedingte Reaktionen des Analytikers auf alles oben Angeführte.
- Kombinationen der beiden.
- Normen- und Wertekonflikte. An ihnen können die Normen und Werte der Primärfamilie des Analytikers, der derzeitigen Bezugsgruppe des Analytikers, der Ursprungsfamilie des Pa-

tienten und dessen aktueller Bezugsgruppe beteiligt sein. Normen- und Wertekonflikte können das Über-Ich und das Ich des Analytikers mit einbeziehen.
- Realistische Reaktionen des Analytikers auf objektive Begebenheiten im Leben des Patienten, zum Beispiel, wenn der seine Arbeit verliert.
- Reaktionen auf die Übertragungen des Patienten - die Zuschreibungen, die in ihnen enthalten sind, die Tatsache, daß der Patient überhaupt überträgt (worüber sich der Therapeut scheinbar paradoxerweise auch dann freuen kann, wenn die Übertragung negativ ist) und auf die Art des Umganges des Patienten mit dem Objekt, das er überträgt.
- Reaktionen des Analytikers auf projektive Identifizierungen des Patienten.

Alle diese Reaktionen, und wahrscheinlich noch ein paar mehr, können sich im Bewußten, im Unbewußten und im Vorbewußten (genauer: im Bewußten, im Bewußtseinsfähigen, im Vorbewußten und im Unbewußten) abspielen. Sie können sich kombinieren und einander beeinflussen.

Alle Reaktionen können durch Abwehr verändert sein. So kann im Analytiker ein unbestimmtes Gefühl der Leere, der Müdigkeit und der Langeweile entstehen, wenn er aggressive Impulse gegenüber dem Patienten abwehrt. Seine Aufmerksamkeit schwankt, wenn er Provokationen durch den Patienten vorbewußt wahrnimmt und nicht bewußt wahrnehmen möchte. Eine jede dieser Reaktionen kann auf andere Personen verschoben werden.

Gefühle, die ein Therapeut in der Stunde wahrnimmt, müssen nicht nur etwas mit dem Patienten zu tun haben, der gerade da ist. Sie können von einem vorangegangenen Patienten übriggeblieben sein, oder der Therapeut kann sich mit einem Patienten beschäftigen, der später kommen wird, oder mit anderen Personen in seinem Beziehungsfeld. Ein Therapeut, der sich krank fühlt, wird weniger belastbar sein und Affekte eher unterdrücken oder ihre Auslösung vermeiden als einer, der sich gesund fühlt. Neben der Konstitution und der gesundheitlichen Tagesform spielt auch die aktuelle Beziehungssituation des Analytikers eine große, oft vernachlässigte Rolle. Ein privat vereinsamter Therapeut oder einer, der nicht viel zu tun hat, wird den Abbruch eines Patienten bedrohlicher erleben als einer, der befriedigende private Beziehungen hat und beruflich ausgelastet ist. Er wird einen drohenden Abbruch auch bedrohlich erleben, wenn er im Kreis der Kollegen wenig angesehen ist, als wenn er dort einen sicheren Status hat.

Es wurde schon erwähnt, daß man manche Reaktionen zwei oder mehr Kategorien zuordnen muß. Entweder ist dann eine genauere Diagnostik nicht möglich, oder sie stammen tatsächlich aus mehreren Quellen.

Wichtig ist es, *Affekte* und *Handlungsimpulse* zu trennen. Nicht jeder Affekt löst den gleichen Handlungsimpuls aus. So kann Angst *Kampf* oder *Flucht* auslösen. In die Situation mit dem Patienten übertragen würde dies heißen, daß der Analytiker einen Patienten, der ihn ängstigt, konfrontiert, oder daß er sich innerlich aus dem Beziehungsfeld zurückzieht.

Hat man das Zuordnen in der Praxis geübt und hat man die verschiedenen Kategorien präsent, spielt sich die Diagnostik rasch ab. Man gewinnt dann mehr Freiräume für die Wahrnehmung. Gegenübertragungsdiagnostik während einer Stunde kann es dem Analytiker ermöglichen, früher zur freischwebenden Aufmerksamkeit zurückzukehren.

Jede Zuordnung sollte als vorläufig gelten. Sie kann durch den weiteren Verlauf des analytischen Prozesses in Frage gestellt oder widerlegt werden. Schließt man Wahrgenommenes zu früh aus der Diagnostik aus, indem man es rasch mit Etiketten versieht, schränkt man die diagnostischen Möglichkeiten ein. Ausgeschlossen werden sollte erst dann, wenn erkannt worden ist. *Benutzt man einen eingeengten Gegenübertragungsbegriff, wird man nur auf Gefühle und Handlungsimpulse aufmerksam, die zu diesem Gegenübertragungsbegriff passen, was zu Fehleinschätzungen führt. Aus den Fehleinschätzungen ergibt sich fehlgeleitetes therapeutisches Handeln.*

Auf Übertragung wird der Analytiker anders reagieren, wenn ihm ein Übertragungsauslöser, den er bietet, bekannt ist, als wenn ihm nicht bekannt ist, daß er ihn bietet. Manche Übertragungsauslöser bestehen nur aus Verkennungen des Analytikers, andere stellen den "realen Kern" einer Übertragung dar.

Einen Teil seiner habituellen Gegenübertragungsreaktionen, besonders die persönlichkeitsstrukturell bedingten, lernt der Analytiker im Laufe seiner praktischen Tätigkeit gut kennen.

Er lernt mit ihnen umzugehen und sie zu kontrollieren. Gefährlich sind charakterstrukturelle ich-syntone Einstellungen, die oft auch ideologisiert sind. Zu den individuellen charakterbedingten stereotypen Reaktionsweisen kommen die Einflüsse der Ideologien, die ein Analytiker aus seiner Fachgesellschaft übernimmt oder gegen die er protestiert, wenn die Fachgesellschaft sie ihm aufzwingen will.

Neurotische Reaktionsweisen des Analytikers können diagnostisch ebenso genutzt werden wie "normale", wenn man weiß, unter welchen Umständen sie auftreten, und erkennt, wie der Patient sie hervorruft.

Natürlich gehören neben Affekten, Stimmungen, Körpergefühlen und Handlungsimpulsen auch Phantasien und Einfälle zu den Gegenübertragungsreaktionen. Sie enthalten oft schon diagnostische Hinweise und können deshalb in der Regel leichter interpretiert werden als weniger komplexe Reaktionen, die inhaltlich keinen Hinweis auf ihre Entstehung enthalten.

Gegen eine Zuschreibung, die in der Übertragung enthalten ist, können wir uns inner- oder interpersonell wehren. Wir können sie aber auch unkritisch begrüßen, wie das bei manchen idealisierenden Übertragungen leicht geschieht. Wenn ein Patient per projektiver Identifizierung in uns einen Selbstanteil aus einer inneren Welt aktualisiert, können wir auch deshalb positiv darauf reagieren, weil das die Einfühlung erleichtert. Eine besondere Art des Verstehens wird möglich, die wir unter Umständen auf eigenes empathisches Bemühen zurückführen, statt auf die projektive Identifizierung durch den Patienten.

Gegen eine projektive Identifizierung wehren wir uns vor allem dann, wenn die übertragenen Objekte oder die externalisierten Selbstanteile archaische Qualitäten haben und uns schon deshalb persönlichkeitsfremd sind. Stammen sie aus späteren Phasen der Entwicklung des Patienten, fallen sie uns vielleicht gar nicht auf, weil wir auch im Alltag so reagieren könnten, wie der Patient es in der Stunde hervorruft. Wir empfinden diese Reaktionen nicht als persönlichkeitsfremd.

Schließlich wird der Analytiker verschieden reagieren, je nach dem, ob es sich um einen "Neudruck" oder ob es sich um eine "Neubearbeitung" (FREUD 1905) handelt. Bei einer "Neubearbeitung" sind das übertragene Objekt und die Reaktionsweisen des Selbst jener Zeit auf das infantile Objekt durch die

Einwirkung des Gegenwartsunbewußten durch Abwehr verdeckt, verzerrt oder sonstwie entstellt. Das Gegenwartsunbewußte hat sich im Sinne einer Neubearbeitung dem "Neudruck" aus dem infantilen Unbewußten widersetzt (vgl. SANDLER und SANDLER 1985). Was manifest wird, ist in der Regel weniger infantil als der ursprüngliche Wunsch.

MÖLLER (1977) meint, daß der Patient dem Therapeuten immer beides vermittelt, das übertragene Objekt und den *korrespondierenden Zustand des Selbst*. Indem er mit dem auf den Analytiker übertragenen Objekt so umgeht, wie es dem Zustand des Selbst entspricht, der bestand, als das übertragene Objekt entstand, demonstriert der Patient dem Analytiker das Selbst aus jener Zeit (er reagiert auf das übertragene Objekt, das er im Analytiker sieht). Freilich ist der Zustand des Selbst jener Zeit schon wieder durch das Gegenwartsunbewußte (SANDLER und SANDLER 1985) beeinflußt.

Überträgt der Patient das Selbst und identifiziert er sich mit dem Objekt, demonstriert er das Objekt. Hier gelten die gleichen Einschränkungen, wie wenn das Selbst übertragen wird. Der Analytiker kann sich aber auch in das übertragene Objekt einfühlen, durch einen aktiven Akt der Empathie.

Selbst und Objekt sind freilich nicht, wie MÖLLER meint, im Analytiker gleichzeitig intrapsychisch gegenwärtig. Der Patient überträgt in der Regel erkennbar nur das Selbst oder das Objekt, wenngleich das andere jeweils im Hintergrund steht. Überträgt der Patient das Objekt, muß sich der Analytiker in das Selbst einfühlen und umgekehrt. Einfühlung ist jedoch noch nicht geleistet, wenn der Patient im Analytiker bestimmte Gefühle hervorruft. Der Analytiker muß die Gefühle erst einmal verstehen und zuordnen, ehe sie ihm dabei helfen können, sich wirklich einzufühlen. Gleichzeitig muß er die Gefühle begrenzen, damit sie die Affektkontrolle und sekundär auch seine Impulskontrolle nicht überrennen, und er muß Impulskontrolle aktiv einsetzen, er muß sich also beherrschen, die Gefühle bei sich behalten und verstehend metabolisieren. Nur dann behält er psychischen Raum und psychische Kraft für die Empathieleistungen übrig, die er braucht, um das Externalisierte zu verstehen und sich in das Nichtexternalisierte einzufühlen.

Mit Recht weist MÖLLER darauf hin, daß der Analytiker sich außerdem mit dem *bewußten Selbst* des Patienten identifizieren muß, um zu erkennen, wann und wie er eine Deutung geben soll. Das bewußte Selbst eines Patienten, der sich in Analyse befindet, entspricht oft nicht dem alltäglichen erwachsenen Selbst, es ist unter dem Einfluß des Unbewußten (des infantilen Unbewußten) "kindlicher" als sonst. Wie MÖLLER und auch KERNBERG (1965) betonen, kommt es auch und vor allem darauf an, die *Beziehung* zwischen Selbst und Objekt zu verstehen. MÖLLER spricht von Beziehungsrepräsentanzen zwischen Selbst und Objekten.

Sowohl die Abwehr des Patienten als auch die Abwehr des Analytikers können einen empathischen Zugang des Analytikers zum Patienten erschweren. Oft muß die Diagnostik dann in mehreren Schritten erfolgen. Zunächst fühlt man sich in das durch Abwehr veränderte Objekt oder Selbst ein. Dann versucht man, sich klarzumachen, welche Abwehrmechanismen es entstellen könnten und wie das nicht entstellte Objekt aussehen mag. Oft geht das nicht rasch. Man braucht unter Umständen mehrere Sitzungen, manchmal auch längere Zeiträume.

Oft gelangt man in seinem Verstehen nur ein Stück weit und muß dann die Abwehr des Patienten bearbeiten, um wieder ein Stück weiterzukommen. Dabei ist die Toleranzgrenze des Patienten zu beachten. Analytiker, die es schwer aushalten können, den Patienten nicht zu verstehen, neigen dazu, die Toleranzgrenze des Patienten zu überschreiten, um an den "Kern" des aktuellen Selbstanteils oder des aktuellen Objekts zu gelangen.

Manchmal kommt es vor, daß der Analytiker sein eigenes Handeln in der therapeutischen Situation falsch sieht und der Patient richtig. SEARLES (1978) und LANGS (1979) raten, daß der Analytiker auf unbewußte Hinweise des Patienten achtet, die sich auf seine Interventionen beziehen. Hier "supervidiert" der Patient den Analytiker.

Mit der Zeit lernt der Therapeut, zu welchen von ihm zunächst unbemerkten Verhaltensweisen er selbst neigt. Die Berufserfahrung bringt es auch mit sich, daß er bestimmte Gegenübertragungsreaktionen antizipieren kann. Er weiß ungefähr, welche Übertragungsauslöser er bietet und bezieht so die verzerrenden Beulen seines Spiegels in die Diagnostik mit ein. Auch seine Wahrnehmungseinschränkungen kann er kompensieren, zum Beispiel durch andere Zugänge. Wo er sich nicht einfühlen kann, kann er schlußfolgern und umgekehrt. Es geht ihm dann wie jemandem, der eine bifokale Brille trägt und, ohne es zu merken, je nach Notwendigkeit durch den oberen oder unteren Teil der Brille hindurchguckt.

Auf die Grenzen der Lehranalyse gehe ich im Kapitel *Ausbildung* ein. Es ist wichtig, sich die Grenzen einer Lehranalyse vor Augen zu halten. Noch wichtiger erscheint es mir aber einzuräumen, daß verschiedene Analytiker verschiedene Persönlichkeitsstrukturen haben, daß es strukturelle Unterschiede im Normalbereich gibt. Ferner, daß ein jeder Mensch und also auch ein jeder Analytiker bestimmte Normen und Werte vertritt, die auf seine Wahrnehmungen, diagnostischen Einschätzungen und Interventionen Einfluß haben können. Freilich reagiert er als Analytiker anders als im Privatleben. Die therapeutische Rolle engt ihn ein, schützt ihn aber auch und ermöglicht ihm eine gewisse Distanz. Mit der Zeit bildet der Analytiker ein Arbeits-Ich heraus, das es ihm ermöglicht, Patienten gesünder zu machen als er selbst ist, unter Umständen auch reifer.

Bei einem unerfahrenen Therapeuten kann die Angst vor der Schwere seiner Aufgabe alle anderen Gefühlsreaktionen überdecken oder verzerren. Berufserfahrung wirkt angstmindernd und erleichtert die Arbeit. Andererseits kann ein Erfahrener den Patienten in das Prokrustesbett dieser seiner Erfahrungen zwängen, ihn stauchen, damit er hineinpaßt oder vom Patienten etwas "abschneiden", wie Prokrustes es mit den Leuten tat, die in sein Bett passen sollten. Manche hat er auch gedehnt.

Wenn man das Postulat aufgibt, der Analytiker müsse wie ein Spiegel reagieren, und erkennt, daß er einfach wie ein Mensch reagiert (freilich wie ein Mensch in einer therapeutischen Rolle, der es gelernt hat, viel vom Patienten zu verstehen), bleibt einem eben, meine ich, gar nichts anderes übrig, als bei der Gegenübertragungsdiagnostik zunächst alle eigenen Gefühlsreaktionen zu berücksichtigen und auch alle Möglichkeiten ihrer Verursachung.

Abgrenzungsfragen

Aufgabe der Gegenübertragungsanalyse ist unter anderem, den Anteil der Gefühle, Vorstellungen, Phantasien, Einfälle und Handlungsimpulse, die in Verbindung mit dem Patienten stehen, von solchen zu trennen, die von woanders herkommen, zum Beispiel aus Verschiebungen von weiteren Beziehungspersonen des Analytikers. Wie der Analytiker auf den Patienten reagiert und was er auf einen Patienten überträgt, der ihm Übertragungsauslöser geboten hat, ist verschieden. Eine Ausnahme bilden lediglich, wie schon erwähnt (S. 21f.), projektive Identifizierungen durch manche frühgestörten Patienten. Wichtig ist auch, daß reale Eigenschaften und Beziehungen des Patienten, seine soziale Stellung und seine nichtneurotischen Verhaltensweisen wie auch das physische Äußere Übertragungsauslöser für den Analytiker sein können, daß der sie aber auch "realistisch" und nicht übertragungsbeeinflußt wahrnehmen kann.

Die Realbeziehung und die Gegenübertragungsbeziehung des Analytikers zum Patienten sind beide schwer voneinander abgrenzbar.

Die Kritik am Konzept der Arbeitsbeziehung (z.B. BRENNER 1977, KÖRNER 1989a) scheint mir das GREENSONsche Konzept allerdings zu wörtlich zu nehmen. Wenn GREENSON und WEXLER (1969) Übertragung, Arbeitsbeziehung und Realbeziehung voneinander unterscheiden, meinen sie wohl kaum, daß diese Aspekte der Beziehung zwischen Patient und Analytiker jede für sich allein existieren könnten und sich nicht gegenseitig beeinflussen. Anteile von Beziehungen können ebenso wenig für sich und unabhängig von anderen Aspekten einer Beziehung existieren, wie ein Nerv oder Muskel eines Tieres oder Menschen. Das schließt aber nicht aus, daß man ihnen Namen gibt und sie in einem anatomischen Atlas auch einmal so abbildet, als ob sie nicht miteinander verwachsen wären.

Wir unterscheiden dauernd Dinge, die keine scharfen Grenzen haben. Niemand kann auf den Millimeter genau sagen, wo die Haut der Hand und wo die des Unterarmes beginnt. Die Haut der Hand und die Haut des Unterarmes gehen ineinander über. Die Aufgliederung von Beziehungsaspekten dient dem Verständnis von Beziehungen und hat so einen heuristischen Wert.

Praxis

Eine *störende Gegenübertragung* beeinträchtigt die Arbeitsfähigkeit des Analytikers. Sie hindert ihn daran, richtig zu diagnostizieren und adäquat zu intervenieren. Kurzfristig kommt es bei der störenden Gegenübertragung darauf an, daß man eigene Affekte, Stimmungen, Handlungsimpulse oder Phantasien als gegenübertragungsbedingt erkennt. Es kommt dann weiter darauf an, die Affekte, Stimmungen und Handlungsimpulse zu beherrschen und ihren Einfluß auf das Arbeits-Ich zu vermindern. Die Intensität der Gegenübertragungsphänomene nimmt schon ab, wenn sie als gegenübertragungsbedingt erkannt werden. Sie nimmt weiter ab, wenn der Therapeut herausfindet, *auf welche Weise* der Patient die Gegenübertragungsreaktionen hervorruft.

Gegenübertragungs*phantasien* stören seltener als Affekte, Stimmungen und Handlungsimpulse. Phantasien können auch einen Handlungsimpuls enthalten. Man kann sich zum Beispiel vorstellen, was man mit dem Patienten machen möchte. Ein solcher Handlungsimpuls kann sich auf die reale Situation im therapeutischen Setting beziehen ("am liebsten möchte ich die Patientin wegschicken"), oder aber auf Situationen außerhalb des therapeutischen Settings ("ich möchte mit der Patientin ausgehen"). Phantasien, die sich nicht auf das therapeutische Setting beziehen und keine Handlungsimpulse enthalten, die dort ausgeführt werden könnten, stören meist weniger als solche, die sich auf die therapeutische Situation beziehen. Sie können ähnlich analysiert werden wie ein Traum.

Ein mittelfristiges Ziel der Gegenübertragungsanalyse bei störender Gegenübertragung kann es sein, auf ein Verhalten eines Patienten achten zu lernen, das bestimmte Reaktionen hervorruft. Man kann so die Reaktionen von vornherein ermäßigen oder gar nicht auftreten lassen. Langfristig ermöglicht es die Gegenübertragungsanalyse, störende Übertragungsdispositionen und störende, charakterstrukturell bedingte Verhaltensdispositionen durch ein weiteres Stück Selbstanalyse oder Lehranalyse oder in einer Selbsterfahrungsgruppe gezielt zu verändern: Die Arbeit mit dem Patienten gibt Anregungen für die Analyse des Therapeuten. Ein Teil des Durcharbeitens bei zusätzlicher Selbsterfahrung geschieht dann auch im Umgang mit den Patienten. An Veränderungen der Einstellung zu Patienten kann der Analytiker seine eigene Analyse überprüfen.

Von *hilfreicher Gegenübertragung* spricht man dann, wenn Affekte, Stimmungen, Handlungsimpulse und Phantasien kurzfristig oder unmittelbar diagnostisch genutzt werden können, die diagnostischen Möglichkeiten des Analytikers also erweitern und nicht einschränken. Auch neurotische Reaktionen des Analytikers können dann hilfreich sein, wenn der Analytiker sie kontrollieren kann, so daß sie seine Arbeit nicht stören und sie gleichzeitig diagnostisch auswertet. Aus einer *bearbeiteten störenden* Gegenübertragung kann eine *hilfreiche* werden.

Mittel- und langfristig sollte der Analytiker seine möglichen Gegenübertragungsreaktionen kennenlernen und in sein Arbeits-Ich integrieren. Einmal erkannte Gegenübertragungsreaktionen können leichter wiedererkannt werden. Ein langfristiges Ziel der Gegenübertragungsanalyse bei der hilfreichen Gegenübertragung könnte es sein, die Zeit bis zum Erkennen einer Gegenübertragung durch zunehmende Erfahrung abzukürzen, um zu erreichen, daß hilfreiche Gegenübertragung immer so rechtzeitig diagnostiziert werden kann, daß ihre Intensität nicht zu sehr anwächst, damit aus der hilfreichen Gegenübertragung keine störende wird.

Ziele und Methodik der Gegenübertragungsanalyse

Ein Therapeut sollte alle seine Reaktionen auf einen Patienten daraufhin überprüfen, wie der Patient sie hervorruft und was sie im Kontext des therapeutischen Prozesses bedeuten. Er sollte sich aber auch nach dem Warum fragen, wenn Reaktionen auf einen Patienten fehlen; zum Beispiel ihn ein Verhalten des Patienten, das ihn sonst ärgern würde, nicht ärgert oder wenn ihn ein Verhalten des Patienten, das ihn sonst freuen würde, nicht freut. Nicht nur Reaktionen, die als störend empfunden werden oder sonstwie auffällig sind, sollten analysiert werden, sondern auch das scheinbar unauffällige, alltäglich Wirkende und das, was zu erwarten wäre, aber fehlt.

Ich habe schon darauf hingewiesen, daß Affekte, Stimmungen, Handlungsimpulse und Phantasien des Analytikers von ihm analysiert werden sollten. Das gilt aber natürlich auch für Handlungen. Ein Analytiker sollte sich immer wieder einmal fragen, warum er so und nicht anders interveniert hat, und zwar auch bei unauffälligen Interventionen, die ihm "richtig" vorkommen, und nicht nur bei Interventionen, die unter Affekt gegeben werden oder über die sich der Analytiker wundert, weil er sie sonst nicht gibt. In diesem Zusammenhang hat es sich mir als hilfreich erwiesen, zu überlegen, welche Interventionen sonst noch möglich gewesen wären und vor allem auch, welche Interventionen in einer Rangreihe "rechts und links" von der tatsächlich gegebenen Intervention liegen. In früheren Publikationen (KÖNIG 1991c, 1993) habe ich ausführlich dargestellt, daß man Interventionen, die in ihrer Auswirkung auf den Patienten ähnlich sind, bezüglich der Intensität ihrer Auswirkung in einer Rangreihe anordnen kann. So kann man für Konfrontationen folgende Rangreihe aufstellen:

- wahrnehmen, aber nicht ansprechen,
- konstatierend ansprechen,
- bewertend ansprechen,
- bewertend ansprechen und zur Veränderung auffordern,
- bewertend ansprechen, zur Veränderung auffordern und schlimme Entwicklungen vor Augen halten, wenn sich nichts ändert,
- konfrontieren und Sanktionen androhen,
- konfrontieren und Therapie beenden.

Die beiden letzten Formen der Konfrontation kommen wohl vor allem in psychotherapeutischen Kliniken vor, wo besonders auch die Verantwortung für die anderen Patienten den Therapeuten manchmal zu Sanktionen oder zur Beendigung einer Therapie zwingt, wenn ein Patient durch sein Verhalten die Therapie anderer Patienten behindert.

Man kann sich also zum Beispiel fragen, warum man bewertend und nicht konstatierend angesprochen hat, warum man es unterlassen hat, zu konfrontieren, oder warum man einen

Patienten, der sich gefährdet, mit der Selbstgefährdung nicht konfrontiert und ihn auf die möglichen schlimmen Folgen nicht aufmerksam machte, oder warum man gerade das überängstlich getan hat.

Hat man solche Rangreihen im Auge, bekommt man einen Überblick über das insgesamt Mögliche und über das dem tatsächlich Getanen benachbarte. Man kann sich dann auch überlegen, warum man sich bei einem Patienten innerhalb der Rangreihe kaum bewegt, bei einem anderen aber häufig, und wie das mit eigenen Übertragungen und charakterologischen Eigenheiten oder mit Ideologien zusammenhängt, die man vielleicht auch von seiner eigenen Berufsgruppe übernommen hat oder die den Grundannahmen der eigenen Berufsgruppe protestierend zuwiderlaufen.

Charakter und Übertragung

Die Bedeutung der Charaktere für das Übertragungsgeschehen wird sehr unterschiedlich bewertet. Es hat immer wieder Analytiker gegeben, die den Einfluß des Charakters des Patienten auf den analytischen Prozeß betonen, zum Beispiel WILHELM REICH (1973), aber auch RAPAPORT (in GILL 1967); in gewissem Ausmaß auch GREENSON (1967), in neuerer Zeit HOFFMANN (1979) und ich selbst (KÖNIG 1991a, 1992b). In der Neopsychoanalyse haben sich SCHULTZ-HENCKE (1973), DÜHRSSEN (z.B. 1972) und SCHWIDDER (z.B. 1972) mit Aspekten der Persönlichkeitsstruktur beschäftigt; im Grenzbereich zwischen Neoanalyse und Mainstream-Psychoanalyse RIEMANN (1959, 1976) und HEIGL (z.B. 1978).

Wer zu sehr auf die Einflüsse der Charakterstruktur achtet, läuft Gefahr, der Versuchung zu erliegen, bequeme Schemata auf Patienten anzuwenden, denen sie nicht gerecht werden. Nicht nur die Charakterstrukturen sind verschieden, verschieden sind eben auch Menschen ähnlicher Charakterstruktur. Wenn jemand die Merkmale A und B einer bestimmten Struktur aufweist, heißt das noch nicht, daß er auch die Merkmale C und D aufweisen muß.

Der individuellen, einzigartigen Biographie eines jeden

Menschen entspricht das Übertragungskonzept besser als das Charakterkonzept. Wenn man aber von einer Vorstellung der *inneren Welt* ausgeht, die Einflüsse von Abwehrmechanismen nicht nur auf die Trieb-, sondern auch auf die Beziehungsschicksale berücksichtigt, macht man sich Vorteile zunutze, die sich aus der Anwendung eines rein ich-psychologischen Konzeptes von Charakter ergeben würden.

Andererseits bietet der Blick auf die Charakterstruktur doch Vorteile, die nur bei unkritischer Anwendung zum Nachteil ausschlagen. Sind die Merkmale A und B einer Charakterstruktur vorhanden, kann man nach den Merkmalen C und D Ausschau halten und prüfen, ob sie vorhanden sind. Man darf nicht aus dem Vorhandensein der Merkmale A und B auf das Vorhandensein von C und D *schließen*; man kann aber nach ihrem Vorhandensein *suchen*.

Eine Kombination des Charakterkonzepts und des Konzepts von Übertragung wird durch die Entwicklung der psychoanalytischen Theorie mit ihren Annäherungen der ich-psychologischen und der objektbeziehungstheoretischen Schule (zum Beispiel KERNBERG 1979, KÖNIG 1991b, 1992b) nahegelegt. Die Formulierung der zentralen Beziehungswünsche in bezug zu den psychosexuellen Entwicklungsstufen stellt auch eine Verbindung zum Konzept des zentralen Beziehungskonfliktes her, das LUBORSKY und CRITS-CHRISTOPH (1990) klinisch erprobt und empirisch-statistisch überprüft haben.

Der Charakter des Analytikers

Der *Einfluß der Charakterstruktur des Analytikers auf sein therapeutisches Handeln* wurde im deutschen Sprachraum von RIEMANN (1959), KIND (1987, 1992) und mir (KÖNIG 1981) dargestellt, im angelsächsischen Sprachraum vor allem von E.A. TICHO (1972). TICHO betont, daß persönliche, auch wertende Grundeinstellungen, die mit der Biographie und dem Charakter des Therapeuten zusammenhängen, und Charakterzüge wie Geduld oder Ungeduld, Übervorsichtigkeit oder Unvorsichtigkeit einen großen Einfluß auf den therapeutischen Stil haben. TICHO stützt sich in der Gewichtung realer Persönlichkeitseigenschaften in ihrem Einfluß auf den Umgang mit den Patienten auch auf GREENSON (1967). TICHO erwähnt einen Brief von FREUD an PFISTER, wo FREUD über einen Analytiker schreibt, daß er verdrossen und indifferent wirke und daß das auf seine Therapien einen negativen Einfluß haben könne.

TICHO fragt, warum solche Hinweise FREUDs so selten aufgegriffen worden sind. Zwar träten die Persönlichkeitseigenschaften des Therapeuten in den Hintergrund, wenn sich die Übertragungsneurose erst einmal entwickelt habe. Auf dem Wege dorthin seien sie aber wichtig, besonders auch wenn es darum gehe, die Entwicklung einer Arbeitsbeziehung zu ermöglichen. Das Alltagsverhalten des Analytikers liefere keine sicheren Hinweise, wie er sich mit seinen Patienten verhalte.

Wie RIEMANN geht auch TICHO darauf ein, welche Persönlichkeit bei welchen Patienten günstig oder ungünstig wirkt. Dabei nennt er nicht Charakter*strukturen*, sondern Charakter*züge*.

TICHO weist darauf hin, daß der Anfänger eine Tendenz hat, Patienten in Behandlung zu nehmen, die unter ähnlichen Problemen leiden wie er selbst - zum Zwecke der Selbstheilung, aber auch weil er sie gut versteht und weil er ein besonderes engagiertes Interesse hat, Patienten dabei zu helfen, ihre Schwierigkeiten zu überwinden, die er von sich selbst kennt. Eine Gefahr ist andererseits, daß diese Therapeuten Symptome (gemeint sind wohl ich-syntone Charaktersymptome) bei ihren Patienten übersehen. Ausnahmen sieht TICHO bei solchen Therapeuten, die ein schlechtes Selbstwertgefühl haben und deshalb Patienten vermeiden, deren Schwierigkeiten den ihren ähnlich sind. Sie wählen dann Patienten von gegensätzlicher Charakterstruktur als Behandlungsfälle.

TICHO malt auch ein Bild der erfolgreichen Therapeuten: Es seien hauptsächlich unaufdringliche, unprätentiöse Menschen, die sich akzeptieren, ohne hauptsächlich auf sich selbst ausgerichtet zu sein. Sie engagieren sich stark mit den Patienten und weisen eine basale Stärke und viel Geduld auf. Viele Erfolge von Anfängern hätten etwas mit deren Bescheidenheit und Unaufdringlichkeit zu tun (weil sie sich im Handwerk noch unsicher fühlen), besonders wenn sich basale innere Stärke mit Bescheidenheit und der Unaufdringlichkeit paare.

Mit zunehmender Berufserfahrung verlieren viele Analytiker ihre Unaufdringlichkeit - wenn die klinische Erfahrung sie nicht dazu gebracht hat, die Notwendigkeit zu respektieren, daß der Patient auch Autonomie braucht. In diesem Zusammenhang beschreibt TICHO das, was man sonst wohl einen charismatischen Therapeuten nennt, dem brillante Deutungen wichtig sind und der dazu neigt, zuviel Verantwortung in einer Therapie zu übernehmen. Klinische Vignetten in der psychoanalytischen Literatur enthielten häufig solche brillanten Deutungen, wodurch der falsche Eindruck entstehe, die tägliche Arbeit des Analytikers müsse brillant sein.

Im angelsächsischen Sprachraum wird die Arbeit von TICHO immer wieder zitiert; ich habe aber nicht den Eindruck, daß sie wirksam geworden ist. Vielleicht ist der wesentliche Grund dafür unter anderem ein Wunsch nach Vereinfachung. Es ist eben einfacher, die Persönlichkeitsmerkmale des Therapeuten außer acht zu lassen und die Gegenübertragung als Schöpfung des Patienten (HEIMANN 1950) zu sehen.

Die von RIEMANN benutzte Charaktertypologie war noch recht starr und undynamisch. Dazu paßt, daß RIEMANN (1959, 1976) die einzelnen Charakterstrukturen auf sehr einfache geometrische Bilder zurückführte, zum Beispiel "Kreisen um sich selbst", "Kreisen um den anderen". Man kann aber aus den verschiedensten Gründen um sich selbst oder um andere kreisen. Wegen ihrer Einfachheit haben die RIEMANNschen Charakterstrukturen eine große Verbreitung bei Angehörigen der helfenden Berufe und auch bei Patienten gefunden. Das Buch von RIEMANN ist seit seinem Erscheinen in mehr als 400 000 Exemplaren verkauft worden. Bei den Psychoanalytikern ist es gerade wegen seiner Einfachheit und einer gewissen Starre der beschriebenen Strukturen weniger im Gebrauch, auch deswegen, weil RIEMANN vieles von der narzißtischen Struktur in der hysterischen angesiedelt hat. Das hat zu Verwirrungen geführt.

Auf die Problematik des Begriffes *Charakterstruktur* bin ich in einem Buch (KÖNIG 1992) ausführlich eingegangen; der interessierte Leser sei darauf verwiesen.

Eine weitere Problematik des Begriffes *Charakter* liegt in der Gefahr einer Klinifizierung von Menschen, die sich in Wahrheit im Variationsbereich des Normalen befinden. Die RIEMANNschen Strukturen *schizoid, depressiv, zwanghaft, hysterisch* sind vom Pathologischen abgeleitet. Die Tendenz, unter Charakter etwas Pathologisches zu verstehen, scheint sich im angelsächsischen Sprachraum im übrigen zu verstärken (DSM III). Damit einher geht eine gewisse Resignation bezüglich der Möglichkeiten, Charaktere therapeutisch zu verändern, wie das auch von TICHO ausgedrückt wird und wie ARGELANDER (1985) es vertreten hat. Ich denke, daß eine dynamischere Betrachtung von Charakterstruktur optimistischer macht. Die Charakterstruktur löst sich in der Regression zum Teil auf, so daß es möglich wird, an den Objekten zu arbeiten, die an ihrer Konstitution beteiligt waren. Dieser Optimismus müßte sich dann auch auf Analytiker beziehen, deren Charakterhaltungen ihre Therapien negativ beeinflussen. Im Lehrbuch von THOMÄ und KÄCHELE (1986, 1988) ist, was den Therapeuten angeht, viel von Gegenübertragung, aber sehr wenig vom Charakter des Therapeuten die Rede. Das ist symptomatisch für den jetzigen Zustand. Ich bin gespannt darauf, wie das in einer späteren Auflage aussehen wird.

Der Arbeitsstil des Analytikers und der Arbeitsstil des Patienten

In der Arbeitsbeziehung, die auf einem Arbeitsbündnis beruht (GREENSON 1967), vermittelt der Therapeut dem Patienten, wie er in der Analyse arbeiten soll.

Nun gibt es keinen idealen analytischen Arbeitsstil. Es gibt nur einen für jeden Analytiker bei jedem Patienten optimalen Arbeitsstil. Optimal ist ein Arbeitsstil, der die Besonderheiten der Persönlichkeit des Patienten berücksichtigt und nutzt und den der Analytiker anwenden kann. Da die Menschen verschieden sind, wäre ein "idealer" Arbeitsstil, den man dem Patienten und dem Analytiker aufoktroyieren würde, nicht optimal.

Manche Analytiker berichten, daß sie mit verschiedenen Patienten sehr unterschiedlich arbeiten, unterschiedlich auch in den verschiedenen Phasen des therapeutischen Prozesses. Sie fühlen sich in den Patienten ein und verhalten sich so, daß der Patient ihre Interventionen nutzen kann, und diese auf der Ebene der Arbeitsbeziehung ein erreichbares Modell für den Patienten abgeben.

Von solcherart erwünschtem Verhalten zu unterscheiden ist

das Verhalten eines *phobischen Analytikers,* der seinen Arbeitsstil deshalb verändert, weil er sich ganz vom Patienten leiten läßt und ihm immer hinterherfolgt, statt ihm manchmal auch vorauszugehen und zum Beispiel Entwicklungsmöglichkeiten deutlich zu machen, die der Analytiker sieht, der Patient aber noch nicht.

Ebenso ist es, meine ich, nicht zweckmäßig, wie manche *hysterischen Analytiker* sich verhalten. Sie benutzen den Patienten als eine Art Publikum, in das Publikum fühlen sie sich hinein, und dann spielen sie eine Rolle, die beim Patienten ankommt, ohne daß der Patient das, was der Therapeut sagt, nutzen, und ohne daß der Patient vom Verhalten des Therapeuten etwas für sich übernehmen kann.

Zwanghafte Analytiker neigen dazu, ihre Individualität falsch zu generalisieren und individuelle Schwächen zu rationalisieren. Sie müssen es immer "richtig" machen und was "richtig" ist, kann schwer an etwas anderes angepaßt werden. Solche Analytiker sind oft auch sehr starr in der Stufenfrequenz, die sie wenig den Bedürfnissen des Patienten anpassen. Sie meinen, den Patienten dann am besten zu behandeln, wenn sie sich nach einem bestimmten Kodex verhalten: *Fiat analysis et pereat mundus.*

Schizoide Analytiker neigen zu ähnlichen Verabsolutierungen, aber auf der Grundlage von Utopien. Sie streben ein empathisches Verstehen des Patienten an und entwickeln dann die Phantasie, ihre Gedanken und Hinweise würden vom Patienten wortlos verstanden. Sie machen kryptische Bemerkungen, mit denen der Patient oft wenig anfangen kann, und überfordern ihn in Anwendung der Intervention auf das tatsächliche Leben, dessen Details ("Der Teufel steckt im Detail") sie vernachlässigen.

Da *depressive Analytiker* Schwierigkeiten haben zu wünschen, daß der Patient ohne sie auskommen möge, sind auch sie meist schlechte Lehrer in der Vermittlung der aktiven Aspekte der Patientenrolle. Sie gehen ja davon aus, daß die Beziehung das Heilende sei, und dazu paßt es eigentlich nicht, daß ein Patient Kompetenz vom Analytiker erwirbt, die er während der Stunden und außerhalb der Stunde selbständig einsetzt.

Narzißtische Analytiker legen meist ebenfalls keinen großen Wert darauf, daß ihre Patienten selbständig werden. Auch sie meinen, wenn auch anders begründet als die depressiven Analytiker, daß die Beziehung heilt. Ihre Phantasien gehen in die

Richtung, der Patient werde dadurch geheilt, daß er sozusagen in das Selbstbild des Analytikers integriert wird. Im Unterschied zum schizoiden Therapeuten, der eine Symbiose des wortlosen Sich-Verstehens anstrebt, phantasieren sie eine Beziehung, in der ein Patient niemanden braucht als den Analytiker, um gesund zu werden - nicht im gegenseitigen Sich-Verstehen und Miteinander-Arbeiten, sondern unter Aufgabe der eigenen Individualität. Überspitzt gesagt: Es sei nicht nötig, daß der Analytiker den Patienten versteht. Es genüge, daß der Patient den Analytiker versteht. Auch eine solche Einstellung ist wenig dazu angetan, Selbständigkeit und Unabhängigkeit zu fördern.

Aus dem, was ein Analytiker seinem Patienten auf der Ebene der Arbeitsbeziehung vermittelt, kann man besonders gute Gründe für die Annahme ableiten, daß ein Analytiker eine Mischstruktur haben sollte, deren Komponenten nicht extrem ausgeprägt sind.

Charakter und Setting

Im Umgang mit dem Setting zeigen sich problematische Seiten des Charakters eines Therapeuten sehr deutlich. Auch Patienten gehen mit dem Setting oft in charakterspezifischer Weise um; man denke nur an die zeitlichen Grenzen der Stunde. Der Analytiker ist in der therapeutischen Situation aber größeren Einschränkungen unterworfen als der Patient. Es ist Aufgabe des Patienten, das Setting *einzuhalten*; Aufgabe des Therapeuten ist es, das Setting zu *konstituieren* und *aufrechtzuerhalten*. Der Patient *darf* in der klassischen Analyse, ähnlich auch in einer Psychotherapie, alles sagen, was ihm durch den Kopf geht. Das folgt aus der Forderung, daß er das tun *soll* (vgl. z.B. KÖNIG 1991a). Er braucht seine Affekte nicht zu beherrschen, er kann und soll sie ausdrücken. Einschränkungen beziehen sich darauf, daß er nur sprechen und nicht auf andere Weise handeln soll, auch wenn Gefühle oder Stimmungen dies nahelegen würden. Das gilt für die Zeit des Kontaktes mit dem Therapeuten, für bestimmte Äußerungen auch außerhalb der Therapie. Konflikte, die in der therapeutischen Situation mobilisiert worden sind, soll der Patient nach Möglichkeit nicht ausagieren, sondern weiter bearbeiten, in der nächsten Stunde oder zwischen den Stunden, in letzterem Fall in Identifikation mit der analysierenden Rolle des Therapeuten.

Der Therapeut soll durch Gefühle, die er von anderswo her in die therapeutische Situation mitbringt, sein Handeln nicht beeinflussen lassen. Sein Handeln soll darauf ausgerichtet sein, die Entwicklung des Patienten zu fördern, der gerade da ist. Hat er Ärger mit seiner Familie oder mit Kollegen oder ist die vorangegangene Stunde besonders schwierig gewesen, oder antizipiert er eine schwierige Stunde am gleichen Tag, soll das alles seine Funktion als Therapeut dieses einen, jetzt anwesenden Patienten nicht beeinträchtigen. Fühlt sich der Therapeut krank, darf er darüber nicht klagen; ist er besonders guter Stimmung, sollte er dem keinen direkten Ausdruck geben. Vom Patienten wird erwartet, daß er das tut.

Auf alles, was vom Patienten ausgeht, darf der Therapeut nur in Grenzen spontan reagieren; am besten soll er spontanen Impulsen nur dann folgen, wenn er weiß, daß sie für die Therapie des Patienten nützlich sein werden. Tatsächlich überlegen viele Analytiker blitzschnell, ob sie zum Beispiel einem Lachen freien Lauf lassen oder es unterdrücken sollten. Die therapeutische Rolle wirkt so für den Therapeuten wie eine Art Korsett. Der Vergleich ist aber nur teilweise richtig. Der Therapeut muß in seiner therapeutischen Rolle Normen in zweckmäßiger Weise umsetzen und auf den Einzelfall anwenden. Darin gleicht seine Tätigkeit der eines Juristen.

Da der Therapeut in vielen Situationen auch entschieden ablehnen muß, wenn der Patient etwas von ihm verlangt, zum Beispiel, daß eine Stunde zusätzlich stattfinden, ausfallen oder verlegt werden soll, oder wenn der Patient will, daß der Therapeut Informationen gibt, die zu geben zur Rolle des Therapeuten nicht passen würde, muß der Therapeut an den Grenzen seiner Rolle und des therapeutischen Settings immer wieder Entscheidungen treffen - zum Beispiel schon, wenn er eine Stunde beendet. Gerade hier kommt es oft zu Schwierigkeiten, die nicht nur durch eine Konfliktmobilisierung durch den Patienten bedingt sein können, sondern durch die Charakterstruktur des Therapeuten. Wem es habituell schwerfällt, sich zu trennen, oder wer infolge einer narzißtischen Problematik am "narzißtischen Tropf" des Patienten hängt und die Stunde deshalb nicht beenden will, wird ein solches Verhalten *in der Regel* zeigen und nicht im Ausnahmefall. Oft ist ein solches Verhalten ideologisiert. Oft scheint es dem Therapeuten auch nur zu *unterlaufen*, das aber immer wieder. Allgemein kann man sagen, daß viele stereotype, charakterbedingte Reaktionsweisen im Umgang mit den Grenzen des Settings in grober, im Umgang mit der therapeutischen Rolle in subtiler Weise deutlich werden. Ich halte es für eine wichtige Aufgabe des Supervisors, dem Kandidaten zu vermitteln, was ihm da auffällt, damit der Ausbildungskandidat sein Verhalten kontrollieren, aber auch in Selbstanalyse oder in der Lehranalyse oder in einer Selbsterfahrungsgruppe bearbeiten kann.

Normen und Werte von Analytiker und Patient

CREMERIUS (1977a, 1977b) hat darauf hingewiesen, daß eine Arbeitsbeziehung nicht zustande kommt oder in ihren Anfängen gefährdet ist, wenn der Patient sein Über-Ich zu früh auf den Analytiker externalisiert und nicht auch die Erfahrung gemacht hat, daß der Analytiker gegenüber dem "Kind im Patienten" tolerant sein kann (vgl. auch SANDLER und SANDLER 1983, 1985).

Zuschreibungen, die in einer Über-Ich-Externalisierung enthalten sind, und die Art und Weise, wie der Patient dann mit dem Analytiker umgeht, dem er Inhalt und Strenge seines Über-Ich zuschreibt, werden von verschiedenen Analytikern unterschiedlich toleriert. Dabei spielt es eine wesentliche Rolle, wie streng das Über-Ich des Analytikers ist und wie weit dessen Inhalte vom Ich überprüft und akzeptiert wurden. Es können nicht nur *Inhalte* des Über-Ich aus dem Bewußtsein ausgeschlossen sein. Auch die *Strenge* des Über-Ich kann unbewußt sein. So kann der Analytiker von sich glauben, daß er sich selbst und anderen gegenüber tolerant sei, und sich darin irren. Einflüsse des Über-Ich können rationalisiert werden; das heißt, die bewußten Gründe, etwas zu verurteilen, sind andere als die überwiegend wirksamen unbewußten.

Auch Toleranz gegenüber den Es-Impulsen eines Patienten, ebenso wie gegenüber den eigenen Es-Impulsen, kann zur moralischen Forderung werden. Moralische Strenge wird auf das

Durchhalten von Toleranz verschoben. Starre im Einhalten des therapeutischen Settings kann durch Zweckmäßigkeitserwägungen rationalisiert werden. Der Analytiker kann sowohl sich selbst gegenüber im Ertragen von Agieren des Patienten streng sein als auch das Agieren des Patienten unreflektiert bekämpfen, wobei dann wieder aus dem Realitätsprinzip heraus argumentiert, aber aus verborgenen Über-Ich-Anteilen heraus gehandelt wird.

Man kann sagen, daß das Über-Ich seine Inhalte in Bezugsgruppen sucht. Die Pfarrerstochter der 68er Jahre, die in einer Kommune an sich die Anforderung stellte, allen Männern der Gemeinschaft sexuell zur Verfügung zu stehen, hatte unter Umständen wenige Jahre vorher noch absolute Abstinenz vertreten. Entsprechendes gilt auch für viele "triebfreundliche" Analytiker, die früher triebfeindlich waren.

In der Adoleszenz werden schon im Rahmen einer normalen Entwicklung Über-Ich-Inhalte ausgetauscht. Normen der gleichaltrigen Bezugsgruppe treten an die Stelle elterlicher Normen, aber auch Erwachsene außerhalb der Familie werden zum Vorbild genommen. Ähnliches kann während einer psychoanalytischen Ausbildung geschehen. Das Über-Ich des Kandidaten bemächtigt sich der durch den Lehranalytiker oder Kontrollanalytiker oder durch Seminarleiter vertretenen oder ihnen zugeschriebenen Normen. Während der Lehranalyse können sich die Verhältnisse der Adoleszenz wiederholen. So kann ein Analysand, dessen Adoleszenz reaktiviert worden ist, gerade die Normen ablehnen, die der Lehranalytiker vertritt oder die der Kandidat bei diesem vermutet. Die Vertreter von Normen können zur "Familie" Kandidat-Lehranalytiker gehören oder aber nicht. So kann ein Lehrer, dessen Normen der Pubertierende früh übernommen hat, im Ausbildungsinstitut wieder "auftauchen". Dabei brauchen die von ihm vertretenen Normen nicht *inhaltlich* reaktiviert zu werden. Es kann auch sein, daß nur die Konstellation wiederholt wird: Jemand außerhalb der "Familie" der analytischen Dyade vertritt Normen, die der Pubertierende leichter akzeptieren konnte als die Normen der Familie. Generell erscheint es mir zum Verständnis von Über-Ich-Externalisierungen wichtig, daß die *Inhalte* des Über-Ich austauschbar sind, dessen *Strenge* aber ein konstantes Merkmal ist. Deshalb kann die Eigenschaft "streng" externalisiert werden, sich aber auf ganz andere Inhalte beziehen als die Inhalte, die von einer Person vertreten wurden, die in der Biographie des Analysanden Normenträger war.

In unserer pluralistischen Gesellschaft werden nicht nur in verschiedenen sozialen Schichten verschiedene Normen vertreten, in der Unterschicht andere als in der oberen Mittelschicht zum Beispiel. Gerade auch in der oberen Mittelschicht vertreten die Angehörigen verschiedener Berufe verschiedene Normen und Werte. Für einen Wissenschaftler hat Geld einen anderen Stellenwert, und er bewertet es anders, als ein Großkaufmann, den man der gleichen Schicht zurechnen würde. Entsprechendes gilt für Wissen, das vom Wissenschaftler mehr seiner selbst willen angestrebt, von den Angehörigen anderer Berufe eher instrumentell gesehen wird. Auch der Stellenwert der Familie neben der beruflichen Tätigkeit kann sehr verschieden gesehen werden.

Ein jeder Therapeut ist beim Umgang mit jedem Patienten vor die Aufgabe gestellt, sich mit dessen Normen und Werten auseinanderzusetzen. Die Aufforderung, " ... der Kranke soll nicht zur Ähnlichkeit mit uns, sondern zur Befreiung und Vollendung seines eigenen Wesens erzogen werden" (FREUD 1919, S. 190), hat heute eine größere Bedeutung erlangt als zu FREUDs Zeiten, als die Gesellschaft in ihren vertretenen Normen und Werten innerhalb einer Gesellschaftsschicht noch nicht so heterogen war. Es kommt noch hinzu, daß sich die Klientel der psychoanalytischen Therapeuten über die Schichtgrenzen hinweg ausgeweitet hat. Heute gilt es längst als möglich, mit Patienten der Unterschicht analytisch zu arbeiten (zu den Schwierigkeiten z.B. CREMERIUS 1979). Es genügt aber nicht, die Normen und Werte eines Unterschichtpatienten zu kennen. Man muß sich auch darüber im klaren sein, daß der Patient in der Unterschicht mit Normen und Werten des Mittelschichtanalytikers nicht viel anfangen könnte und wahrscheinlich sozialen Schiffbruch erleiden würde, wenn er sich nach ihnen richtete (vgl. auch KÖNIG 1992b).

Natürlich spielen nicht nur die Werte der oberen Mittelschicht eine Rolle, der man den Therapeuten in der Regel zurechnet, sondern auch die Normen und Werte der Familie, aus der ein Analytiker stammt. Oft sind sie selbst in ihm noch direkt wirksam, sie können aber auch per Kontrast wirken. Ein Analytiker, der als erster in seiner Familie Abitur gemacht und studiert hat, wird Bildung und Wissen vielleicht höher einschätzen als ein Analytiker in dritter oder vierter Akademikergeneration, weil es ihn mehr Mühe gekostet hat, Bildung und Wissen zu erwerben, und er außerhalb der Familie suchen mußte, was dem Akademikerkind im täglichen Umgang vermittelt wird. Wer in einer Wohnung voller Bücher aufgewachsen ist, mag Bücher für wichtig halten, er wird sie aber nicht so leicht überschätzen wie jemand, der in einer Wohnung aufwuchs, wo es kaum Bücher gab. Analytiker aus Familien der Unterschicht oder der unteren Mittelschicht tragen oft noch aktuell die Normenkonflikte mit den Angehörigen ihrer Familie aus. Eine solche Konfliktkonstellation kann dann auf den Patienten verschoben werden. Die Toleranz eines solchen Analytikers gegenüber den Normen und Werten eines Unterschichtpatienten kann so zum Beispiel eine verachtend-mitleidige Färbung annehmen.

Gerade aber wenn echte Toleranz durch den Analytiker mühsam erworben wurde, kann er auf Zuschreibungen durch den Patienten, die ihn als intolerant bezeichnen, entrüstet oder gekränkt reagieren. Wer im Verlauf seiner eigenen Analyse toleranter geworden ist, denkt nicht gerne an die Zeit zurück, als er noch intolerant war, er wird deshalb nicht gern daran erinnert. Mit "alter" Toleranz ist es so wie mit altem Geld oder wie mit alter Bildung. Sie werden weniger überbewertet als neues Geld oder neue Bildung.

Selbstverständlich hat auch die Charakterstruktur eines Therapeuten Einfluß darauf, wie er mit Über-Ich-Externalisierungen umgeht. *Schizoide Analytiker* neigen dazu, utopische Normen und Werte zu vertreten und diese zum Selbstzweck zu machen. Im Vergleich zu den eigenen wirken die Normen und Werte eines Patienten für sie dann oft unbedeutend und nebensächlich. Der schizoide Analytiker übersieht besonders häufig, wie sehr es einem Patienten schaden kann, wenn er Normen und Werte vertritt, die in seinem Umfeld nicht gängig sind. Ein Analytiker mit stärkeren *narzißtischen Strukturanteilen* fühlt sich angegriffen und persönlich entwertet, wenn seine Normen und Werte in Frage gestellt werden. Ein *depressiver Analytiker* wird in seinem Normen- und Wertesystem durch Angst vor Trennung beeinflußt. Beziehungen bewertet er meist hoch. Die Arbeit von Menschen, die für andere nur indirekt etwas tun, zum Beispiel ein Ingenieur, findet er weniger wichtig als die

Arbeit eines Menschen, der mit Personen arbeitet, an denen er etwas verändern will, zum Beispiel im sozialen Bereich. Das Über-Ich der Depressiven ist streng, meist aber strenger mit dem Depressiven selbst als mit anderen, zum Beispiel mit Patienten. Im Gegensatz dazu ist der *zwanghafte Therapeut* streng mit seinen Patienten. Im Umgang mit dem eigenen Über-Ich hat er meist Mittel und Wege gefunden, dessen Forderungen auszuweichen, zum Beispiel, indem er Rationalisierungen einsetzt. Ansonsten hält er die eigenen Normen für die "richtigen" und hat Mühe, sich in das Normensystem eines anderen Menschen hineinzudenken und hineinzufühlen und es dann vielleicht als dem seinen gleichwertig anzuerkennen. *Phobische Analytiker* scheuen oft die Konfrontation eines von den eigenen Normen abweichenden Verhaltens, sie wollen auch im Normenbereich nicht gern die Führung übernehmen, auch wenn die Normen des Patienten offensichtlich pathologische Qualität haben. *Hysterische Analytiker* haben, wie zwanghafte, wenn auch im umgekehrten Sinne, Schwierigkeiten mit Spontaneität. Sie überschätzen diese und befinden sich dann oft im Kampf mit Normen, die von anderen vertreten werden. Manche hysterische Therapeuten möchten ihren Patienten das Handeln nach Normen am liebsten "abgewöhnen". Das gilt besonders für Therapeuten, die in ihrem unmittelbaren beruflichen und alltäglichen Umfeld viel Macht und Einfluß haben und es sich leisten können, Normen zu übertreten, während der Patient sich das vielleicht gerade nicht leisten kann und negative Erfahrungen macht, wenn er sich zu wenig nach den in seinem sozialen Umfeld üblichen Normen richtet.

Zum Arbeits-Ich des Analytikers

Der Begriff *Arbeits-Ich* wurde von FLIESS (1942) eingeführt. FLIESS verstand damals darunter den Ich-Zustand eines Analytikers, in dem Energie vom Über-Ich auf das Ich verschoben wird. Das Über-Ich wird dadurch milder, das Ich wird stärker. Das mildere Über-Ich kann mit dem, was der Therapeut vom Patienten erfährt, toleranter umgehen. Das gestärkte Ich reagiert weniger leicht mit Symptomen, wenn der Therapeut sich mit dem konflikthaften Erleben des Patienten identifiziert. Die erstrebenswerte Milde des Über-Ich kehrt in dem Postulat von SANDLER und SANDLER (1983) wieder: Der Patient soll erkennen, daß der Analytiker dem Infantilen gegenüber tolerant ist.

Daß FLIESS die Beteiligung des Analytikers an den Konflikten des Patienten nur über ein aktives Identifizieren sah, ähnlich wie später GRINBERG (1962), hängt mit der Vorstellung zusammen, der Analytiker sei eine "Kleiderpuppe" (Dummy) der Übertragung - eine Kleiderpuppe, an die der Patient seine Übertragungen hängt, ohne daß dies den Analytiker beeinflußt. Erst durch aktive Identifikation begibt sich der Analytiker willentlich und bewußt in das Konfliktgeschehen hinein, das den Patienten veranlaßt hat, einen inneren Konflikt zu einem interpersonellen zu machen. Das tut der Patient, indem er auf den Analytiker ein Objekt überträgt, mit dem sein Selbst im Konflikt liegt, oder in dem er Instanzen externalisiert, die mit anderen Instanzen im Konflikt stehen, zum Beispiel das Ich mit dem Über-Ich oder dem Es.

Die Kleiderpuppenmetapher ist der Spiegelmetapher verwandt. Dem, was in der Therapie tatsächlich geschieht, kommt sie ein Stück näher als die Spiegelmetapher. Der Analytiker wird durch die auf ihn als Kleiderpuppe gehängte Übertragung zumindest berührt, wenn zunächst auch nicht *angerührt*. Doch erfaßt sie nicht die interaktive *Teilnahme* des Analytikers am Übertragungs-Gegenübertragungs-Geschehen. Eine Kleiderpuppe sieht immer gleich aus. Sie steht einfach da, sie ist unbelebt. Der Analytiker dagegen schwankt in seiner Tagesform, wird durch Übertragungen und durch manches andere in seiner Gegenübertragung beeinflußt und handelt unter diesen Einflüssen. Dadurch bietet er dem Patienten auch unterschiedliche Übertragungsauslöser. Der Patient hat Übertragungsdispositionen, die vom Analytiker ausgelöst, aber nicht allein hervorgerufen werden, ebenso hat der Analytiker bestimmte Gegenübertragungsdispositionen, die vom Patienten aktiviert werden können.

Im allgemeinen wird man davon ausgehen können, daß der Therapeut weniger frühgestört ist als seine Patienten, und daß er deshalb auch weniger zwingend projektiv identifiziert.

Nach WEISS und SAMPSON (1986) testet der Patient den Analytiker mit der Absicht, bestätigt zu bekommen, daß er sich mit bestimmten Inhalten herauswagen kann. Er hilft dem Patienten manchmal auch, diesen Test zu bestehen. Man kann sagen, daß er dem Therapeuten Hinweise darauf gibt, wie dieser sein Arbeits-Ich optimieren könnte.

Im ganzen erscheint es mir wichtig, den Einfluß des Patienten auf die Arbeitsweise des Analytikers zu untersuchen und nicht zu bagatellisieren. Man gewinnt so ein dynamischeres und wohl auch ein zutreffenderes Verständnis der therapeutischen Interaktion. Freilich sollte man sich im klaren darüber sein, daß die gegenseitige Beeinflussung in weiten Grenzen variiert, von geringfügig bis erheblich. Das gilt nicht nur im Vergleich verschiedener Therapien, sondern auch innerhalb ein und derselben Therapie. Einmal kann der Analytiker mehr Einfluß auf den Patienten haben, ein anderes Mal ist es umgekehrt. So ist diese Varianz im Verlauf eines therapeutischen Prozesses bei ein und demselben Patienten groß. Zwischen verschiedenen Patienten ist sie wohl noch viel größer.

Während manche Patienten innere Konflikte eines Analytikers mobilisieren, ohne daß der sich dagegen wehren kann ("The analyst may be at his worst with a certain patient", KERNBERG 1965), gelingt es dem Analytiker im Umgang mit anderen Patienten doch wieder mehr, aus einem Arbeits-Ich heraus zu erleben und zu handeln. Das Arbeits-Ich des Analytikers hat die Vorschriften der therapeutischen Rolle integriert. Die Introspektionsfähigkeit ist durch die Lehranalyse und durch Erfahrungen mit Patienten erweitert worden. Zum Arbeits-Ich des Therapeuten gehören Kompetenzen, aber auch ein integrierter Umgang mit Abstinenz.

Hat der Analytiker ein Arbeits-Ich entwickelt, kann er in den analytischen Situationen auf Patienten konfliktfreier reagieren als im Alltag. Er kann Patienten bei der Lösung von Konflikten helfen, die er für sich selbst noch nicht gelöst hat.

So sieht man aber immer wieder, daß Lehranalysanden weiter kommen als der Lehranalytiker selbst. Dadurch verhilft ihnen gerade auch das Erkennen von Gegenübertragungsreaktionen in ihren Behandlungen und die Hilfe durch einen Supervisor.

Das Arbeits-Ich des Analytikers kann stereotype Züge annehmen. Der Analytiker kann der Fiktion anhängen, es gebe einen idealen "mittleren Menschen" (SCHULTZ-HENCKE 1973), und es als seine Aufgabe ansehen, die Analysanden auf diesen "mittleren Menschen" hin zu analysieren. Das würde zum Beispiel bedeuten, daß der Analytiker Charakterzüge, die von denen des fiktiven "mittleren Menschen" abweichen, in Frage stellt, während er andere unberührt läßt. Es ist doch aber wahrscheinlich besser, wenn ein Analysand seine Struktur optimiert und nicht irgendeinem mittleren Menschenbild angleicht.

Ein jeder Therapeut hat irgendeine Vorstellung von Normalität (s. a. HOFFMANN 1979), diese Vorstellung sollte aber die natürliche Variationsbreite menschlichen Erlebens und Verhaltens mit einbeziehen (KÖNIG und LINDNER 1991). Es besteht sonst die Gefahr, daß das Arbeits-Ich eines Analytikers Züge eines *falschen Selbst* annimmt, nämlich dann, wenn es von der Persönlichkeitsbasis des Analytikers isoliert ist. Bei manchen hysterischen und zwanghaften Therapeuten scheint mir das gelegentlich der Fall zu sein. Hysterische Therapeuten schlüpfen auch im Alltagsleben in Rollen, die ihnen die jeweilige Situation nahelegt, wie man es auch bei Politikern beobachten kann, die vor verschiedenen Interessengruppen unterschiedliche Standpunkte vertreten. Sie geben sich so, wie man sie gerade haben will. Zwanghafte Analytiker neigen dazu, alles, was Konflikte verursachen könnte, voneinander zu trennen. Sie wenden den Abwehrmechanismus der *Isolierung aus dem Zusammenhang* an. KAREN HORNEY (1973) sprach von Compartmentalisierung. Der zwanghafte Analytiker befindet sich, während er seine Therapie macht, im therapeutischen Abteil. Außerhalb des therapeutischen Settings lebt er in einem ganz anderen. So vertreten zwanghafte Analytiker im Extremfall die Position, man könne seine eigenen Mitarbeiter analysieren, weil sie von sich glauben, die Rolle des Therapeuten von der Rolle des Chefs trennen zu können, und auch von ihren Analysanden erwarten, daß sie dazu in der Lage sind. Die Compartmentalisierung wird dadurch erreicht, daß bestehende Zusammenhänge ins Unbewußte verschoben sind. Sie bleiben dennoch wirksam. Also besteht die Gefahr der Compartmentalisierung darin, daß der Therapeut bestimmte Zusammenhänge nicht sieht und nicht analysiert, weil sie eine Verbindung von verschiedenen Compartments darstellen, die nicht sein dürfen und deshalb auch nicht sein können. Die Gegenübertragungsanalyse solcher Analytiker wird dadurch eingeschränkt, daß sie unerwünschte Zusammenhänge in ihrem Einfluß auf das eigene Erleben nicht wahrhaben wollen und können und deshalb außer acht lassen.

Wie reagiert der Analytiker auf das, was die professionelle Rolle vorschreibt?

An verschiedenen Stellen des Buches beschäftige ich mich mit dem Umgang des Therapeuten mit seiner Rolle und deren Anforderungen. Hier möchte ich auf wichtige Aspekte des *Intervenierens* und der *Abstinenz* eingehen.

Deuten ist für einen Analytiker narzißtisch hoch besetzt. EISSLER (1953) hat als psychoanalytische Idealtechnik ein Intervenieren beschrieben, das sich auf das Deuten beschränkt. Die anderen Interventionsformen sah er als Parameter an, die später einmal auch gedeutet werden müßten.

Ich glaube nicht, daß es viele Analytiker gibt oder gegeben hat, die sich wirklich auf das Deuten beschränkten. Konfrontieren, Klarifizieren und Fragen gelten heute als legitime Formen der Intervention.

In der *Konfrontation* gibt es große Unterschiede. Manche Therapeuten konfrontieren sehr wenig, weil sie sich vom Patienten leiten lassen möchten. Phobische Therapeuten gehören dazu.

Wenn der Analytiker konfrontiert, folgt er dem Patienten nicht einfach nur nach, dessen Erleben und Verhalten kommentierend, sondern er bestimmt stärker als sonst, womit sich der Patient beschäftigen soll. Auch zwanghafte Analytiker, die latenten Sadismus abwehren müssen, scheuen oft die Konfrontation; andere leben ihren Sadismus in sublimierter Form mehr oder weniger aus. Depressive scheuen sich zu konfrontieren, weil das die gute Beziehung stören könnte. Schizoide deuten oft, ohne zu konfrontieren, weil sie glauben, daß der Patient schon weiß, was der Therapeut meint, oder sie blicken gleichsam durch die psychische Oberfläche hindurch. Hysterische Analytiker konfrontieren propulsiv: alles ist ihnen recht, um ihre Potenz zu beweisen. Spontaneität wird für sie oft zum Selbstzweck.

Auch die Beziehung zum *Klarifizieren* ist oft konflikthaft. Im Unterschied zur Deutung, die auch Unbewußtes mit einbezieht, bewegt sich das Klarifizieren auf bewußter Ebene. Insoweit könnte es auch vom Patienten übernommen werden. Konflikthafte Einstellungen des Therapeuten gegenüber der Aktivität des Patienten werden hier deutlich: Manche Therapeuten neigen dazu, den Patienten zu überfordern, andere wollen ihm zu viel abnehmen. Therapeuten, die wenig Lebenserfahrung haben, befürchten, daß die Patienten das merken könnten. Beim Klarifizieren kann sich leicht zeigen, wie viel jemand vom Leben gesehen und erfahren hat. Meist geht es ja darum, *Beziehungsepisoden* zu klären.

Zu Deutungen kommt man auf verschiedenen Wegen. Manches wird erschlossen, anderes fällt einem ein. Phantasien vom Patienten und zu einer Beziehungsperson, auch in der Beziehung zum Therapeuten selbst, gewinnen plötzlich eine prägnante Gestalt, wenn der Analytiker sich auf sie einläßt. Dann ist das deskriptiv Unbewußte am Klärungsprozeß beteiligt.

Die meisten Fehler werden wohl beim *Bewerten der Gegenübertragung* gemacht. Der eigene Anteil am Entstehen der Gegenübertragungsgefühle wird oft zu gering, manchmal zu groß eingeschätzt.

Beim Bemühen, sich in den Patienten einzufühlen, unterscheiden viele Therapeuten nicht oder nicht genug zwischen dem, was sie anstelle des Patienten empfinden würden, und dem, was der Patient tatsächlich empfindet. Setzt man sich an die Stelle des Patienten (zieht man seine Schuhe an, wie es im Englischen heißt), ist man noch nicht wie der Patient. Man reagiert in einer bestimmten Situation anstelle des Patienten *unter den Bedingtheiten der eigenen Person*.

Auch die aktuellen Beziehungen des Analytikers spielen hier eine Rolle. Zum Beispiel reagieren alleinlebende Analytiker und solche mit Familie oft verschieden, wenn sie sich in den Patienten hineinversetzen. Alleinlebende unterschätzen leicht die Wichtigkeit von Familie oder sie überschätzen diese, weil sie sich danach sehnen. Analytiker mit Familie können Schwierigkeiten haben, sich in alleinlebende Patienten hineinzuversetzen und umgekehrt. Was man im Leben für wichtig oder unwichtig hält, kommt bei diesen Scheinidentifikationen zum Tragen.

Tatsächlich ist es schwer und nur in Grenzen möglich, sich wirklich in einen anderen Menschen einzufühlen. Das Ziel, das man anstreben sollte, ist, sich fragen zu können: Wie würde ich, *wenn ich der Patient wäre*, an seiner Stelle reagieren? Und eben nicht: Wie würde ich anstelle des Patienten reagieren?

Diese Probleme der Identifizierung und der Empathie werden hier erwähnt, weil sie einen unmittelbaren Einfluß auf den Inhalt, aber auch auf das Timing und die Dosierung von Interventionen haben. Nur wer sich in den Patienten einfühlen kann, wird in der Lage sein, eine inhaltlich passende Intervention zur richtigen Zeit und in der richtigen Dosierung zu geben.

Für viele Therapeuten, und vor allem für Anfänger, stellen die technischen Regeln des Intervenierens Über-Ich-Inhalte dar, nach denen sie sich mehr oder weniger sklavisch richten. Manchmal rebellieren sie auch gegen diese Über-Ich-Inhalte und "vergessen", Notwendiges zu tun.

Sehr wichtig finde ich die Einstellung des Therapeuten zur Spontaneität. Wenn spontan *unreflektiert* bedeutet, wird man als Therapeut auf spontanes Verhalten verzichten müssen. Wenn spontan bedeutet, daß ein Impuls, der in Reaktion auf den Patienten entsteht, *nach kurzer Prüfung* in Handeln umgesetzt wird, kann Spontaneität nützlich sein.

Wie geschieht eine solche Prüfung? Ich meine, daß wir alle - um so mehr, je erfahrener wir sind - in relativ kurzer Zeit beurteilen können, ob ein spontan auftretender Impuls oder Affekt im Sinne der Therapie nützlich ist, wenn er in Handeln umgesetzt oder gezeigt wird. Man kann um so spontaner sein, je erfahrener man ist. Ein kluger Patient sagte mir in meinen Anfängen: "Sie machen wohl immer das gleiche Gesicht, weil Sie das hier noch nicht lange machen".

Sehr pointiert hat ANNIE REICH (1951) darauf hingewiesen, daß Aussagen wie "Ich spüre das in meiner Übertragung" mit dem Anspruch, nach Gefühl zu handeln, auf Selbstüberschätzungen beruhen - auf Überschätzungen der Orientierungsfunktion eigener Gefühle. Gegenübertragung kann, meine ich, nur produktiv genutzt werden, wenn man sie mit dem, was man vom Patienten weiß, was man von anderen Patienten weiß und was man von sich selber weiß, in Beziehung bringt.

Übertragungsauslöser und Abstinenz

Der Analytiker bietet, so wie er aussieht, wie er sich verhält und wie er sein Zimmer einrichtet, *Auslöser für Übertragungen*. Die Realität des Analytikers kann Übertragungen aber auch *modifizieren*. Manche Patienten kommen schon mit einer bestimmten Übertragung zum Therapeuten. Sie haben eine Vorstellung, die etwas mit ihren bisherigen Beziehungserfahrungen zu tun hat und bestimmte Beziehungserwartungen auslöst. Die Absicht, zum Therapeuten zu gehen, verstärkt und konkretisiert diese Erwartungen, vielleicht nach einem väterlichen oder mütterlichen Helfer, oder Erwartungen, die daher rühren, wie ein Lehrer oder eine Lehrerin erlebt worden ist.

Da der Patient Übertragung bereits mitbringt, interpretiert er die Realität des Therapeuten ein Stück weit auf die Übertragung hin. Die Realität des Therapeuten kann mitgebrachte Übertragung nur begrenzt verändern. Sie begrenzt lediglich den Interpretationsspielraum des Patienten.

Der Interpretationsspielraum eines jeden Menschen wird durch die Eigenschaften des zu Interpretierenden und durch die eigene Vorstellungswelt begrenzt. Ein Analytiker, der sich langsam bewegt, kann als müde, lahm, traurig, ruhig oder gelassen erlebt werden. Ein Analytiker, der sich rasch bewegt, kann als lebhaft, vital, ungeduldig oder hektisch empfunden werden. Eventuell wird der Interpretationsspielraum durch weitere Informationen eingeschränkt, zum Beispiel aus dem Gesichtsausdruck des Analytikers bei der Begrüßung oder bei der Verabschiedung.

Übertragungsverkennungen bewegen sich im Rahmen der so begrenzten Spielräume. Bei *psychotischen* oder Borderline-Patienten hat die Realität des Analytikers auf die Interpretation des Patienten weniger Einfluß als bei *neurotischen* Patienten, die realitätsgerechter wahrnehmen.

Entsprechend sollte die Abstinenz des Analytikers beim Umgang mit neurotischen Patienten größer sein. Er schränkt sonst deren Interpretationsspielraum zu sehr ein, so daß sie ihre Übertragungsverkennungen zu wenig entwickeln können. Umgekehrt braucht der Analytiker mit Borderline-Patienten und gar mit psychotischen Patienten weniger abstinent zu sein, weil die ohnehin stärker verkennen und sich in ihren Interpretationen durch die Realität des Analytikers weniger einschränken lassen.

Unter anderem deshalb sind die Anstrengungen, die neurotische und Borderline-Patienten bei einem Therapeuten hervorrufen, besonderer Art. Bei neurotischen Patienten muß man einen großen Teil der Anstrengung dem Aufrechterhalten der Abstinenz zuschreiben. Es strengt an, sich relativ neutral zu verhalten, ohne sich vom Patienten abzuschließen. Bei Borderline-Patienten entsteht die Anstrengung aus der Intensität der projektiven Identifizierungen. Oftmals wird von solchen Patienten auch Agieren als Werkzeug der projektiven Identifizierung eingesetzt. Das Agieren strapaziert den Analytiker dann emotional.

Der Umgang mit Übertragung bei neurotischen Patienten strengt an, weil der Analytiker Gefahr läuft, unversehens und unbemerkt zu sehr aus der Rolle heraus zu reagieren, die ihm ein Patient zuschreibt und in die der ihn hineinmanipulieren möchte. Wird der Analytiker vom Patienten durch projektive Identifizierung in archaische Rollen *gedrängt,* muß er Energie aufwenden, um sich dagegen zur Wehr zu setzen.

Therapeutenrolle -
Elternrolle, Kindrolle, Geschwisterrolle

Einzeltherapie kann von Psychoanalytikern durchgeführt werden, aber auch von psychoanalytisch orientierten Therapeuten mit einer weniger aufwendigen Ausbildung. Die aufwendige berufliche Sozialisation des Psychoanalytikers hat den Vorteil, daß er in seiner professionellen Rolle als Psychotherapeut fester verankert ist. Die Grenzen zwischen "professionell" und "privat" sind in den Supervisionen immer wieder Gegenstand des Gesprächs. Die Grenzen der professionellen Rolle werden hier deutlich: Wie fest der Therapeut die Grenzen des Settings aufrecht erhält, ohne dabei rigide zu sein, und wie deutlich er zwischen den Gefühlen unterscheiden kann, die er hat, wenn er sich als Privatmensch in der Beziehung zum Patienten phantasiert, und den Gefühlen, die er dem Patienten gegenüber in einer therapeutischen Rolle empfindet. Ist die Ausbildung weniger gründlich, werden alle diese Grenzen weniger fest etabliert und es geschieht leichter, daß der Therapeut aus seiner professionellen Rolle "herausfällt". Oft wird ein solches Herausfallen damit rationalisiert, daß der Therapeut "als Mensch" reagieren möchte - so als ob er in der therapeutischen Rolle kein Mensch sei.

Die professionelle Rolle des Psychoanalytikers, so wie sie heute von den meisten Psychoanalytikern aufgefaßt wird, zeigt ihn als Mensch, der seine persönlichen Qualitäten und Mängel erlebt, allerdings anders als in einer privaten Rolle. Insbesondere *handelt* er privat und professionell unterschiedlich, auch dann, wenn er in einer professionellen Situation die gleichen Gefühle empfindet, die er auch im Privatleben empfinden könnte. Gerade die Gegenübertragungsanalyse hilft ihm, Gefühle zu begrenzen, indem sie deren Entstehungsweise verstehbar macht. Der Analytiker lernt auch zwischen dem Kind im Vergangenheitsunbewußten des Erwachsenen, den kindlichen Einflüssen auf das Gegenwartsunbewußte des Erwachsenen und dem bewußten Erleben und Verhalten des Erwachsenen zu unterscheiden. Auf infantiles Verhalten reagiert er anders als Menschen ohne psychoanalytische Ausbildung - oft selbst im Privatleben, jedenfalls aber in seiner professionellen Rolle. Er ist dann dem Infantilen gegenüber toleranter als andere Menschen, mit denen der Patient umgeht.

Der Therapeut reagiert aber auch auf das Infantile im Patienten, der sich "kindlich" verhält, anders als gegenüber einem wirklichen Kind und auch anders als gegenüber seinen eigenen Kindern.

Weil der Patient aber Elternobjekte auf den Therapeuten überträgt und ihn oft auch projektiv mit solchen Elternobjekten zu identifizieren sucht, ist die *Gefahr*, daß der Therapeut sich dem Patienten gegenüber so fühlt wie einem eigenen wirklichen Kind gegenüber, ziemlich groß, besonders, wenn eben die professionelle Rolle wenig geübt und ausgestaltet worden ist. Deshalb ist es besonders für Therapeuten mit einer weniger gründlichen Ausbildung wichtig, sich den Unterschied zwischen den Beziehungen klarzumachen, die man zu Patienten und zu eigenen Kindern hat.

Mit den eigenen Kindern geht man nicht so abstinent um wie mit Patienten, das ist klar. Man stellt den eigenen Kindern gegenüber in der Regel auch seine eigenen Wünsche und Bedürfnisse nicht so zurück wie gegenüber einem Patienten. Andererseits hat man emotional und auch materiell in Kinder sehr viel investiert. Darauf, wie sie geworden sind, hat man großen Einfluß gehabt, nicht nur über die Gene, sondern auch über die Umwelt, die man den Kindern zur Verfügung stellte.

In einen erwachsenen Patienten, der in Therapie kommt, hat man vorher aber nichts investiert. Man hat keinen Einfluß darauf gehabt, wie er geworden ist, und deshalb auch keine Verantwortung dafür.

Psychotherapie kann man in der Regel mit seinen eigenen Kindern nicht machen. Es fehlt an Neutralität und Distanz. Fühlt sich der Therapeut einem Patienten gegenüber wie zu einem eigenen Kind, besteht zwar immer noch eine Asymmetrie, aber nicht mehr die Asymmetrie der therapeutischen Beziehung. Nur aus einer inneren und äußeren Distanz heraus können aber therapeutische Angebote gemacht werden, die dem Patienten helfen und ihn nicht nur kurzfristig entlasten.

Die Elternrolle hat für den Therapeuten etwas Attraktives. Erwachsene, die nicht miteinander verwandt sind, können sich meist leichter trennen als Kinder von ihren Eltern. Man hat nur einen Vater und eine Mutter. Daß die leiblichen Eltern etwas Besonderes und eigentlich unersetzlich sind, wissen wir aus den Erfahrungen mit Stiefeltern und mit Adoptiveltern oder von Menschen, die Stiefeltern oder Adoptiveltern hatten. Phantasiert der Therapeut sich wie ein Elternteil, wozu auch gehören kann, daß er eigene Kinderimagines überträgt (die Imagines realer oder gewünschter Kinder), wertet es ihn in seiner phantasierten Bedeutung auf.

Ein jeder Therapeut hat mehr oder weniger klare Vorstellungen davon, wie ein idealer Vater und eine ideale Mutter sein sollten. Diese Vorstellungen mischen sich, was dem Therapeuten oft nicht bewußt ist, mit Zügen der eigenen Eltern. Der Therapeut möchte vielleicht gerade nicht so sein wie die eigenen Eltern; ohne es zu merken, verhält er sich in manchem aber ähnlich. Wenn ein Therapeut aus der Elternposition handelt, bemüht er sich oft, so zu handeln, wie es seinem idealen Elternbild entspricht. Manchmal verhält er sich auch gegensätzlich zu den Eltern des Patienten und verhindert so, daß sich eine Übertragung etablieren kann.

Es kommt aber auch vor, daß ein Therapeut sich gerade nicht so verhalten will wie irgendein Elternteil und daher Aspekte der therapeutischen Rolle ablehnt, die der Elternrolle *ähnlich* sind. Auch ein Therapeut übernimmt Verantwortung für einen Patienten, wenn auch in anderer Weise und in geringerem Maße als ein Elternteil; hier gibt es eine begrenzte Entsprechung. Auch ein Therapeut bemüht sich, die Entwicklung des Patienten zu fördern, so wie die meisten Eltern es mit ihren Kindern tun, und auch ein Therapeut freut sich, wenn ein Patient sich gut entwickelt, so wie die meisten Eltern. Wird hier eine künstliche Neutralität angestrebt, wirkt sich das auf die therapeutische Beziehung zum Patienten negativ aus, besonders auf den Arbeitsbündnisanteil der Beziehung, und die Übertragung der guten Aspekte der Eltern wird unter Umständen verhindert. Oft verhalten sich solche Therapeuten derart "neutral", die von den eigenen Eltern stark eingeengt oder gegängelt wurden.

Es gibt Therapeutinnen und Therapeuten, die es auch im realen Leben ablehnen, Eltern zu sein. Das ist etwas anderes, als wenn sie ungewollt kinderlos geblieben sind. Solche Therapeuten streben eine Elternrolle nicht an. Sie weisen nicht nur *einige* Merkmale der Elternrolle zurück. In ihren Therapien nehmen sie dann zum Beispiel Geschwisterrollen an oder die Rolle von Freunden des Patienten.

Therapeuten, die ein Elternsein durchweg und grundlegend ablehnen, hätten es am liebsten, wenn die Kinder, wie Athene aus dem Haupt von Zeus, schon im Erwachsenenzustand geboren würden. Das hat zur Folge, daß sie ihre Patientinnen und Patienten bezüglich des Erwachsenseins, das sie von ihnen erwarten, überfordern. *Sie tolerieren das Infantile im Patienten schlecht*. Das Engagement solcher Patienten für ihre Kinder können sie schwer verstehen.

An anderem Ort habe ich den Rat gegeben (KÖNIG 1993), ein Therapeut solle sich Gedanken darüber machen, über welche Aspekte seiner Kindheit er klagt und welchen Familienroman er gegebenenfalls konstruiert hat. Der Familienroman (FREUD 1909) modifiziert die eigene reale Familie entsprechend den eigenen Wunschvorstellungen. Es gibt Familienromane, die nur anderen erzählt werden, während der Erzählende weiß, daß sie eigentlich nicht stimmen und solche, an die er selbst glaubt. Menschen, die sich wohlfühlen, verändern die Erinnerungen an die eigene Familie oft auch deshalb in Richtung des Guten, weil sie so besser zum eigenen Lebensgefühl passen; Menschen, die sich schlecht fühlen, tun das Umgekehrte.

Daß ein Therapeut in der Beziehung zum Patienten eine Geschwisterrolle anstrebt und das Angebot einer Geschwisterrolle gern annimmt, findet sich im übrigen auch im Umgang von Eltern mit ihren Kindern, die lieber Geschwister der Kinder sein wollen als die Elternrolle auszufüllen und die entsprechende Verantwortung zu übernehmen. Ein Hinweis darauf kann sein, daß die Eltern sich von den Kindern mit dem Vornamen ansprechen lassen. Allerdings ist diese Praxis mittlerweile so verbreitet, daß sie unspezifischer geworden ist als noch vor zwanzig Jahren.

Befinden sich Patient und Therapeut in Geschwisterrollen, übertragen sie oft beide Elternimagines auf Institutionen. Der Patient überträgt Elternimagines auf seinen Arbeitgeber, der Ausbildungskandidat vielleicht auf das Ausbildungsinstitut oder seinen Lehranalytiker oder, wenn er in einer Klinik arbeitet, auf die Leitungsfiguren der Klinik. Es kommt dann oft zu unrealistischen Beurteilungen dieser Elternfiguren aus der Kindposition heraus. So kann ein Analytiker sich mit einem Patienten gegen dessen Arbeitgeber verbünden, der sich mehr um den Patienten kümmern sollte, statt mit ihm zu bearbeiten, wie der Patient lernen könnte, sich um sich selbst zu kümmern, und ohne zu überlegen, wie weit er selbst sich um den Patienten kümmern sollte.

In eine Kindrolle dem Patienten gegenüber gerät der Analytiker besonders dann, wenn sich der Patient mit seinem als Angreifer empfundenen Elternteil identifiziert, sein eigenes Selbst auf den Therapeuten externalisiert und diesen damit projektiv identifiziert. Es kann aber auch sein, daß der Patient dem Therapeuten zeigen will, wie der in einer Elternrolle mit ihm umgehen soll; dann handelt es sich meist um sorgende Aspekte, die der Patient sich vom Therapeuten wünscht.

In Paartherapien kommt es besonders leicht zu Elternübertragungen des Therapeuten, der sich dann in der Kindrolle wiederfindet. KREISCHE (1986) weist darauf hin, daß der Therapeut dann oft die Tendenz hat, die Beziehung des Paares zu erhalten, auch wenn es aus einer objektiven Perspektive besser wäre, wenn die beiden sich trennten. Er gleicht darin einem Kind, das die Beziehung der Eltern um jeden Preis erhalten möchte.

Die subjektive Einschätzung von Wirkfaktoren

Es ist mir immer wieder aufgefallen, daß Therapeuten verschiedener Struktur einzelne Aspekte der Arbeit im therapeutischen Setting unterschiedlich hoch einschätzen. Depressive Therapeuten betonen die Haltefunktion des Settings, Zwanghafte die begrenzende Funktion, Hysterische haben Spaß an den verschiedenen Rollenzuschreibungen durch den Patienten, schizoide Therapeuten schätzen die Möglichkeit des intuitiven Verstehens im Schweigen, phobische Therapeuten ihre Funktion als Begleiter, wobei aber oft der Patient vorangeht und der Therapeut folgt. Narzißtische Therapeuten schätzen die große Wichtigkeit, die ein Therapeut für den Patienten wie selbstverständlich bekommt, wenn nur die Regeln des Settings eingehalten werden.

Auch die Diskussion über die Rolle von Einsicht versus Erfahrung in der Therapie scheint durch die Struktur der Therapeuten beeinflußt zu werden. Zwanghafte Therapeuten finden es besonders wichtig, daß der Patient sich durch Einsichten und Vernunft leiten läßt. Wo Es war, soll Ich werden: In die Unordnung, in das Chaos sollen Ordnung und Übersicht kommen. Dagegen betonen depressive, aber auch hysterische Therapeuten den Wert der Erfahrung im Hier und Jetzt. Depressive Therapeuten tun das, weil sie glauben, daß die Beziehung heilt; Hysterische tun es, weil es ihnen Spaß macht, durch Rollenübernahme ein Publikum zu beeindrucken, auch wenn es nur aus einer Person besteht. Narzißtische Therapeuten glauben, daß die exzeptionelle Person des Therapeuten heile. In ihrer Phantasie machen sie den Patienten zu einem Teil ihrer selbst. Im Unterschied zu schizoiden Therapeuten, die immer auch fürchten, daß Fremdeinflüsse aus dem Patienten in sie eindringen könnten, sind narzißtische Therapeuten meist sicher, daß der Weg umgekehrt sein wird, nur von ihnen zum Patienten. Dadurch, daß der Patient gleichsam in die Selbstrepräsentanz des Therapeuten integriert wird, kann er, meinen sie, nur gewinnen; weigert er sich, wird er als analyseungeeignet, als "schlechtes Material" fallengelassen.

Gerade auf einem wissenschaftlichen Feld, wo Möglichkeiten der Objektivierung eingeschränkt sind und man sich viel auf klinische Beobachtungen und Bewertungen stützt, ist der Einfluß der Persönlichkeit des Untersuchers groß. Manche Therapeuten leugnen den Einfluß ihrer Person ganz und glauben an die Fiktion, der Therapeut reagiere "objektiv" und beeinflusse den Patienten nur durch Deutungen. Oft sind das Therapeuten, die auch sonst Schwierigkeiten haben, ihre eigene Subjektivität anzuerkennen. Das können zwanghafte Therapeuten sein, die glauben, daß es nur eine richtige Art des Reagierens gebe. Es können aber auch Therapeuten sein, die Schwierigkeiten in der Auseinandersetzung mit dem Vater hatten und bei denen der Ödipus-Komplex in die sogenannte passiv-feminine Lösung eingemündet ist: Sie stellen sich dem Vater gegenüber und später auch zu anderen Menschen rezeptiv ein, wobei der Inhalt dann wichtig ist, das Rezeptakulum nicht. Andere Therapeuten haben einen schwachen Vater introjiziert; bei Therapeutinnen ist es oft eine schwache Mutter. Solche Therapeutinnen und Therapeuten glauben dann, daß ihnen ein Recht auf eigene Reaktion, eigene Individualität, eigene Standpunkte nicht zustehe. Würden sie die haben oder einnehmen, käme das einem Sieg über Vater oder Mutter gleich. Vater oder Mutter, obwohl schwach auf der Ebene der Erwachsenen, könnten sich dann aber doch rächen, weil sie stärker sind als das ödipale Kind.

Einsicht und Durcharbeiten

Therapeuten, deren Handeln auch im Privatleben rational immer gut begründbar ist und die wenig zu unüberlegtem Handeln neigen, werden der Einsicht eine größere Kraft zuschreiben als solche, die sich mehr durch Gefühle bestimmen lassen und die eigene Subjektivität zum allgemeinen gültigen Maßstab erheben, wie Menschen mit einer hysterischen Struktur das gerne tun. Die mehr zwanghaften, vorwiegend vernunftbestimmten Therapeuten halten sich in der Einschätzung von Einsicht an das Motto: Es kann nicht sein, was nicht sein darf, und es darf eben nicht sein, daß man sich unvernünftig verhält.

Nun tun viele Menschen ja Dinge, die unvernünftig sind; zum Beispiel rauchen sie Zigaretten. Der Wunsch "vernünftig" zu handeln, ist für die meisten Menschen nur einer unter mehreren. Oft geht es um kurzfristige Bedürfnisbefriedigung, hinter die Langzeitfolgen des Handelns zurücktreten. Langzeitfolgen und Langzeitziele anzustreben lernt man im Laufe der Sozialisation, die in verschiedenen Gesellschaftsschichten verschieden ist. Das Realitätsprinzip ist bei Menschen verschiedener Gesellschaftsschichten unterschiedlich beschaffen.

Manche Therapeuten schreiben der Einsicht eine nahezu magische Wirkung zu. Andere sehen Einsicht nur als Aufforderung zum Umlernen. Einsicht beeinflußt aber schon die künftigen Wahrnehmungen. Wenn jemand wirklich weiß, daß er dazu neigt, Autoritätspersonen mit dem Vater zu identifizieren, wird er nicht nur nach Unterschieden zwischen solchen Autoritätspersonen und dem eigenen Vater suchen, sondern die Autoritätspersonen bereits ein bißchen anders *wahrnehmen*. Oft muß man sich aber anstrengen, um der eigenen Tendenz zum Verwechseln entgegenzuwirken. Die in der Bergpredigt propagierte Gleichsetzung von Gedanken und Tat ("Wer eine Frau ansieht und sie begehrt, der hat in seinem Herzen schon mit ihr die Ehe gebrochen") erschwert, wenn sie wörtlich genommen wird, jede Therapie, die auf Einsicht abzielt. "Es" kann nicht "Ich" werden, wenn kein Unterschied zwischen Gedanke und Tat gemacht wird. Unterscheidet das Über-Ich nicht zwischen Gedanke und Tat, dürfen verbotene Impulse nicht bewußt werden.

Die Unterscheidung zwischen Gedanke und Tat kann in ihrer Bedeutung für die Therapie schwer überschätzt werden. Nur ein Über-Ich, das "böse" *Gedanken* von "bösen" *Taten* unterscheidet, läßt einen Raum, in dem Impulse zugelassen und dann auf ihre reale Fundierung geprüft werden können, was eine Voraussetzung von Einsicht ist. Therapeuten mit einer christlichen Bindung in Gegenwart oder Vergangenheit sollten sich das klarmachen. Sie neigen sonst dazu, unrealistische Phantasien des Patienten sofort oder jedenfalls zu früh mit dem Realitätsprinzip zu konfrontieren, das bei solchen Therapeuten leicht an die Stelle moralischer Normen tritt, von denen der Therapeut sich ein Stück weit distanziert haben muß, um arbeiten zu können. Manchmal sind aber nur die Inhalte des Über-Ich des Therapeuten ausgewechselt worden; das Realitätsprinzip vertritt der Therapeut nun mit der gleichen Strenge wie vorher die ihm anerzogene Moral. Besonders bei zwanghaften Therapeuten, die bewußt eine tolerante Haltung vertreten, weil sie dies für "richtig" halten, ist es nicht immer einfach, die Strenge des zwanghaften Über-Ich aufzuspüren. Auch in Supervisionen gelingt es nicht immer.

Einsicht wird aber nur wirksam, wenn sie zu bewußtem Handeln führt, etwa zum Ausprobieren. Kleinkinder probieren etwas aus, Erwachsene tun dies weniger. Das bringt Gegenmotive auf den Plan, zum Beispiel Wünsche, sich nicht anzustrengen, nichts zu riskieren, Gewohntes nicht zu verändern. Mit diesen Gegenmotiven gehen verschiedene Therapeuten verschieden um; sie haben entweder Verständnis für sie, manchmal zu viel, oder sie verfolgen die Gegenmotive unnachsichtig; eigentlich dürften die gar nicht vorhanden sein.

Manche Patienten bleiben lange durch die Aufgabe überfordert, zwischen dem Vater und den Vaterfiguren zu unterscheiden, weil ihnen dazu ein Stück Menschenkenntnis fehlt. Sie wissen zwar, daß nicht alle männlichen Autoritätspersonen so sind wie der Vater, aber es gibt immerhin Menschen, die so sind wie der Vater oder so erlebt werden können. Wie soll der Patient nun zwischen Menschen unterscheiden, die tatsächlich so sind wie der Vater, und Menschen, die nur daran erinnern? Viele müssen das mühsam erlernen. Diese Mühe kann ein Therapeut unterschätzen, der über mehr Menschenkenntnis verfügt.

Der Patient überträgt natürlich nicht nur die Vaterfigur, sondern er aktiviert in sich auch den früheren Zustand seines Selbst in der Beziehung zum Vater. Diese Beziehung war unter anderem durch Machtverhältnisse gekennzeichnet, die zwischen Eltern und Kindern anders sind als zwischen Erwachsenen. Manche Therapeuten, vor allem solche, die aufgrund eigener Konflikte blind gegenüber dem Einfluß von Machtverhältnissen sind, unterlassen es, das zu bearbeiten, weil sie es nicht erkennen.

Manche Therapeuten machen sich auch nicht klar, worin die therapeutische Situation sich von der Alltagssituation des Patienten unterscheidet. Zwar wissen die meisten Therapeuten, daß die Menschen, mit denen der Patient in seinem Alltag umgeht, keine therapeutische Einstellung haben, sie übersehen aber zum Beispiel, daß sie in der klassischen Analyse von den optisch wahrnehmbaren Signalen des Patienten im Rahmen der projektiven Identifizierung durch die Couch-Sessel-Anordnung abgeschirmt sind, daß es den Patienten nicht nur wegen der Abstinenz des Therapeuten, sondern auch wegen der Einschränkung seiner interaktionellen Mittel schwerer gemacht wird, den Therapeuten zu einem Verhalten zu bringen, das der Übertragungserwartung entspricht, als es unter Alltagsbedingungen der Fall wäre. Die Abstinenz des Therapeuten und die Tatsache, daß er durch das Setting abgeschirmt ist, erschweren es also, daß der Patient seine Übertragungserwartungen in ihm realisiert. Im Alltag des Patienten ist dies alles anders. *Der Patient findet seine Übertragungserwartung im Alltagsleben deshalb häufiger bestätigt.*

Vor allem ein Patient, der negative Übertragungen auf Personen außerhalb der Analyse verschiebt, sieht das Therapiezimmer wie ein Paradies. Erfahrungen aus dem Paradies kann man aber in die Außenrealität schwer übertragen.

In seiner Wahrnehmung gestaltet der Patient vieles, was der Therapeut sagt, nach seinen eigenen Bedürfnissen um. So kann ein Patient sagen: "In der vergangenen Stunde haben Sie mir geraten ...", obwohl der Therapeut sich genau erinnert, keinen Rat gegeben zu haben. Der Patient brauchte aber Rat und deshalb hat er aus einer Äußerung des Therapeuten, die so nicht intendiert war, einen Ratschlag gemacht.

Andere Patienten unterstellen dem Therapeuten ihre eigenen Ansichten und fühlen sich in ihnen bestärkt, wenn der Therapeut nichts ausdrücklich Gegensätzliches sagt. Wieder andere Patienten haben einen feinen Sensus für die tatsächlichen Einstellungen des Therapeuten und richten sich nach ihnen, obwohl der Therapeut glaubte, es sei ihm gelungen, seinen eigenen Standpunkt nicht in die Therapie hineinzutragen. Gerade Therapeuten, die es sorgfältig vermeiden, ihre Ansichten erkennen zu lassen, tragen dazu bei, daß der Patient besonders genau hinhört, um ihre Einstellungen zu erkennen. Tatsächliche Einstellungen des Therapeuten und das, was der Patient als dessen Einstellung unterstellt, kann der Patient dann schwer auseinanderhalten.

Manche Patienten merken sich auch nicht die Einsicht, aus der sich eine Handlungsanweisung ergibt, sondern nur die Handlungsanweisung, zum Beispiel: Ich sollte mich mehr durchsetzen. Das bewirkt dann eine Starre beim Durcharbeiten. Der Patient versucht, sich in Situationen durchzusetzen, die mit der Situation, auf die sich die Einsicht bezog, nichts zu tun haben, und macht dann negative Erfahrungen.

Hysterische Therapeuten neigen dazu, die Schwierigkeiten zu unterschätzen, auf die der Patient im sozialen Feld beim Anwenden des in der Analyse Erkannten treffen wird. Sie leben selbst nach dem Prinzip: "Von einmal, das kann ja nicht sein". Es handelt sich hier um ein Textstück aus einem Bänkellied (die Quelle kann ich nicht mehr angeben). Eine Frau war schwanger geworden und sang: "Von einmal, das kann ja nicht sein". Viele Therapeuten sind in der ödipalen Illusion befangen, was sie täten, hätte keine "erwachsenen" Konsequenzen.

Unbewußt sind sie immer noch das ödipale Kind, das den Wunsch haben kann, die Mutter oder den Vater zu heiraten, wenn das andere Elternteil tot wäre, ohne daß dieser Wunsch ernst genommen wird. Zwanghafte Therapeuten kommen dagegen oft nicht zum Handeln, weil sie immer alle Konsequenzen bedenken, oft vorzugsweise die negativen.

Weil der hysterische Therapeut die Folgen des eigenen Handelns gern bagatellisiert, tut er das oft auch beim Patienten. Der Patient soll nur probieren. Die Folgen des Ausprobierens werden bagatellisiert. Hysterische Therapeuten unterschätzen oft auch den Lernaufwand, den der Patient beim Durcharbeiten erbringen muß. Daß sie selbst vieles mühsam erlernt haben, verdrängen diese Therapeuten; daß sie mühsam lernen mußten, paßt nicht zu der Illusion, alles flöge ihnen zu. Der hysterische Therapeut sieht dann den Patienten im Licht der eigenen illusionär verklärten, weil nur selektiv erinnerten Arbeitsvergangenheit. Wenn man weiß, wie ein Auto funktioniert, kann man es noch nicht fahren. Wenn man weiß, welche Tasten am Klavier welche Töne hervorrufen und wenn man die Noten kennt, kann man noch nicht vom Blatt spielen. Dem hysterischen Therapeuten ist es aber mühsam, den Patienten beim Durcharbeiten zu begleiten. Er hat ihm gesagt wie es geht, also müßte er es eigentlich schon können.

Der *zwanghafte Therapeut* wird durch das Probieren des Patienten geängstigt; alles was der Patient unternimmt, muß in der Analyse vorbesprochen sein. Dabei geht es nicht nur um lebenswichtige Entscheidungen, sondern auch um Entscheidungen und Unternehmungen des Alltags.

Der *phobische Therapeut* hält den Patienten ängstlich zurück, oder, wenn kontraphobische Verarbeitungen beim Therapeuten vorliegen, erwartet er vom Patienten mehr Mut, als dieser aufbringen kann.

Depressive Therapeuten erwarten, daß die Beziehung heilt, und das bedeutet, daß alles Wesentliche im therapeutischen Setting geschieht. Die Wichtigkeit des Durcharbeitens außerhalb der Stunde wird von ihnen unterschätzt. So kann sich ein depressiver Therapeut per altruistischer Abtretung über Fortschritte des Patienten außerhalb des therapeutischen Settings freuen, irgendwie wird er aber doch bedauern, daß er nicht dabei sein kann.

Da für den Depressiven die Objekte wichtiger sind als das Selbst, nehmen depressive Therapeuten eine einseitige Haltung ein, wenn es darum geht, daß der Patient in seinen Beziehungen etwas tut, was den Interessen des Patienten vor die Interessen anderer stellt, und das besonders, wenn es um eine Trennung geht. So kann es sich herausstellen, daß ein Patient eindeutig eine falsche Partnerwahl getroffen hat und er vom Alter und den Sozialbindungen her einen Neuanfang wagen könnte. Der depressive Therapeut steht dann aber mehr auf seiten der Beziehung, die er erhalten möchte, auch wenn eine Trennung für alle Beteiligten besser wäre. Einsichten, aus denen die Notwendigkeit einer Trennung folgt, wird er in ihrer Entstehung nicht fördern und in ihrer Umsetzung hemmen.

Der *narzißtische Therapeut* verhält sich da entgegengesetzt. Selbstentfaltung steht für ihn über der Rücksichtnahme auf andere. Auch der narzißtische Therapeut erwartet, daß die Beziehung heilt, aber in der Weise, daß der Patient wie eine Ausstülpung des Analytikers funktioniert, was im Durcharbeiten außerhalb des therapeutischen Settings wieder eine gewisse Starre mit sich bringt. Der Patient darf im Umsetzen der in der Therapie gewonnenen Einsicht keine eigenen Einfälle haben. Er muß so handeln, wie der Therapeut an seiner Stelle gehandelt hätte. Vom zwanghaften Therapeuten unterscheidet sich hier der narzißtische dadurch, daß der Zwanghafte meist allgemeine Prinzipien zur Leitlinie des eigenen Handelns macht, der Narzißtische mehr seine Subjektivität. Der Patient des zwanghaften Therapeuten soll sich nach den Prinzipien des Analytikers verhalten, der Patient des narzißtischen Therapeuten *so wie dieser selbst*. Der Patient des phobischen Therapeuten soll vorsichtig sein oder - bei kontraphobischen Therapeuten - besonders mutig.

Der *zwanghafte Therapeut* hat auch Angst, daß Chaos entsteht, wenn der Patient es nicht "richtig" macht. Der *narzißtische Therapeut* fürchtet, der Patient könne sich verselbständigen, indem er sich vom Therapeuten unterscheiden lernt und Einsichten so anwendet, wie es den eigenen Bedürfnissen und der eigenen sozialen Situation am besten entspricht. Der zwanghafte Therapeut ist verärgert oder geängstigt, wenn der Patient es anders macht, als es den Prinzipien des Therapeuten entspricht. Der narzißtische Therapeut ist gekränkt, wenn der Patient es anders macht, als er selbst es machen würde.

Diese Grundeinstellungen werden natürlich durch die Erfahrungen dessen, was sich als therapeutisch zweckmäßig erweist, und durch ein Wissen darum, daß Menschen sich unterscheiden, abgeschwächt und überformt, beeinflussen aber dennoch das therapeutische Handeln, ohne daß der Therapeut sich darüber im klaren ist.

Hat der Patient außerhalb der Therapie Erfolge, bringt das für den narzißtischen Therapeuten narzißtische Zufuhr, vorausgesetzt, die Erfolge sind solche, über die der Therapeut sich selbst freuen würde, wenn er sie hätte. Depressive Therapeuten freuen sich per altruistischer Abtretung mit. Zwanghafte Therapeuten fühlen sich darin bestätigt, daß sie es mit dem Patienten "richtig" gemacht haben. Phobische Therapeuten freuen sich zwar über Erfolge des Patienten, neigen dann aber dazu, ihn zu überfordern, also das Erreichte zu überschätzen, wenn sie zu kontraphobischen Verarbeitungen neigen; sonst machen die Erfolge des Patienten sie ängstlich. Sie fragen sich, ob der Patient mit den Möglichkeiten, die sich aus dem Erfolg ergeben, kompetent wird umgehen können, zum Beispiel, ob der Patient eine Arbeitsstelle, die er bekommen hat, auch ausfüllen wird. Hysterische Therapeuten überschätzen Erfolge und nehmen sie als Zeichen dafür, daß man sich in der Therapie nicht mehr soviel Mühe geben muß.

Schizoide Therapeuten haben beim Durcharbeiten besondere Schwierigkeiten. Sie unterschätzen sowohl die Notwendigkeit des Umsetzens als auch die dabei erforderliche Detailarbeit. Ein schizoider Therapeut meint, daß sich die reale Lebenssituation des Patienten ändern wird, wenn sich nur dessen Phantasien verändern, und übersieht dabei, daß Entwürfe nicht wirksam werden, wenn der Patient sie nicht konkret umsetzt. An Lebenserfolgen des Patienten sieht er oft nur das, was er selbst als Erfolg buchen würde; anderes nimmt er nicht wahr oder er bagatellisiert es. So kann er begeistert davon sein, daß ein Patient eine Stelle gefunden hat, die es ihm ermöglicht, das zu tun, was ihn interessiert, und er übersieht dabei, daß die Stelle wenig Geld einbringt, oder daß die Arbeitszeiten so liegen, daß es zu Konflikten mit der Ehefrau kommen wird, weil die nun ihre eigenen Arbeitszeiten auf die des Patienten abstimmen müßte. Schizoide Analytiker überschätzen oft auch die Breite der Anwendbarkeit einer Einsicht, zum Beispiel bei der Durchsetzungsfähigkeit des Patienten. Im Umgang mit der Person A kann es möglich und zweckmäßig sein, sich durchzusetzen; im Umgang mit der Person B brächte das mehr Nachteile oder es wäre von vornherein nicht möglich; vielleicht deshalb, weil der Patient eine Veränderung wünscht, die im Rahmen des Realen nicht zustande kommen kann. Geht es um Trennungen, kann der schizoide Therapeut die vielfältigen Folgen oft schwer überblicken, weil er nur an die Personen denkt, die er selbst für wichtig hält.

Der Therapeut reagiert auf Widerstand

"Was immer die Fortsetzung der Arbeit stört, ist ein Widerstand" sagt FREUD (1900). Nun kann man die *Arbeit* aber auch fortsetzen, ohne daß sich etwas ändert. Deshalb erscheint mir die Definition von STONE treffender. Nach STONE (1973) richtet sich der Widerstand gegen den psychoanalytischen *Prozeß*. Der Begriff Prozeß schließt für mich *Veränderung* mit ein. Ich definiere in meinem Buch "Praxis der psychoanalytischen Therapie" das als Widerstand, was sich gegen das Fortschreiten des therapeutischen Prozesses richtet und vom Patienten bewußt, vorbewußt oder unbewußt dazu eingesetzt wird.

Diese Definition gestattet den Vergleich mit dem Bremsen eines Autos. Man kann zuviel oder zu wenig bremsen. Durch das "Bremsen" wahrt der Patient seine Toleranzgrenze. Das Bremsen kann auch das Ziel haben, die Toleranzgrenze des Analytikers zu respektieren, wie der Patient sie vermutet.

Es gibt auch einen *Gegenübertragungswiderstand* (z.B. ERMANN 1985). Auch der Therapeut kann bremsen, wenn er meint, daß es für den Patienten zu schnell geht, oder wenn seine eigene Toleranzgrenze überschritten zu werden droht. Es ist eine der Aufgaben des Therapeuten, ein optimales Widerstandsniveau einstellen zu helfen.

Zum Bremsen kann der Patient Abwehrmechanismen einsetzen, er kann auch zu spät kommen oder wegbleiben. Ein Patient kann ein Scheinproblem bearbeiten, auch ein Therapeut kann das tun. Therapeut und Patient können genetische Verknüpfungen herstellen, die Gefühle und Phantasien des Patienten als

Übertragung kennzeichnen, um zu verhindern, daß deutlich wird, wie die Übertragung im einzelnen aussieht. Das können falsche genetische Verknüpfungen sein, aber auch richtige.

Eine besondere Stellung nimmt der Übertragungswiderstand ein. Es gibt einen Widerstand gegen das Bewußtwerden der Übertragung, gegen das Mitteilen der Übertragung, gegen das Bearbeiten der Übertragung im Hier und Jetzt (man zieht sich auf die Genese zurück), und gegen die Auflösung der Übertragung. Übertragung kann die therapeutische Arbeit behindern. Dann wird sie selbst zum Widerstand. Eine Patientin kann wünschen, daß der Analytiker mit ihr eine Liebesbeziehung anfängt, statt die Therapie fortzusetzen. Liebeswünsche einer Patientin können wegen ihrer Intensität zum Widerstand werden, dieser Widerstand ist dann gewissermaßen autochthon. Sie können aber auch eingesetzt werden, um den Analytiker von etwas abzulenken, um ihn in die Situation zu bringen, daß die Patientin ihn zurückweisen kann, oder ihn seiner analytischen Potenz zu berauben, die als magischer Phallus phantasiert wird.

Dann gibt es noch die Charakterwiderstände. Hier kommt es oft vor, daß sich blinde Flecken des Therapeuten mit den Flecken des Patienten überlappen, besonders dann, wenn der Patient von Anfängern deshalb als Behandlungsfall gewählt wurde, weil er dem Therapeuten ähnlich ist, und der Therapeut glaubt, dann besonders gut mit ihm umgehen zu können - er versteht ihn gut, aber eben nur soweit, wie er sich selbst versteht.

Widerstände können grob und auffällig sein, aber auch subtil und unauffällig (GLOVER 1955). Ein unauffälliger Widerstand kann sich hemmender auswirken als ein auffälliger grober, einmal, weil er leicht übersehen wird, und zum anderen, weil die Auffälligkeit über die Stärke noch nichts aussagt.

Übertragung kann den therapeutischen Prozeß fördern. Ein Patient kann gut arbeiten, damit der Analytiker ihn gut findet. Das trägt eine Zeitlang. Eine "milde und unausgesprochene positive Übertragung" (FREUD 1914, S. 131) wird von vielen, zum Beispiel von GREENSON (1967), als Basis der Arbeitsbeziehung aufgefaßt.

Verschiedene Analytiker reagieren auf den gleichen Widerstand unterschiedlich. Das hängt mit ihrem Charakter, ihren bisherigen Beziehungserfahrungen, den aktuellen Beziehungen und der Tagesform zusammen. Widerstand kann als Übertragungsauslöser für den Analytiker wirken. Objekte, denen gegenüber er sich nicht "durchsetzen" konnte, kann er auf den Patienten übertragen. Infolge der Übertragungsverkennung kann es dann zu irrationalen Handlungen kommen.

In ihrem Lehrbuch stellen THOMÄ und KÄCHELE besonders heraus, daß die Intensität einer Übertragung viel damit zu tun hat, ob sie zum Widerstand wird. Wenn die positive Übertragung ein gewisses Maß überschreitet, wird sie zum Widerstand.

Positive Übertragungen, die zum Widerstand werden, kommen auf allen Stufen der psychosexuellen Entwicklung in verschiedenen Qualitäten und Intensitäten vor. Manche Analytiker können besser mit präödipalen idealisierenden Übertragungen umgehen, andere besser mit ödipalen erotischen. Das hängt wieder von Persönlichkeitsfaktoren und der Qualität und Quantität der Beziehungen ab, die ein Therapeut sonst noch hat. Wann eine positive Übertragung zum Widerstand wird, hängt auch vom Therapeuten ab: Sie wird dann zum Widerstand, wenn der Therapeut sie nicht mehr beeinflussen kann und die therapeutische Arbeit durch sie gestört wird.

Menschen können Idealisierungen in sehr unterschiedlichem Ausmaß ertragen. Das hängt mit dem narzißtischen Regulationssystem zusammen und auch mit dem Maß an narzißtischer Zufuhr, die der Therapeut außerhalb der Therapie erhält. So kann ein Therapeut, der gerade Erfolge in anderen Bereichen seines Berufes hat, die Idealisierung eines Patienten vielleicht schlechter tolerieren als sonst, weil sie bewirkt, daß der Therapeut Kräfte mobilisieren muß, um zu verhindern, daß er "abhebt".

Auch gibt es umgekehrt natürlich Unterschiede. Ein Therapeut, der in seinem Leben sonst wenig narzißtische Zufuhr erhält, kann sich auf die Idealisierung durch seine Patienten angewiesen fühlen und sie "hungrig" erwarten. Oder er kann der Idealisierung durch den Patienten gegenüber besonders mißtrauisch sein, weil seine Hoffnung auf narzißtische Zufuhr auch sonst enttäuscht wurde.

Davon, wie der Therapeut mit Idealisierung umgehen kann, wird es abhängen, ob er gut oder schlecht damit arbeiten kann, ob er sie länger oder kürzer aushält, sie bemerkt oder übersieht.

Der Widerstand gegen die *Auflösung der Übertragung* hat verschiedene Aspekte. Es kann einem Patienten schwerfallen, von dem übertragenen Objekt Abschied zu nehmen; es werden eben nicht nur Verkennungen des Therapeuten als solche klar, wenn die Übertragung aufgelöst wird, sondern das Auflösen der Übertragung bewirkt auch Veränderungen am übertragenen inneren Objekt, das jetzt reinternalisiert wird. Auch von diesem inneren Objekt in seiner ursprünglichen Form muß der Patient Abschied nehmen. Die Art der Beziehung zum übertragenen Objekt war dem Patienten vertraut. Sie erzeugte in ihm ein Gefühl der Sicherheit (SANDLER 1960) oder der Familiarität (KÖNIG 1982, 1991b, 1992a). Aber auch innere Strukturen, die der Patient nicht externalisiert, können einen Widerstand erzeugen, zum Beispiel das Über-Ich, das sich gegen das Manifestwerden von Triebimpulsen richtet. Dieser Widerstand verhindert dann meist ein Bewußtwerden stark triebgeladener Übertragungen.

Es gibt auch Widerstände aus Ich-Interessen: Der Patient findet es beschwerlich oder gefährlich oder unvernünftig, bestimmte Beziehungsformen einzugehen oder zu erkennen, daß er sie schon eingegangen ist. Das Ich richtet sich gegen die Unannehmlichkeiten, die mit der Beziehung verbunden sind, und verhindert deshalb, daß Übertragungen bewußt werden oder daß sie mitgeteilt werden. Das Ich kann aber auch auf die Funktion nicht verzichten wollen, die der Analytiker ihm ersetzt. Diese letztere Form des Widerstandes ist dem sekundären Krankheitsgewinn verwandt. Die Beziehung zum Analytiker bedeutet für solche Patienten, aber auch für manche anderen, einen sekundären Krankheitsgewinn. Der kann zum Beispiel auch darin bestehen, daß der Analytiker ihnen zuhört, was sonst vielleicht niemand tut. Die Auflösung der Übertragung bewirkt dann Unsicherheit und ein Gefühl des Fremdseins gegenüber dem Analytiker.

Gerade im Umgang mit dem sekundären Krankheitsgewinn zeigt sich der Einfluß von Wertvorstellungen des Analytikers. Sie bestimmen, ob er meint, daß ein Mensch arbeiten muß, damit er zu essen bekommt, wie lange er einen Behandlungsplatz für sich in Anspruch nehmen kann, ob die Solidargemeinschaft der Versicherten mit einer Rente belastet werden soll. Sie bestimmen, ob ein Lehrer mit einer Charakterneurose damit konfrontiert wird, daß vielleicht eine Umschulung angezeigt wäre. Es kann auch als wichtiger gesehen werden, daß er bald wieder arbeitet. Daß er mit seiner Charakterneurose den Schülern schaden kann, wird übersehen.

Mit einem Widerstand gegen das Bewußtwerden einer bestimmten Übertragung kann verwechselt werden, daß der Therapeut die Entwicklung dieser Übertragung durch sein Verhalten erschwert. Betuliche Therapeuten haben es schwer, aggressive Übertragungen ihrer Patienten in die Bearbeitung zu bekommen, weil sie nicht die Übertragungsauslöser bieten, an denen sich die aggressive Übertragung festmachen könnte.

Übertragung entsteht zwar aus einer Übertragungsdisposition. Sie kann sich aber nur an einer Person festmachen, die mit dem übertragenen Objekt (auch mit dem externalisierten Selbstanteil oder der externalisierten inneren Instanz) gewisse Merkmale gemeinsam hat. Die Ähnlichkeit kann gering sein, ein gewisses Maß darf sie aber nicht unterschreiten. Das Geschlecht des Therapeuten scheint bei ödipalen Übertragungen ein solcher Übertragungsauslöser zu sein. Überzeugende Berichte über Liebesübertragungen auf Analytiker, die nicht zum Geschlecht paßten, sind mir nicht bekannt geworden. Wahrscheinlich sind viele, *aber nicht alle* Übertragungen geschlechtsunabhängig.

THOMÄ und KÄCHELE erwähnen in ihrem Lehrbuch die Identitätswiderstände nach ERIKSON (1970), von denen man sonst wenig liest. Nach ERIKSON gibt es Widerstände, die dazu dienen, psychosozial entstandene Identitäts- oder Selbstgefühle aufrechtzuerhalten. Natürlich verbinden sich hier Erfahrungen aus der Kindheit mit dem Einfluß der Rollenangebote einer Gesellschaft im Sinne eines Kompromisses. Hier, wie so oft, spielt es eine Rolle, ob der Analytiker über die Grenzen der sozialen Schicht hinausblicken kann, der er angehört, ob er zum Beispiel, wenn er Unterschichtpatienten behandelt, sich in der Unterschicht auskennt. Daß es so schwer ist, Patienten aus der Oberschicht zu behandeln, liegt wahrscheinlich auch daran, daß wenige Analytiker sich in der Oberschicht auskennen (vgl. KÖNIG 1991a). Für den männlichen Analytiker ist es auch wichtig, wie weit er sich in die Lebenswelt einer Frau hineinversetzen kann, auch in ihre Körperlichkeit (KÖNIG und KREISCHE 1991). Entsprechendes gilt für Analytikerinnen bei ihren männlichen Patienten.

Affekte haben eine kommunikative Funktion. Ein Patient kann zeigen wollen, daß er Angst hat, wütend ist, traurig ist, daß er sich schämt, daß er Ekel empfindet. Affekte können im Dienste projektiver Identifizierungen entstehen. Manche Analytiker machen sich nicht klar, wie schwierig es für einen Menschen sein kann, seine Mimik als kommunikatives Mittel nicht einsetzen zu können. Ein Patient, der anfangs Schwierigkeiten hat, auf der Couch zu sprechen, kann genau dieses kommunikative Mittel vermissen. Hier handelt es sich nicht um einen Widerstand, der Patient kann sich nur nicht auf den akustischen Kanal konzentrieren. Ist der Analytiker jemand, der Mimik in der Kommunikation wenig einsetzt, wird er das vielleicht nicht verstehen können.

Überhaupt wird oft zu wenig beachtet, was einem Patienten fehlt und was er nicht hervorzaubern kann wie ein Kaninchen aus einem Hut. Ein Mann, der mit Männern immer passiv-feminin umgegangen ist und darin eine gewisse Kompetenz erworben hat, aber nicht über die Kompetenz verfügt, mit Männern auf gleicher Ebene umzugehen, kann erkennen, daß er sich passiv-feminin unterwirft, er handelt deshalb aber noch längst nicht *anders*. Derlei ist besonders beim *Durcharbeiten* wichtig.

GREENSON (1967) berichtet über einen Patienten, der ihm erst gegen Ende der Analyse eine zutreffende Beobachtung mitteilte. Diese Beobachtung bezog sich auf das allgemeine Sprechverhalten des Analytikers, wie der Patient es praktisch in jeder Stunde beobachten konnte. Daß er es so lange aufschob, diese Beobachtung mitzuteilen, hatte sicher verschiedene Gründe. Es lag auch an der Konfliktdynamik des Patienten. Außerdem fällt es einem Patienten meist schwerer, eine Kritik mitzuteilen, von der er relativ sicher ist, daß sie stimmt und von der es sich nicht herausstellen wird, daß sie auf Übertragung zurückgeführt werden kann.

Es darf aber auch nicht vergessen werden, daß es sozial nicht üblich ist, Gefühle und Phantasien über einen anderen diesem ungeschützt mitzuteilen. Allenfalls macht man das in "Psychokreisen". Ich habe nicht den Eindruck, daß das die Beziehungen immer verbessert. Im Alltagsleben ist es also eher die Ausnahme als die Regel, daß man dem anderen mitteilt, was für ein kognitives und emotionales Bild man von ihm hat. Der Widerstand gegen das Verbalisieren von Übertragung richtet sich nicht nur gegen das Fortschreiten des analytischen Prozesses, sondern zum Teil auch gegen das Ungewohnte.

Manche Analytiker haben die Vorstellung, eine Übertragung, deren indirekte Manifestation sie erkannt haben, brauchten sie nur anwachsen zu lassen (vgl. auch GILL 1982). Irgendwann einmal würden die Mitteilungen des Patienten, die auf eine Übertragung schließen lassen, aus ihm entweichen wie der Dampf aus einem Teekessel. Sie übersehen, daß das Ventil eines Behälters, in dem sich erhitzendes Wasser befindet, verschieden eingestellt sein kann. Ein Dampfkochtopf pfeift halt später als ein Teekessel. An dieser "Einstellung des Ventils" ist der Widerstand beteiligt, auch der Widerstand gegen das Ungewohnte.

Wird über die Beziehung zum Therapeuten nur gesprochen, wenn eine Übertragung anliegt und ausreichend angewachsen ist, heißt das auch, daß der Patient über den Analytiker nur in einem Kontext spricht, der impliziert, daß er ihn verkennt. Einerseits ist es schwer, eine Kritik zu sagen oder Liebesgefühle mitzuteilen, die man für real begründet hält; andererseits wirkt es aber auch demotivierend, wenn alle Äußerungen über den Analytiker sich schließlich als an eine andere Person gerichtet herausstellen.

Mir hat es sich bewährt, Analysanden darauf anzusprechen, wie sie mich erleben, ohne in jedem Falle eine Übertragungsdeutung anzuschließen. Oft ist die Übertragung ja auch noch nicht ausreichend angewachsen. Ich schweige dann über den Anteil an Verkennung, den ich sehe. Teilt der Patient zutreffende Beobachtungen mit, nehme ich dazu auch nicht Stellung. Ich frage, wie es für den Patienten sei, daß er diese Beobachtungen macht oder diese Gefühle empfindet. Ist die Übertragung ausreichend angewachsen, deute ich sie und arbeite mit dem Patienten heraus, was an seinen Wahrnehmungen Verkennung ist. Daß Nicht-Verkannte bleibt dann übrig.

Störungen in narzißtischen Regulationssystemen des Analytikers können bewirken, daß dieser es als peinlich empfindet, wenn sich der Patient zu viel manifest mit ihm beschäftigt. Er sendet dann Signale aus, die den Patienten veranlassen, das zu vermeiden, auch wenn er bewußt möchte, daß die Übertragung bearbeitet wird.

Einerseits fordert die psychoanalytische Theorie, daß der Patient am Analytiker die verschiedensten Beziehungsformen aktualisiert, auch im Sinne von SANDLER (1976), der damit

83

Auswirkungen dessen meint, was ich als projektive Identifizierung vom Übertragungstyp bezeichne. Während der analytischen Stunde wird der Analytiker darum oft zur wichtigsten Beziehungsperson des Patienten, manchmal bleibt er es auch zwischen den Stunden. Das ist für den Analytiker nicht immer nur angenehm. Es bedeutet auch Verantwortung.

Natürlich gibt es Analytiker, die immer nur alles auf sich beziehen, auch wenn es zweckmäßiger wäre, etwas an Außenobjekten zu bearbeiten, und die sich nicht darüber im klaren sind, daß nur die Asymmetrie der therapeutischen Beziehung und das therapeutische Rollenverständnis diese ihre Bedeutung für den Patienten bewirken. Die Fähigkeiten des Analytikers, besonders seine Fähigkeit zur Empathie, kommen hinzu, erklären aber noch nicht die Bedeutung, die er für den Patienten hat.

Eine schwer zu bearbeitende Form des Widerstandes kann die *negative therapeutische Reaktion* darstellen. Sie ist oft die Ursache von hinderlich aggressiven Gegenübertragungsgefühlen. Deshalb gehe ich hier ausführlich auf sie ein. FREUD (1923, S. 278) schreibt: "Es gibt Personen, die sich in der analytischen Arbeit ganz sonderbar benehmen. Wenn man ihnen Hoffnung gibt und ihnen Zufriedenheit mit dem Stand der Behandlung zeigt, scheinen sie unbefriedigt und verschlechtern regelmäßig ihr Befinden. Man hält das anfangs für Trotz und Bemühen, dem Arzt ihre Überlegenheit zu bezeugen. Später kommt man zu einer tieferen und gerechteren Auffassung. Man überzeugt sich nicht nur, daß diese Personen kein Lob und keine Anerkennung vertragen, sondern, daß sie auf die Fortschritte der Kur in verkehrter Weise reagieren. Jede Partiallösung, die eine Besserung oder zeitweiliges Aussetzen der Symptome zur Folge haben sollte und bei anderen auch hat, ruft bei ihnen eine momentane Verstärkung ihres Leidens hervor ..."

Meines Erachtens macht es einen großen Unterschied, ob ein Patient auf eine *Deutung* reagiert oder auf eine *Bewertung*. Eine Deutung impliziert eine Bewertung nur insoweit, als der Therapeut diese Deutung für richtig oder möglicherweise für richtig hält. Die Bewertung bezieht sich also auf eine Aktivität des Therapeuten selbst. "Lobt" der Therapeut den Patienten, bewertet er *dessen* Arbeit. Daß manche Patienten auf Deutungen, die ihnen eigentlich helfen müßten, negativ reagieren, führte FREUD (z.B. 1933) darauf zurück, daß sie unbewußte Schuldgefühle haben. Wenn man ihnen ein Symptom nehmen will, unter dem sie leiden, verstärkt dies das Symptom und das Leiden.

In den schriftlichen Äußerungen FREUDs fällt auf, daß er ein Lob des Patienten und die Reaktionen auf eine zutreffende Deutung nicht recht auseinanderhält. Er geht auch nur auf die Richtigkeit der Deutung ein, nicht auf das Timing und die Art, wie sie vermittelt wird. In meinem Praxis-Buch (KÖNIG 1991) habe ich, übrigens in Übereinstimmung mit MERTENS (1991), darauf hingewiesen, daß man leicht eine Deutung, die nicht richtig getimt oder dosiert ist, und deshalb eine negative Auswirkung auf den Patienten hat, in ihrer Fehlerhaftigkeit nicht erkennt. Der Therapeut schreibt die "Schuld" für die Symptomverschlechterung dem Patienten zu, statt sie bei sich selbst zu suchen.

Lobt der Therapeut den Patienten, kann das bedeuten, daß die Therapie vielleicht bald zu Ende gehen wird und der Patient sich vom Therapeuten trennen muß. Der Patient reagiert dann auf eine Aussage über die Zukunft der Beziehung, die er aus dem Lob des Therapeuten herausliest.

Bei der Reaktion auf ein Lob des Analytikers kann es sich um ein Mißverständnis eines regredierten Patienten handeln. Natürlich meint und hofft der Therapeut, daß der therapeutische Prozeß zur Gesundung des Patienten und damit zur Beendigung der Therapie führen wird. Natürlich sieht er den Patienten nicht nur im Zustand der Regression, in dem der sich gerade erlebt, sondern auch in den erwachsenen Möglichkeiten, die er später haben könnte. Der regredierte Patient sieht sich aber nicht im Längsschnitt und vermag sich noch nicht vorzustellen, welche eigenen Möglichkeiten, die jetzt blockiert sind, später frei werden könnten. Er kann sich unter Umständen nicht einmal an erwachsene Kompetenzen vollständig erinnern, die durch die neurotische Erkrankung oder schlicht durch die Regression in der Therapie verlorengegangen sind. Schon wenn der Patient eine Deutung als zutreffend erkennt, impliziert das unter Umständen das Ende der Therapie. Viele zutreffende Deutungen nacheinander können schließlich zur Beendigung der Therapie führen, wenn sie eine Besserung bewirken.

Natürlich reagieren nicht alle Patienten so. Die Deutung kann die Angst, die Schuld- und Schamgefühle des Patienten vermindern. Das Deuten des Analytikers kann eine Haltefunktion ausüben, die dem Patienten mehr Sicherheitsgefühl gibt.

Daß eine Serie zutreffender Deutungen über die Zeit hin zu einer Nachreifung und damit schließlich zur Ablösung vom Therapeuten führen kann, ist ihm nicht unbedingt präsent.

Der Mechanismus einer Symptomverstärkung bei einer negativen therapeutischen Reaktion ist noch weitgehend ungeklärt. Die Beschreibungen, besonders auch bei FREUD, klingen manchmal so, als würde der Patient unbewußt-absichtlich ein Symptom verstärken. Man kann sich vorstellen, daß er das Symptom stärker wahrnimmt und deshalb stärker darüber klagt. Sonst ist ein Symptom eben als ein Kompromiß zwischen Impuls und Abwehr aufzufassen, was implizieren würde, daß der Patient bei einer negativen therapeutischen Reaktion die Abwehr vermindert. Das ist schwer vorstellbar. Ich weise auf diese Unklarheit hin, weil es den Ärger eines Analytikers über eine negative therapeutische Reaktion erhöhen kann, wenn er meint, daß die Symptomverstärkung unbewußt-absichtlich erfolgt.

Negative therapeutische Reaktionen können auch etwas mit dem Neid auf die Fähigkeit des Analytikers zu tun haben. Man spricht gelegentlich vom "analysierenden Phallus" des Analytikers und meint damit seine therapeutische Potenz, die vom Patienten, womöglich aber auch vom Therapeuten selbst, als magischer Phallus phantasiert wird. Solche Phantasien kommen bei phallischen Frauen und Männern häufig vor. Bei Analytikerinnen richtet sich der Neid des Patienten auf die milchgebende, spendende Funktion und auf die Fähigkeit, Kinder zu gebären und so fruchtbar zu sein, besonders bei Patientinnen, denen diese Möglichkeit bisher verschlossen war und voraussichtlich verschlossen bleiben wird. Der Neid auf diese Fähigkeit kommt aber auch bei Männern vor. Diese wollen die Deutung der Analytikerin nicht "trinken". Ist die "Milch" nämlich schlecht, brauchen sie nicht neidisch zu sein. Entsprechendes gilt, wenn eine Intervention eine "Mißgeburt" ist. Hier stellt sich wieder die Frage, auf welche Weise solche Gefühle und Phantasien zu einer Verstärkung der Symptomatik führen können.

Negative therapeutische Reaktionen entstehen auch beim Fehlen reifer Objektvorstellungen. Gibt ein Analytiker dem Patienten zu verstehen, er sei nicht wie das übertragene Objekt, kann es sein, daß der Patient ihm dann nicht glaubt und durch seine Symptomverstärkung "beweisen" muß, daß die Deutung nicht stimmt. Es kann aber auch sein, daß beim Patienten Verlassenheitsängste auftreten, weil er nur die Beziehung zu dem Objekt kennt und beherrscht, das er übertragen hat, und wegen des Fehlens reifer Objektvorstellungen keine Alternative sieht. So kann es zum Beispiel sein, daß der Patient ein gutes idealisiertes Objekt übertragen hat, oder ein böses Objekt, das ihm unangenehm ist, mit dem er aber durch den Umgang vertraut ist. Symptomverstärkung nach einer Deutung kann dann auch etwas mit der Angst des Patienten zu tun haben, den Analytiker zu verlieren, weil er keine Beziehung mehr zu ihm aufrechterhalten kann.

Wahrscheinlich wäre es sehr nützlich, wenn negative therapeutische Reaktionen systematisch untersucht würden. So würde man gewiß mehrere Typen unterscheiden lernen und vor allem würde man erkennen, wie der Mechanismus der Symptomverstärkung funktioniert und wann auch neue Symptome auftreten.

Zur Zeit erscheint mir vor allem die Unterscheidung zwischen technischen Fehlern und echten negativen therapeutischen Reaktionen machbar und wichtig. Wie weit ein Therapeut einräumen kann, daß er eine Deutung falsch formuliert oder zur Unzeit gegeben hat, hängt natürlich wieder mit seiner Persönlichkeit zusammen. Depressive Therapeuten werden sich vielleicht eher anschuldigen als es zutrifft, narzißtische Therapeuten werden den Fehler eher beim Patienten suchen, und auch zwanghafte werden sich schwer eingestehen können, daß sie etwas falsch gemacht haben oder falsch sehen.

Mehr zu Widerstandskollusionen

Bewußt möchte der Patient, daß sich in seinem Leben etwas ändert. Gleichzeitig möchte er, daß alles beim Alten bleibt. Veränderungen sind oft schmerzlich.

Solchen Schmerz muß der Patient tragen. Aber auch der Therapeut kann unter Veränderungen in der Therapie leiden. Eine schwer erträgliche, aggressive Übertragung kann manifest werden oder eine idealisierende, die der Therapeut schwer aushalten kann und die ihn lähmt, weil sie ihm ein bestimmtes Verhalten vorschreibt. Es gibt noch viele andere Formen unangenehmer Übertragungen und unangenehmen Umgangs mit der

Übertragung, zum Beispiel im selbst- oder fremdschädigenden Agieren. Ein jeder Fortschritt in einer Therapie birgt ein Risiko. Aber auch Veränderungen, die der Therapeut positiv sieht, wenn er an den Patienten denkt, können negative Aspekte haben, zum Beispiel für die Beziehungspersonen des Patienten. Findet ein Patient Mut, eine überfällige Trennung zu vollziehen, schmerzt es seine Partnerin - mit der sich der Therapeut möglicherweise identifiziert hat. Außerdem hat so etwas unter Umständen für den Therapeuten negative reale Konsequenzen, zum Beispiel, wenn die Menschen in der Umgebung des Patienten "der Therapie" den stillen Auftrag gegeben haben, die Partnerschaft des Patienten zu erhalten.

Der Therapeut weiß meist früher als der Patient, in welche Richtung der therapeutische Prozeß laufen könnte. Unter Umständen bremst er dann eher ab als der Patient. Viele Patienten bremsen, weil sie nicht wissen, was hinter der nächsten Kurve liegt; viele Therapeuten bremsen gerade deshalb, weil sie es wissen oder vermuten.

Fürchten Patient und Therapeut sich beide vor dem Fortschreiten des therapeutischen Prozesses, kann es zu Widerstandskollusionen kommen.

Auch den globalen Erfolg einer Therapie, der ja die Trennung von Patient und Therapeut nach sich zieht, können beide fürchten. Sie vermeiden dann die Klärung bestimmter Beziehungs- oder Konfliktbereiche, damit eine gemeinsame Aufgabe bleibt. Patient und Therapeut können aber auch von vornherein fürchten, sich aufeinander einzulassen, weil die Trennung dann zu schwer würde; besonders wenn beide, Patient und Therapeut, eine depressive Struktur haben.

Es gibt viele Arten des Zusammenwirkens von Patient und Therapeut im Dienste des Widerstandes. Beide können es vermeiden, bestimmte Themen anzugehen. Beide können Probleme des Patienten leugnen oder bagatellisieren. Beide können ein Scheinproblem bearbeiten oder sich in bestimmten Bereichen ganz auf die Realität konzentrieren ("wir dürfen besonders hier die Realität nicht außer acht lassen"). Beide können unrealistische Behandlungsziele stillschweigend vereinbaren, können gemeinsam intellektualisieren, sich gemeinsam gegen einen Außenfeind richten (alles liegt an den schrecklichen Menschen, mit denen der Patient umgeht).

Aggressive Übertragungs- und Gegenübertragungsgefühle von Patient und Therapeut (man kann die Reaktion eines Patienten auf die Übertragung eines Therapeuten natürlich auch als "Gegenübertragung" betrachten), werden nach außen projiziert und anderen Menschen zugeschrieben, wie RICHTER (1977) das in der "Festungsfamilie" beschrieben hat. Die "Festungsdyade" Patient/Therapeut bezieht oft auch noch Beziehungspersonen des Patienten, aber auch des Therapeuten mit ein, zumindest in gemeinsamen Phantasien.

Schon bei der Wahl des Therapeuten kann ein Patient versuchen, bestimmte Konflikte zu umgehen. Auch ein Therapeut kann das tun. Ein Patient, der eine schlechte Beziehung zur Mutter hatte, kann zu einem männlichen Therapeuten gehen. Der Therapeut kann das erkennen und den Patienten doch in Therapie nehmen, weil er sich eine bequemere Arbeit verspricht, als wenn er über weite Strecken das abgelehnte Objekt darstellen würde. Beide, Patient und Therapeut, spüren, daß sie miteinander wenig Schwierigkeiten haben werden. Vielleicht hätte der Patient aber in einer Therapie, wo die negativen Seiten der Elternbeziehungen deutlicher würden, ein besseres Ergebnis.

Wir sollten uns darüber im klaren sein, daß Therapeuten etwas Ungewöhnliches tun, wenn sie darauf hinwirken, daß ein Patient aggressiv mit ihnen umgeht. Im Privatleben wünschen wir uns bestenfalls, daß jemand, der Kritik an uns empfindet, die auch vorbringt, damit wir dazu Stellung nehmen können. Wir wünschen uns aber nicht, daß eine Beziehung sich verschlechtert, weil der andere uns mit einem Menschen verwechselt, der in seinem Leben früher eine Rolle gespielt hat. *Unsere therapeutische Rolle verlangt von uns aber, daß wir genau das nicht nur zulassen, sondern sogar fördern. Allzu sehr sollten wir uns nicht wundern, wenn wir dagegen einen Widerstand entwickeln.*

Ein Therapeut muß auch mehr Nähe zulassen als er vielleicht mit gerade diesem Menschen in einer privaten Beziehung anstreben würde, oder mit irgendeinem Menschen. Die Beziehung zwischen Patient und Analytiker kann trotz, oder vielleicht sogar wegen der Einschränkungen, die sich aus der Abstinenzforderung ergeben, eine besondere Intensität erlangen. Zwar ermöglicht es dem Therapeuten seine therapeutische Rolle, ein breiteres Spektrum von Beziehungsformen auszuhalten als in seinem Privatleben. Sie verlangt von ihm aber gleichzeitig, daß er, wenn es therapeutisch zweckmäßig ist, an die Grenzen des sich Wohlfühlens geht und diese überschreitet, zum Beispiel eben, indem er Übertragungen zuläßt oder fördert, die ihm unangenehm sind.

Nähert sich ein Therapeut seiner Toleranzgrenze, sollte er besonders darauf achten, ob er nicht dabei ist, eine Widerstandskollusion mit dem Patienten *einzugehen*. Ändert sich in einer Therapie längere Zeit wenig an der Beziehung, sollte man überlegen, ob man sich nicht in einer Widerstandskollusion *befindet*. Die Motivation, eine Widerstandskollusion einzugehen, wird wohl hauptsächlich aus dem "Gegenwartsunbewußten" (SANDLER und SANDLER 1985) gespeist. Eine der wesentlichen Aufgaben des Gegenwartsunbewußten *in einer Therapie* scheint mir zu sein, die Toleranzgrenze des Patienten, aber auch des Therapeuten zu schützen. Freilich ist die Toleranzgrenze nicht starr. Man sollte sie in Bezug auf das Maß an Unlust definieren, das jemand noch tolerieren *will* oder *kann*. Meist kann man mehr als man will, es kann aber auch umgekehrt sein.

In seinem Gegenwartsunbewußten handelt ein Mensch zu einem Teil rational, es finden Sekundärprozesse statt, die Informationen über die aktuelle Lebenssituation der Person verwerten. Die Toleranzgrenze wird aber auch aufgrund von Verkennungen festgelegt. Das geschieht immer dann, wenn Übertragungen beteiligt sind. Ein Therapeut, der einen prominenten Mann behandelt, kann eine Vaterübertragung auf ihn entwickeln und den Patienten irrational fürchten, ähnlich wie ein Patient den Analytiker irrational fürchten kann, wenn er negative Aspekte der Vaterbeziehung auf ihn überträgt. Eine Kritik des Patienten kann dann zum Beispiel ganz anders bewertet werden, als wenn der Therapeut den Patienten *als Patienten* sieht, und auch anders, als wenn er eine Kindimago auf seinen Patienten überträgt.

Es wäre optimal, wenn der Therapeut den Patienten nie verkennen und seine Toleranzgrenze immer nur nach dem Kriterium einschätzen würde, welches Maß an Unlust er auf sich zu nehmen bereit ist. Freilich kann der Therapeut dann immer noch "unvernünftig" handeln. Er kann es zum Beispiel hinausschieben, den Widerstand gegen das Manifestwerden einer unangenehmen Übertragung zu bearbeiten, obwohl er prinzipiell dazu bereit ist und weiß, daß es irgendwann einmal sein muß.

Er schiebt die Bearbeitung des Widerstandes auf wie einen Gang zum Zahnarzt.

Wenn eine Widerstandskollusion aufgelöst ist und sich eine unangenehme Übertragungsform etabliert, fühlt sich der Therapeut oft besser, als sein Gegenwartsunbewußtes erwartet hatte. Es geht wieder voran. Man kann absehen, wann es zu Ende sein wird. Oft werden dann auch Verschiebungen aufgehoben. Der Patient hat weniger Schwierigkeiten im Privatleben, alles konzentriert sich mehr auf den therapeutischen Prozeß. Die Therapie wird für den Therapeuten interessanter.

Ich habe den Eindruck, daß Analytiker, die über die Beziehung des Patienten zu ihnen nur sprechen, wenn sie eine Übertragungsdeutung geben können, es dem Patienten erschweren, Übertragung manifest werden zu lassen. Ich habe in vielen Supervisionen beobachtet, daß die Neigung von Therapeuten, die Beziehung des Patienten zu ihnen in der analytischen Stunde anzusprechen, abnimmt, wenn sie ein Manifestwerden der sich entwickelnden Übertragung fürchten.

Das Gegenstück zu einem solchen Vermeiden ist die Überaktivität. Ein Analytiker, der vor Übertragungen Angst hat, deutet sie unter Umständen zu früh, *damit* sie nicht zu stark anwachsen. Mit dem Patienten geht er dann eine Kollusion ein: Sie reden über die Beziehung. Der Dialog zwischen Analytiker und Patient ähnelt nun den intellektualisierenden Gesprächen, die viele Akademiker über ihre "Beziehungskisten" mit den Beziehungspartnern führen, wobei der eine viel über den anderen erfährt, ohne daß sich etwas ändert. Der Unterschied besteht nur darin, daß der Analytiker über sich selbst keine Mitteilungen macht, sondern daß er es allein dem Patienten überläßt, *seine* Seite der Beziehung darzustellen. Er kommentiert dann das Gesagte. Insoweit besteht eine Asymmetrie. Der Modus der Kommunikation ist sonst aber den "Beziehungskisten-Gesprächen" ähnlich.

Spricht der Therapeut die Beziehung nur an, wenn er eine Übertragungsdeutung gibt oder vorbereitet, bestärkt er den Patienten in einer möglicherweise schon vorhandenen Tendenz, den Analytiker nur das von seinen Gedanken und Gefühlen über ihn mitzuteilen, was sich als Verkennung herausstellen könnte.

Manche Patienten bringen, nachdem sie über den Analytiker gesprochen haben, auffallend rasch eine genetische Verknüpfung. Man hat den Eindruck, die sei ihnen schon vorher mehr oder weniger deutlich gewesen. Das schützt den Patienten davor, dem Analytiker etwas zu sagen, was ihn wirklich und persönlich treffen könnte. Mit der genetischen Verknüpfung drückt der Patient aus: ich weiß, es ist ja nur Übertragung. Ein Analytiker, der auch vermeiden möchte, daß der Patient etwas sagt, was ihn persönlich trifft, unterläßt es dann vielleicht zu bearbeiten, warum ein Patient immer nur mitteilt, wie er den Analytiker wahrnimmt, wenn er eine genetische Verknüpfung erkennt oder ahnt, die er als Beweis dafür nehmen kann, daß er den Analytiker verkennt. Der Analytiker steigt dann auf eine Kollusion mit dem Patienten ein, indem er sich mit dem Genetischen beschäftigt, ohne das Wie und Was der Wahrnehmungen des Patienten durch diesen verbreitern und ergänzen zu lassen. Das hat natürlich zur Folge, daß die Bearbeitung der Übertragung wenig wirksam ist. Diese Form der Kollusion kann man bei vielen ineffektiven Therapien beobachten. Patient und Analytiker verhindern, daß etwas zur Sprache kommt, was beide nicht gleich als Übertragung "abtun" können.

Zu einer Gegenübertragungsneurose (KERNBERG 1965) kann es leicht kommen, wenn *Übertragungen des Analytikers* bewirken, daß er den Patienten verkennt. Je mehr der Therapeut über den Patienten erfährt, desto eher könnten seine Übertragungen widerlegt werden. (Der Analytiker versucht manchmal auch durch projektive Identifizierung, den Patienten dem Objekt ähnlich zu machen, das er auf ihn überträgt.) Widerstandskollusionen dienen dann dazu, zu verhindern, daß die Übertragungserwartung des Analytikers widerlegt wird, wobei der Patient den Übertragungsauslösern unähnlicher würde, die er vorher geboten hat.

Übersehen und Erkennen von Abwehrmechanismen

Beim Umgang mit Widerständen spielt das Erkennen von Abwehrmechanismen eine große Rolle. Ich-syntone Abwehrmechanismen, die ein Therapeut selbst einsetzt, erkennt er meist besonders schlecht bei seinen Patienten. Nimmt er es sich aber übel, daß er vermeidet, wird er Vermeidungen beim Patienten aufspüren. Ist sein Vermeidungsverhalten ich-synton, wird er es auch beim Patienten nicht entdecken oder nicht als pathologisch werten, auch wenn es den Patienten stark behindert.

Manchmal spürt ein Therapeut Abwehrmechanismen auf, die den von ihm angewandten ähnlich sind. So konfrontiert er einen Patienten mit dessen Intellektualisieren, er selbst aber rationalisiert, oder umgekehrt. Man könnte von einer *analogen Abwehrrepräsentanz* durch den Patienten sprechen. Der Therapeut bekämpft beim Patienten nicht das, was er selbst macht - weil er es beim Patienten nicht sieht - wohl aber etwas Ähnliches oder Verwandtes.

Es erleichtert die Arbeit mit Patienten, wenn der Analytiker seiner eigenen Abwehr gegenüber ein gewisses Maß an schmunzelnder Toleranz üben kann. Ein Therapeut, der sich selbst gegenüber sehr streng ist, wird oft auch seinen Patienten gegenüber unnötig und dysfunktional streng sein. Vielleicht wird er Abwehrmechanismen zu früh und zu direkt ansprechen, von denen er weiß, daß er selbst sie früher eingesetzt hat oder gelegentlich immer noch einsetzt. Ähnliches gilt für den Umgang mit allen Widerständen. Die Reaktionen des Analytikers auf jeden Widerstand werden durch seine Vorstellung beeinflußt, was Widerstand ist und welche Funktion er hat. Faßt man die Widerstände als beziehungsregulierend auf (THOMÄ und KÄCHELE 1986), oder nimmt man an, daß sie eine Schutzfunktion haben und es so etwas wie ein optimales Widerstandsniveau gibt (KÖNIG 1991a), reagiert man auf Widerstände anders, als wenn man in ihnen nur etwas sieht, was die Arbeit stört und behindert. Es ist wichtig, sich klarzumachen, daß Widerstand immer auf ein bestimmtes therapeutisches Konzept hin definiert wird. Was in einer Psychodramasitzung Widerstand ist, muß in einer analytischen Stunde keiner sein und umgekehrt.

Leugnen, Leugnung und Gegenübertragung

Unter *Leugnen* verstehe ich das bewußte Bestreiten eines Sachverhaltes. Unter *Leugnung* verstehe ich hier einen Abwehrmechanismus, der verhindert, daß ein Sachverhalt wahrgenommen oder zur Kenntnis genommen wird.

Ein Therapeut kann dem Patienten gegenüber bestreiten, daß

er müde, abgespannt oder traurig ist, weil er meint, das könne den Patienten belasten, oder er könne es sich als Therapeut nicht leisten, müde, abgespannt oder traurig zu sein. Leugnen gegenüber einem Patienten ist meist schädlich. Der Patient hat etwas korrekt wahrgenommen; Leugnen des Wahrgenommenen durch den Therapeuten wird den Patienten verunsichern. Vom Leugnen ist der Verzicht auf eine Stellungnahme zu unterscheiden.

Wenn ein Therapeut auf einen Patienten ärgerlich ist, kann er das zu erkennen geben. Der Patient kann den Therapeuten fragen, ob seine Wahrnehmung stimmt, der Therapeut sei ärgerlich. Der Therapeut kann den Ärger dann einräumen oder leugnen, er kann aber auch darauf verzichten, Stellung zu nehmen, ob die Wahrnehmung des Patienten stimmt.

Leugnen, Leugnung, bestätigen oder nicht Stellung nehmen können durch Gegenübertragung bedingt sein.

Ein Therapeut kann im Sinne von Leugnung nicht wahrhaben wollen, daß er müde ist und deshalb entsprechende Körpergefühle oder Stimmungen ausblenden. Er kann ausblenden, daß er eine ernste Krankheit hat. Er kann leugnen, daß eine Therapie schon lang dauert oder erst kurz, daß eine Patientin attraktiv ist oder so wenig attraktiv, daß sich dies auf ihre Chancen auswirkt, einen Partner zu finden, und statt dessen nur neurotische Hemmungen bearbeiten, die sich dem Zustandekommen einer Partnerschaft entgegenstellen. Er kann überhaupt unveränderbare Realitäten ausblenden, zum Beispiel einen Begabungsmangel seines Patienten oder aber eine besondere Begabung, zum Beispiel dann, wenn er Sohn oder Tochter auf den Patienten überträgt und ihn der Begabungsmangel seines Patienten ähnlich treffen würde, wie wenn der Patient Sohn oder Tochter wäre, oder weil er bei einer besonderen Begabung des Patienten mit ihm in Rivalität geraten oder ihm gegenüber Minderwertigkeitsgefühle entwickeln könnte.

Agieren

Mit SANDLER (SANDLER et al. 1992) unterscheide ich zwei Formen von Agieren: erstens ein durch infantile Wünsche bestimmtes Handeln *im Unterschied zu einem Erinnern und Er-*

kennen solcher infantilen Wünsche. Zweitens, in einem allgemeineren Sinne, jedes Handeln, das durch infantile Wünsche bestimmt wird und sozial auffällig ist, weil es nicht dem sozial erwarteten Handeln entspricht.

Die erste Form bezieht sich auf die Behandlungssituation: Infantile Wünsche werden in der Übertragung auf den Therapeuten wiederbelebt. Sie sind ein Ergebnis der durch die Therapie induzierten Regression. Ein "acting in" im Sinne der Aktualisierung früherer Objektbeziehungen während der analytischen Stunde ist nach Meinung von SANDLER (1976), von KLÜWER (1983) und auch meiner Meinung nach (KÖNIG 1991, KÖNIG und KREISCHE 1991, KÖNIG und LINDNER 1991, KÖNIG 1992a) unvermeidlich und nicht immer nur störend, sondern auch nützlich, weil es diagnostisch genutzt werden kann. Das begrenzte Mitagieren des Analytikers fördert das Entfalten der Übertragung. SANDLER spricht von Rollenübernahme durch den Therapeuten und einer variierenden Bereitschaft dazu, KLÜWER spricht von einem Handlungsdialog im Agieren und Mitagieren. Ich sehe das "Mitagieren" als eine Auswirkung projektiver Identifizierung durch den Patienten.

Das sozial auffällige Agieren im zweiten, allgemeineren Sinn kann dadurch hervorgerufen werden, daß der Charakter des Agierenden infantile Züge hat oder daß ein Mensch als Patient, aber auch sonst unter regressionsfördernde Einflüsse gerät und deshalb auf frühere Ich-Zustände regrediert, in denen infantile Wünsche sein Verhalten bestimmen oder mitbestimmen.

Das Gemeinsame an den beiden Formen des Agierens besteht zunächst darin, daß es sich um das Manifestwerden infantiler Wünsche handelt. Man kann Gemeinsames aber auch noch in einem anderen Punkt sehen. In einer psychoanalytischen Situation gibt es, ähnlich wie im Alltagsleben, bestimmte Regeln, die man als die sozialen Regeln der Behandlungssituation bezeichnen könnte. Im alltäglichen Sprachgebrauch des Analytikers wird von Agieren meist dann gesprochen, wenn der Patient gegen solche Regeln verstößt, zum Beispiel wenn er während der Stunde von der Couch aufsteht, wenn er zu spät kommt, zu früh geht, etc., wenn er also die Grenzen des Settings nicht einhält. Darüber hinaus sprechen Psychoanalytiker meist von Agieren, wenn ein Patient unter dem Einfluß der therapieinduzierten Regression gegen die sozialen Regeln seines

Alltagslebens verstößt, und zwar wieder unter dem Einfluß der durch die Therapie mobilisierten infantilen Wünsche. Er würde dann nicht agieren, wenn er die Wünsche dann erlebt, sie aber als solche erkennt und sein Handeln nicht durch sie bestimmen läßt. Es würde auch schon ausreichen, wenn er die infantilen Wünsche zwar nicht als solche erkennt, sondern es nur für möglich hält, daß es sich um infantile oder jedenfalls nicht um erwachsene, sozial-adäquate Wünsche handelt. Das Auftreten solcher Wünsche könnte er dann in der nächsten Behandlungsstunde in die Therapie einbringen und zusammen mit dem Therapeuten weiter abklären. Die therapeutische Arbeitsbeziehung würde dann in den Alltag des Patienten hineinwirken und sein Verhalten im Alltag mitbestimmen. Ob ein Patient in der Lage ist, sich so zu verhalten, hängt natürlich von bestimmten Charaktereigenschaften ab, insbesondere davon, ob ihm bestimmte Ich-Funktionen zur Verfügung stehen, zum Beispiel Introspektionsfähigkeit, Affekttoleranz, Frustrationstoleranz, Impulskontrolle. Durch den Einsatz dieser Ich-Funktionen, durch Erkennen und Unterscheiden von Infantilem und Erwachsenem, durch das Aushalten von Affekten und Handlungsimpulsen und das Aufschieben von Wunschbefriedigung kann sich ein Patient im beschriebenen Sinne verhalten. Daß manche Menschen mehr, andere weniger zu einem solchen Verhalten fähig und geneigt sind, darauf hat schon FREUD (1915b) in seiner Arbeit über die Übertragungsliebe hingewiesen; später auch FENICHEL (1945). FREUD sprach von Frauen, denen eine unmittelbare sexuelle Triebbefriedigung vor Behandlungserfolg geht und die in diesem Zusammenhang von einer "Suppenlogik" geleitet werden und nur "Knödelargumenten" zugänglich seien. FENICHEL führte eine Neigung zum Agieren auf Persönlichkeitsfaktoren zurück, die durch die Konstitution bedingt sind. FREUD sprach in diesem Zusammenhang von "Naturkindern" (S. 315) und meinte damit wohl auch Konstitutionelles in Verbindung mit Besonderheiten der Sozialisation.

Vom Charakter, der Biographie, der aktuellen Lebenssituation und der Tagesform des Therapeuten hängt es unter anderem ab, was er schon als sozial auffällig sieht und was noch nicht, in der analytischen Stunde und außerhalb.

Nehmen wir einmal an, ein Patient würde infantile Wünsche gegenüber seinem Therapeuten auf eine andere Person außerhalb des therapeutischen Settings verschieben. Er würde nicht unmittelbar erkennen, daß es sich um Wünsche handelt, die ursprünglich dem Therapeuten galten. Er wäre aber doch in der Lage zu erkennen, daß es sich hier um eine Qualität von Wünschen handelt, wie er sie aus seinem Erwachsenenleben sonst nicht kennt, und darüber dann vielleicht in der Therapie sprechen. Freilich könnte es auch sein, daß diese Wünsche vom Gegenwartsunbewußten (SANDLER und SANDLER 1985) des Patienten abgefangen und in Wünsche umgewandelt werden, die nun in einer zum Erwachsenen passenden Form und Intensität ins Bewußtsein kämen. Zum Beispiel würde sich der Patient über jemanden außerhalb der therapeutischen Situation ärgern, diesen Ärger auf "vernünftige" Gründe oder Anlässe zurückführen und dann auch "vernünftige" Handlungsimpulse erleben und diese sozialadäquat umsetzen. Es kann dann schwer sein, zu bestimmen, ob hier Agieren vorliegt oder nicht. Der Ärger wäre vielleicht nicht aufgetreten, wenn nicht Wünsche vom Therapeuten auf die betreffende Person verschoben worden wären. Der Patient hätte vielleicht auf die Anlässe, über die er sich ärgerte, nicht so geachtet; der Ärger wäre vielleicht nicht intensiv gewesen, aber immer noch Erwachsenen-adäquat und durch die Anlässe erklärbar.

Man könnte sagen, daß Agieren sich in einer solchen Situation mit sozial adäquatem Handeln mischt, wobei der Anteil an Agieren nur darin besteht, daß *vom Analytiker auf andere Personen hin verschobene Beziehungswünsche oder Beziehungsbefürchtungen* nach einem Umarbeitungsprozeß vom Infantilen in sozial adäquate transformiert werden und sich dem Alltagshandeln eines Patienten soweit angleichen, daß sie von seinem Erwachsenenalltagshandeln kaum noch zu unterscheiden sind.

Was ein Patient tun kann, kann auch ein Therapeut tun. Auch Therapeuten können Beziehungswünsche und die damit verbundenen Affekte, Stimmungen und Handlungsimpulse von einem Patienten auf den anderen, aus dem Privatleben in die Berufstätigkeit und aus der Berufstätigkeit in das Privatleben verschieben, ohne daß dies durch die Form und Intensität der Affekte, Stimmungen und Handlungsimpulse auffällig wird. Archaische Gefühle, die ein Patient im Analytiker durch projektive Identifizierung hervorruft, können ins Vorbewußte abgedrängt und dort zu einem großen Teil zurückgehalten, zum

Teil aber auch verschoben werden und an anderer Stelle im Beziehungsnetz des Therapeuten in sozialadäquater Intensität und Form manifest werden.

Die Unterscheidung wird ferner dann besonders schwierig, wenn es sich um Beziehungswünsche handelt, denen ein regressiver Anteil auch beim Erwachsenen eigen ist. Das ist zum Beispiel bei der Verliebtheit der Fall. In der Verliebtheit werden infantile Beziehungswünsche mitaktiviert, die auch zu dem führen, was FREUD als "Sexualüberschätzung" bezeichnet hat, eine Idealisierung, die auf frühkindliche Beziehungsformen zurückgeführt werden kann (FREUD 1921, vgl. auch KÖNIG und KREISCHE 1991).

Während einer Therapie kann beim Patienten Verliebtheit auftreten, die in der gleichen Form auch sonst aufgetreten wäre. Sie richtet sich aber auf eine Person, die mit dem Analytiker bestimmte Merkmale gemeinsam hat, wie zum Beispiel das Alter und das Geschlecht, manchmal aber auch sehr spezifische Merkmale des Aussehens oder Verhaltens wie Haarfarbe, Bewegungstyp, Stimmklang und so weiter. Ansonsten kann es sich um Verliebtheit vom Erwachsenentyp handeln, wie ja auch die Verliebtheit in den Analytiker nicht in jedem Falle nur infantil ist. Auch bei der Übertragungsliebe müssen die infantilen Komponenten manchmal erst herausgearbeitet werden. Nicht umsonst fällt gerade bei der Übertragungsliebe die infantile Determiniertheit oft nicht auf, eben deshalb, weil es sich bei der Verliebtheit um ein Phänomen handelt, an dem infantile Wünsche auch im Erwachsenenalter beteiligt sind.

KLÜWER (1983) nennt das, was ich den interaktionellen Anteil der projektiven Identifizierung vom Übertragungstyp nenne, und die Antwort des Analytikers darauf, einen *Handlungsdialog*. SANDLER (1976) und KLÜWER (1983) haben darauf hingewiesen, daß ein "Mitagieren" des Analytikers, der die Gefühle tatsächlich empfindet, die der Patient in ihm hervorrufen will und ein Stück weit nach diesen Gefühlen handelt, die Entwicklung von Übertragung fördern kann. Ich möchte sagen, daß "Mitagieren" *Übertragungsauslöser* verstärkt, die ein Analytiker bietet. Freilich darf der Analytiker nur ein Stück weit "mitagieren". Bestätigt der Analytiker die Übertragungserwartung ganz, wird es schwer sein, die Übertragung dann aufzulösen.

Beim Agieren kann man eine ähnliche Unterscheidung treffen wie zwischen Charakter und Übertragung: Es gibt Menschen, die habituell agieren, das heißt, die ihr Verhalten habituell durch unbewußte Konflikte bestimmen lassen, wie das zum Beispiel bei Charakterneurosen der lärmenden Form vorhanden ist, und es gibt Menschen, die sich so erst verhalten, wenn Konflikte in der Therapie mobilisiert wurden. Man könnte zwischen Charakteragieren und Übertragungsagieren unterscheiden.

Es gibt aber auch stille Formen des Agierens, die wenig auffallen. Wenn man lärmende Formen und stille Formen des Charakteragierens zusammennimmt, erfaßt man fast alle Auswirkungen einer Charakterneurose. Wenn man bei der Mobilisierung von Konflikten in der Therapie stilles und auffallendes Agieren zusammennimmt, erfaßt man fast alle Widerstände, die sich nicht im Einsatz von Abwehrmechanismen manifestieren, wie zum Beispiel Schweigen, Zuspätkommen, rigide Pünktlichkeit (vgl. GREENSON 1967) oder oberflächliches Bestätigen einer Deutung bei inneren Vorbehalten. Man erfaßt auch den interaktionellen Anteil der projektiven Identifizierungen. Damit wird das Konzept Agieren zu breit, um noch handhabbar zu sein.

Im folgenden möchte ich mich auf die auffälligen Formen des Agierens konzentrieren.

Der Analytiker erkennt meist leicht, wie auffällige Formen des Agierens erklärt werden könnten. Das schließt aber nicht aus, daß er sich über das Agieren ärgert. Auch wenn er sich dem Agieren gegenüber innerlich tolerant einstellt, muß er es doch begrenzen. Die Grenzen des Agierens, die ein Therapeut noch zulassen kann, sind dadurch bestimmt, wie weit er meint, das Agieren schließlich nutzen zu können, und auch dadurch, wo seine eigene Toleranzgrenze für bestimmte Formen des Agierens liegt.

Diese Toleranzgrenze ist variabel: In den Grundzügen ist die Toleranz zwar durch den Charakter des Therapeuten festgelegt, sie wird aber durch die Art der aktuellen Objektbeziehungen, durch eigene frühere Erfahrungen mit Willkür anderer Menschen, durch Normen und Werte einer Bezugsgruppe, die der Therapeut assimiliert hat, und durch Normen und Werte, die aus seiner Ursprungsfamilie stammen, durch sein Geschlecht, seine Konstitution und seine Tagesform mitbestimmt. Wie weit es dem Therapeuten möglich ist, Agieren eines Patienten, aber auch eigenes Agieren, therapeutisch zu nutzen, hängt von den theoretischen Konzepten ab, auf die er sein Handeln gründet, von seiner therapeutischen Erfahrung und seiner therapeutischen Begabung, und natürlich auch wieder von den Faktoren, die seine persönlichkeitsbedingte Toleranzgrenze beeinflussen.

Zwanghafte Therapeuten sind gegenüber dem Agieren ihrer Patienten oft besonders "streng". Gerade durch diese Strenge können sie aber bewirken, daß der Patient "über die Stränge schlägt" und damit ihren unbewußten Wunsch befriedigt, eigene latente Willkür in einer anderen Person zu bekämpfen. Das wäre dann Charakteragieren von seiten des Therapeuten. Charakteragieren eines *hysterischen Therapeuten* bestünde darin, daß der Patient mehr oder weniger explizit aufgefordert wird, sich "spontan" zu verhalten. Der Patient ist dann ein Bundesgenosse des Therapeuten gegen alle, die etwas gegen Willkür haben, die als Spontaneität daherkommt. Das Charakteragieren eines *phobischen Therapeuten* kann darin bestehen, daß er den Patienten vor Handlungen ängstlich warnt, auch wieder mehr oder weniger explizit, oder daß er ihn zu einem sinnlos "mutigen" Verhalten bringt - letzteres dann, wenn der Therapeut eigene Angst durch besonders "mutiges" Verhalten überkompensiert. Die drei genannten Strukturen fordern unter Umständen ein Agieren des Patienten, weil Willkür für sie ein zentrales Problem ist.

Ein *schizoider Therapeut* kann ein Agieren seines Patienten für unwesentlich halten, besonders in seinen sozialen Folgen. Ein *narzißtischer Therapeut* kann Agieren seines Patienten, das andere beeinträchtigt, für angebracht halten, weil Selbstverwirklichung für ihn an der Spitze der Werte steht. *Depressive Therapeuten* bewirken, daß aggressive Übertragungen verschoben werden und so zum Agieren führen, indem sie es verhindern, daß die gefürchtete aggressive Übertragung auf sie zustandekommt. Selbstverwirklichung des Patienten können sie behindern, weil für sie für immer der andere wichtiger ist und sie meinen, der Patient sollte das auch so sehen.

Nach meinen Erfahrungen in der Supervision ist das Charakteragieren eines Therapeuten ein viel größeres Problem als Agieren des Therapeuten aufgrund eigener Übertragungen. Übertragungsagieren hört meist auf, wenn es erkannt ist. Charakteragieren wird schwerer erkannt, weil es oft ich-synton ist. Oft ist es auch ideologisiert. Ist es ich-dyston, kann es nur soweit verändert werden, wie der Charakter Veränderungen zuläßt. Sonst bleibt nichts übrig, als daß der Therapeut versucht, sein Agieren bewußt zu beherrschen.

Ein sadistisches Verhalten des Therapeuten kann dieser meist leichter kontrollieren, wenn die sadistischen Impulse manifest sind, als wenn sie abgewehrt werden, so daß der Therapeut zum Beispiel zu vorsichtig konfrontiert, weil er unbewußt fürchtet, sadistisch zu handeln. *Masochistische Charakterhaltungen* des Analytikers wirken sich auf den Patienten oft sadistisch aus: Ein Therapeut, der es bewußt oder unbewußt genießt, sich vom Patienten quälen zu lassen, behindert dessen Entwicklung und bewirkt in summa, daß dieser mehr leidet. Hier handelt es sich vielleicht um die Form des Charakteragierens, die am schwierigsten zu beeinflussen ist - auch wieder deshalb, weil es *auch* darum geht, latenten Sadismus abzuwehren.

Überträgt der Therapeut auf den Patienten ein Objekt, das ihn früher schlecht behandelt hat, worunter er zwar litt, mit dem er aber vertraut war, was ihm unter anderem ein Sicherheitsgefühl gibt, kann das wie masochistisches Agieren aussehen. SANDLER (1992) hat darauf hingewiesen, daß vieles, was bisher als Masochismus bezeichnet wurde, durch derartige Übertragungen erklärt werden kann.

Suizidalität

In der Beziehung des Therapeuten zum suizidalen Patienten unterscheidet KIND (1992) in seinem empfehlenswerten Buch: "Suizidal. Die Psychoökonomie einer Suche" drei Formen: die Gegenübertragungskonstellation des manipulierten Objekts, die des aufgegebenen Objekts und die zum pseudostabilen Objekt.

Befindet sich der Therapeut in der Position des manipulierten Objekts, empfindet er starke Gefühle und Handlungsimpulse. Befindet er sich in der Gegenübertragungskonstellation des aufgegebenen Objekts, empfindet er wenig Gefühle, keine konkreten Handlungsimpulse. Der Therapeut kann sich aber auch hilflos fühlen oder das Gefühl haben, vom Patienten aufgegeben worden zu sein. Im Unterschied zu den manipulierenden Patienten machen Patienten dem Therapeuten in dieser Gegenübertragungskonstellation keine Angst. Er hat allenfalls Angst um sie, Angst sie zu verlieren, während der manipulierende Patient Angst hat, den Therapeuten zu verlieren, und versucht, auf sich aufmerksam zu machen.

Die Angst, den Patienten zu verlieren, kann stark, aber auch gering sein, soweit, daß sie nicht wahrgenommen wird. Die Suizidgefährdung ist dann besonders hoch.

Als gefährlichste Beziehungskonstellation sieht KIND die pseudostabile Form. Der Patient ist gelassen, sieht den Tod als rationale Entscheidung, befindet sich in einem Zustand der "Ruhe nach dem Sturm". Den Therapeuten hat er als Objekt entwertet, reaktiv besetzt er sein Größenselbst. Ein Gefühl für die eigene Gefährdung fehlt. Die Suizidalität ist gewissermassen ich-synton geworden. Der Patient kann weiter Beziehungen unterhalten, die Menschen scheinen ihm aber nichts mehr zu bedeuten.

Befindet sich der Therapeut in der Position des manipulierten Objekts, kann er das Manipuliertwerden aversiv empfinden. Er kann Gefühle der Ohnmacht, des Hasses, der Wut haben, aber auch Sorge und Angst, wobei Sorge und Angst sich wesentlich darauf beziehen, durch einen Suizid des Patienten geschädigt zu werden.

Ein Großteil der Reaktionen auf einen solchen Patienten ist als das Ergebnis projektiver Identifizierung zu verstehen. Die projektive Identifizierung hat das Ziel, die Beziehung zum Objekt zu sichern, es in der Beziehung festzuhalten und zu aktivieren. Bei der resignativen Form von Suizidalität, bei der sich der Therapeut in der Position des aufgegebenen Objekts befindet, hofft der Patient nicht mehr durch projektive Identifizierung etwas zu bewirken.

Die besondere Gefahr der *fusionierten Suizidalität* liegt darin, daß der Patient den Behandler und eventuell ein Team entweder bestimmten eigenen Selbstanteilen ähnlich zu machen versucht, was immer nur teilweise gelingt, wenn die Selbstanteile archaische Qualitäten haben, oder daß - und das finde ich noch gefährlicher - Behandler und Team zum idealen Objekt gemacht werden. Viele Therapeuten sind da leicht verführbar. Sie versuchen, ideale Therapeuten zu sein. Die konzentrierte Zuwendung zum Patienten hat auch etwas Ideales - wobei man eine solche Einstellung immer nur begrenzte Zeit durchhalten kann. Im Alltagsleben wäre sie kaum realisierbar. Bringen Patienten nun einen Behandler dazu, mehr und mehr Zeit zur Verfügung zu stellen, kann die Vorstellung des Patienten gefördert werden, er befinde sich im Kontakt mit einem idealen Objekt, zu dem dann Vorstellungen der Grenzenlosigkeit gehören. Selbst beim besten Willen wird der Therapeut aber an zeitliche Grenzen stoßen, die sich schon daraus ergeben, daß mehrere Patienten zu behandeln sind und daß ein jeder Therapeut auch ein Privatleben hat. Werden solche Grenzen dann manifest, kann das den Patienten veranlassen, entweder die Enttäuschungs- und Kränkungswut gegen sich selbst zu richten, oder das idealisierte Objekt zu wechseln.

Betrachten wir nun verschiedene Persönlichkeitsstrukturen von Therapeuten unter dem Gesichtspunkt ihres Umgangs mit suizidalen Patienten. *Depressive Therapeuten* erwarten dankbare Patienten. Sind die Patienten nicht dankbar, sondern fordern sie immer mehr, kann das den depressiven Therapeuten hilflos wütend machen oder er kann sich, wenn er die Wut nicht erleben darf, vom Patienten zurückziehen. Fordernde Patienten sind ihm deshalb besonders problematisch, weil seine eigenen oralen Impulse ja blockiert sind und deshalb nicht sozialisiert werden konnten. Sie sind archaischer Natur. Ein intensiv und gierig fordernder Patient hält dem Therapeuten wie in einem Spiegel dessen Unbewußtes vor.

Gleichzeitig sind dem depressiven Therapeuten Beziehungen wichtig, ohne die er "verhungern und erfrieren" müßte. Depressive Therapeuten tendieren deshalb dazu, viel zu geben, um den Patienten geneigter zu stimmen, wobei sie Menge und Art des Gegebenen nicht nach therapeutischer Zweckmäßigkeit gestalten. Vielmehr hat das Gegebene die unmittelbare Funktion, den Patienten zufriedenzustellen. Solche Therapeuten sprechen mehr als es zweckmäßig wäre und überziehen ihre Termine. Dadurch verhindern sie auch das Entstehen einer negativen Übertragung, die den Patienten innerlich entlasten könnte. Die Rolle des versagenden oder verfolgenden Objektes wollen sie nicht einnehmen. Dadurch werden Ansätze, einen inneren Konflikt zu einem interpersonellen zu machen, vom Therapeuten zurückgedrängt. Gelingt es dem Patienten nicht, durch Verschiebung auf andere Menschen seine inneren aggressiven Spannungen loszuwerden, kann er sie gegen sich selbst wenden und sich suizidieren. Die negative Übertragung fürchtet der depressive Therapeut auch deshalb so sehr, weil er meint, der Patient könnte mit kritischen Äußerungen im Rahmen einer solchen Übertragung Recht haben, also seine eigene Kritik bestätigen. Das schlechte Selbstwertgefühl des Depressiven würde noch schlechter.

Identifiziert ein Patient den Therapeuten projektiv mit den Selbstanteilen, in denen sich die eigenen suizidalen Impulse befinden, kann er beim Therapeuten Suizidalität induzieren. Das trifft auf ein vorbereitetes Feld, weil der Depressive ohnehin dazu neigt, Aggression gegen sich selbst zu wenden und sich selbst schlecht einzuschätzen, während ein anders strukturierter Therapeut solche Impulse als nicht zu ihm gehörig, persönlichkeitsfremd und unsinnig erleben würde.

KIND weist besonders darauf hin, daß projektive Identifizierungen durch den Analytiker die Angriffe des Patienten verstärken können, zum Beispiel indem der Therapeut den Patienten mit einem eigenen sadistischen inneren Objekt projektiv identifiziert.

Der Patient kann das sadistische Objekt, das der Therapeut in ihm induziert, aber auch anders weiterbearbeiten. Zum Beispiel kann er aber wieder die aggressiven Impulse, die der Therapeut in ihm induziert hat, gegen sich selbst wenden, was eine Suizidalität verstärkt.

Therapeuten mit abgewehrten starken Schuldgefühlen, mit denen sie nur durch Abwehr solcher Schuldgefühle umgehen können, werden auf Patienten, die in ihnen Schuldgefühle induzieren wollen, aversiv oder gar nicht reagieren. KIND weist besonders darauf hin, daß auch Angst auftreten kann.

Nach KIND haben *schizoide Therapeuten* besondere Schwierigkeiten mit Formen der Suizidalität, bei denen es um eine enge Verbindung mit dem Objekt geht, also bei den sogenannten fusionären Formen. Auf projektive Identifizierungen, die den Therapeuten dem Patienten ähnlich machen sollen, reagieren sie entweder aversiv, nämlich dann, wenn die Angst vor Fusion größer ist als der Wunsch danach, oder sie reagieren mit beglücktem, schweigendem Sich-Verstehen und schreiben das Ergebnis der projektiven Identifizierung durch den Patienten ihrer aktiven Empathie zu (vgl. auch S. 20).

Weil der Verschmelzungswunsch des Therapeuten mit Vorstellungen von spannungsloser Harmonie verbunden ist, kann ein schizoider Therapeut die Suizidalität eines Patienten übersehen. Suizidalität hat etwas mit Aggression zu tun, aber auch mit Sich-Trennen. Die Vorstellung, der Patient könnte suizidal sein, läuft also der Vorstellung einer zeitlosen Verschmelzung mit einem anderen Objekt in Harmonie diametral zuwider.

Der *narzißtisch strukturierte Therapeut* hat Bedürfnisse nach narzißtischer Zufuhr, zum Beispiel das Bedürfnis, vom Patienten idealisiert zu werden. Solche Therapeuten verhalten sich einem Patienten gegenüber, aus anderen Motiven als die depressiven, dann nicht selten grenzüberschreitend, zum Beispiel, indem sie Termine verlängern. Sie wollen sich von der narzißtischen Zufuhr durch den Patienten nicht trennen.

Kann er einen suizidalen Patienten nicht allein schon durch sein Beziehungsangebot "halten", wird der narzißtische Therapeut ihm das vielleicht übelnehmen und sich von ihm zurückziehen, wie er das auch sonst zu tun geneigt ist, wenn seine Bemühungen keinen Erfolg haben. Natürlich bedeutet die Suizidalität eines Patienten, besonders wenn sie erst *während* einer Behandlung auftritt, eine starke Kränkung für den narzißtischen Therapeuten, was ihn dazu veranlassen kann, Suizidalität zunächst zu übersehen und erst zu bemerken, wenn es schon zu spät ist.

KIND weist darauf hin, daß ein Patient, der sich suizidiert, die Bemühungen des Therapeuten aktiv zunichte macht. Der Patient zerstört so das Werk des Therapeuten. Da der narzißtische Therapeut mit seinem "Werk" meist stark identifiziert ist, empfindet er das als einen aktiven unmittelbaren Angriff auf die eigene Person.

Der *zwanghaft strukturierte Therapeut* fürchtet Kontrollverlust, Verlust der Kontrolle über eigene Impulse und Verlust der Kontrolle über andere Menschen.

Patienten, die den Therapeuten durch projektive Identifizierung manipulieren, rufen bei diesem Widerstand hervor. Er sucht die Kontrolle zu behalten. Zwanghafte Therapeuten neigen nicht dazu, ihre Patienten zerstören zu wollen. Sie möchten die Beziehung erhalten. Destruktive Impulse können aber auftreten, wenn der Patient sich der Kontrolle des Therapeuten zu entziehen droht. Der Patient soll lieber tot sein, als daß der Therapeut die Kontrolle über ihn verliert und selbst durch den Patienten kontrolliert wird. Andererseits bedeutet aber ein Suizid, daß sich der Patient der Kontrolle durch den Therapeuten endgültig entzieht. Daraus resultiert ein meist unbewußt bleibendes Dilemma. Es kann den Therapeuten dazu bringen, die Kontrolle, die er selbst nicht mehr ausüben kann, auf andere zu delegieren, zum Beispiel durch die Einweisung des Patienten auf eine geschlossene Station. Eine solche Einweisung kann indiziert und sogar das einzig Richtige sein. Zwanghafte Therapeuten neigen aber dazu, zu früh auf geschlossene Stationen einzuweisen, weil sie es besonders schlecht ertragen können, daß ihnen ein Verlust an Kontrolle über den Patienten auch nur droht. Das wird dann oft aus methodischen Aspekten heraus gerechtfertigt (zum Beispiel sagt der zwanghafte Therapeut, daß eine analytische Therapie nur dann durchgeführt werden kann, wenn die Rahmenbedingungen eingehalten werden. Ein Patient, der einen Suizidversuch unternimmt, hält eben die Rahmenbedingungen einer analytischen Therapie nicht ein.)

Dem *phobischen Therapeuten* liegt es nicht, aktiv zu strukturieren und in einem therapeutischen Prozeß die Führung zu übernehmen, was in Krisensituationen durchaus notwendig werden kann. Phobische Therapeuten folgen ihren Patienten lieber, als daß sie vorangehen. Das ist sicher mit ein Grund dafür, daß phobische Strukturen unter Psychoanalytikern häufig sind. Der Patient bestimmt ja das Thema der Stunde, der Therapeut begleitet ihn kommentierend. Ein Patient, der pünktlich zu den Stunden kommt und sich an die therapeutischen Regeln hält, kann dem Therapeuten ein steuerndes Objekt sein. Der Patient hilft dazu, den Tagesablauf des Therapeuten zu strukturieren, und er stellt ihm in jeder Stunde Aufgaben, steuert also das Verhalten des Therapeuten, indem er ihm Anlässe zum Handeln gibt, zum Handeln im Sinne von Interventionen, bei denen sich der Therapeut dann an Regeln halten kann, die ihm seine Lehrer übermittelt haben.

Beginnt der Patient aber zu agieren und wird er gar suizidal, was vom phobischen Therapeuten, ähnlich wie vom zwanghaften, sehr stark unter dem Aspekt der Willkür erlebt wird, verläßt er die Rolle des steuernden Objekts. Der Therapeut kann nicht mehr nur folgen, er muß vorangehen, antizipieren, was der Patient noch nicht sieht, um dann entsprechend zu handeln. Phobische Therapeuten mit aggressiver Latenz geraten in ähnlicher Weise in eine aggressive Versuchungssituation wie zwanghafte Therapeuten. Phobische Therapeuten sind gegenüber Suizidimpulsen des Patienten sensibel, sie klammern sich aber weniger als der zwanghafte Therapeut an ein vorgefaßtes Konzept, sondern erwarten im Gegenteil, daß sich der Patient verändert und den Therapeuten auf neue Wege führt. So kann auch ein phobischer Therapeut aus Angst, den Patienten als steuerndes Objekt zu verlieren, eine beginnende Suizidalität übersehen.

Der *hysterisch strukturierte Therapeut* ist sich in der Einschätzung von Gefühlen seiner Patienten oft unsicher. Hysterisch strukturierte Menschen, auch hysterisch strukturierte Therapeuten, neigen zur Affektualisierung. Sie haben im Lauf ihrer Entwicklung erfahren, daß es für sie Vorteile brachte, wenn sie Gefühle stark ausdrückten, was ja Dramatik und Kurzweil bringen kann und besonders bei Kindern oft gerne gesehen wird. Starke Gefühle bei Kindern wirken nicht so bedrohlich wie starke Gefühle bei Erwachsenen, weil Kinder in ihrem Handeln noch nicht so gefährlich sind wie Erwachsene. Emotional darbende Mütter oder Väter sind oft durch starke Affekte ihrer Söhne oder Töchter fasziniert, lassen sich durch sie verführen und machen selbst verführende Angebote, was dann zu den entsprechenden ödipalen Fixierungen und zur hysterischen Strukurentwicklung führt.

Hysterische Therapeuten leiden oft unter einer Dekodierungsschwäche für Mimik und Stimmklang. Was nicht intensiv und dramatisch ausgedrückt wird, übersehen sie. Deshalb können sie auch Suizidalität übersehen, wenn sie sich in den Affekten für sie nur schwach ausdrückt.

Andererseits können hysterische Therapeuten Patienten provozieren, damit etwas "abgeht". Das tun übrigens auch zwanghafte Therapeuten, die ihre chaotische Latenz in ihre Umgebung aktualisieren und dann kontrollieren wollen. Hysterische Therapeuten tun so etwas aus einem anderen Grund: Sie wollen die Patienten auf eine Ebene der Kommunikation bringen, die ihnen vertraut ist. Sie übersehen dabei, daß sie selbst als affektualisierende Personen Affekte nicht so stark empfinden wie sie sie ausdrücken, daß aber Personen, die nicht affektualisieren, die stark ausgedrückten Affekte dann auch stark empfinden. Zum Beispiel können hysterische Therapeuten depressive Patienten provozieren und die Aggression kann dann, weil das Erleben einer Aggression gegen ein Außenobjekt Angst macht, vom Patienten gegen sich selbst gerichtet werden.

Hat ein hysterischer Therapeut mehr induziert, als er beherrschen kann, wird er unter Umständen sehr restriktiv. Er hat das Gefühl, nun "andere Saiten aufziehen zu müssen". Zu diesem Aufziehen anderer Saiten kann dann unter Umständen die Einweisung auf eine geschlossene Station zählen. Es kann aber auch sein, daß der hysterische Therapeut Suizidalität bagatellisiert; besonders auch solche der manipulierenden Form. Er ist es doch von sich selbst gewohnt, Menschen durch starke Affektäußerungen zu manipulieren, ohne daß er diese Affekte so stark empfindet, wie er sie ausdrückt. Dann liegt für ihn der Schluß nahe, daß der Patient auch mehr ausdrückt, als er empfindet. Der Patient merkt, daß er nicht ernstgenommen wird, und verstärkt ein manipulierendes Verhalten, wozu dann auch ein Suizidversuch gehören kann. Dann kann es eintreten, daß der Suizidversuch gelingt, obwohl er doch eigentlich zum manipulierenden Repertoire gehörte, und der Patient die Hoffnung noch nicht aufgegeben hatte, das Objekt in seinem Sinne zu verändern.

Gegenübertragungsträume

Meist spricht man von einem Gegenübertragungstraum, wenn ein Patient darin unverstellt vorkommt. Kaum je wird darüber berichtet, daß ein Patient im latenten Trauminhalt vorgekommen wäre. Wahrscheinlich wird nicht danach gesucht. Gegenübertragungsträume zählen vielfach heute noch zu den unerwünschten Manifestationsformen von Gegenübertragung, woraus verständlich wird, daß zum Beispiel ein Ausbildungskandidat in seiner Lehranalyse bei der Bearbeitung eines Traumes in seinen Assoziationen am Patienten vorbeiläuft.

Diese Tendenz wird noch verstärkt, wenn der Lehranalytiker Träume immer auf sich selbst hin interpretiert. Tut ein Analytiker das einseitig, wäre daran zu denken, daß er den Wunsch hat, die Beziehungssituation zu vereinfachen und auf eine Dyade zu reduzieren.

Ein anderer Grund für das Fehlen von Berichten über Patienten im latenten Trauminhalt von Analytikern könnte sein, daß die eigenen Träume doch als etwas sehr Intimes angesehen werden. Hier können auch exhibitionistische Ambivalenzen eine Rolle spielen. Weiter kann man fürchten, daß Kollegen am publizierten eigenen Traum Dinge erkennen können, die man selbst nicht wahrgenommen hat.

Mir ist bekannt, daß Lehranalytiker Träume aus Lehranalysen publiziert haben, dann aber meist in einer Form, die keinen Rückschluß darauf zuläßt, daß es sich um einen Ausbildungskandidaten handelte. Der Träumende erhält einen anderen Beruf und seine Beziehungspersonen, auch seine Patienten eben, werden entsprechend anonymisiert. Aus eigener Erfahrung kann ich sagen, daß die Patienten eines Lehranalysanden in seinen Träumen, sowohl im manifesten wie im latenten Trauminhalt, auftauchen, wenn der Analysand bereit ist, zu akzeptieren, daß dies der Fall sein kann. Ich möchte sogar sagen, daß eine Lehranalyse nicht wirklich eine Lehranalyse ist, wenn die Patienten des Lehranalysanden in ihr nicht auch eine wichtige Rolle spielen. Man könnte auch überlegen, ob es nicht ein gutes Zeichen ist, wenn ein Patient oder eine Patientin im Traum des Psychoanalytikers unverstellt auftaucht, oder, anders gewendet, ob nicht dieses dem bewußten Anteil der Gefühlseinstellungen dem Patienten oder der Patientin gegenüber entspricht, während der unbewußte, oft problematischere Anteil der Gegenübertragung im latenten Trauminhalt versteckt ist.

Man hat längere Zeit angenommen, daß es prognostisch schlecht ist, wenn der *Analytiker* im Traum eines *Patienten* unverstellt auftaucht. Publikationen aus neuerer Zeit zeigen aber, daß dies offensichtlich nicht der Fall ist (z.B. BRADLOW u. COEN 1975, GRUNERT 1975). Diese Einstellungen den Träumen der Patienten gegenüber hat man vermutlich auf die Träume des Analytikers übertragen. Ich vermute, daß die Annahme, es sei problematisch, wenn der Patient im Traum des Analytikers auftaucht, sich bei genauerer und systematischer Betrachtung als unbegründet herausstellen würde.

Tatsächlich hat eine Umfrage in Kanada (LESTER et al. 1989) ergeben, daß Träume, in denen der Patient unverstellt auftaucht, häufig sind - wahrscheinlich ist das nicht nur in Kanada so.

Mehr zu Gegenübertragungsgefühlen

Der Analytiker muß nicht nur auf seine Gefühle, sondern auch auf das Fehlen von Gefühlen achten. Wenn Gefühle nicht auftreten, kann dies auf ein Fehlen von Gefühlen beim Patienten zurückzuführen sein, aber auch auf die Abwehr von Gefühlen beim Analytiker.

Der Analytiker kann auch Gefühle durch Reaktionsbildung abwehren, er ersetzt dann Gefühle durch gegenteilige. Deshalb ist die Frage berechtigt und wichtig: "Müßte ich nicht eigentlich das Gegenteil von dem fühlen, was ich fühle?" Verschiedene Analytiker neigen unterschiedlich zu Reaktionsbildung. Auch ist es für den Analytiker wichtig zu wissen, in welchem Ausmaß er dazu neigt. Die Lehranalyse hat meist Hinweise darauf gegeben. Wie alle Abwehrmechanismen ist auch die Reaktionsbildung allen Menschen verfügbar. Zwanghafte setzen sie häufiger ein.

Ein Therapeut kann Angst vor dem Patienten und *um* den Patienten haben (vgl. S. 101ff.). Er befürchten, daß der Patient Kompetenzmängel oder Mängel der Persönlichkeit des Therapeuten entdeckt. In der Stunde hat er dann Angst vor der Kritik des Patienten, außerhalb der Stunde davor, daß der Patient ihn vor anderen schlecht macht. Er kann Angst haben, daß der Patient die Grenzen des Settings überschreitet und so die Möglichkeit, mit ihm zu arbeiten, einschränkt oder zerstört. Bei manchen Patienten kann der Therapeut Angst vor tätlichen Angriffen haben.

Der Therapeut kann um den Patienten fürchten; zum Beispiel kann er fürchten, daß der Patient selbstschädigend agiert oder sich umbringt, und er kann dann wieder die sozialen Folgen für sich selbst fürchten.

Der Therapeut kann aber auch ängstigende Objekte auf den Patienten übertragen. Er kann jede der oben beschriebenen Gefahren zu unrecht fürchten, weil er dem Patienten die Verhaltensweisen eines eigenen übertragenen Objekts zuschreibt. Er kann durch den Patienten projektiv mit einem Kind identifiziert werden und vor dem Patienten *in der Kindrolle* Angst haben.

Der Therapeut kann aber auch Gefühle fürchten, die unvermeidlich sind, so zum Beispiel den Schmerz einer Trennung. Dann sind meist Übertragungen im Spiel. Der Trennungsschmerz des Analytikers hält sich in Grenzen, wenn es um den Abschied vom Patienten geht. Trauer mischt sich meist mit

Erleichterung und, wenn die Therapie gut gegangen ist, mit dem Gefühl, eine gute Arbeit abgeschlossen zu haben.

Die Trennung von einem Patienten wird auch im Zusammenhang der übrigen Beziehungen erlebt, die der Therapeut hat. Therapeuten, die in befriedigenden Beziehungen leben, trennen sich leichter, selbst wenn ihre Struktur depressiv ist, als einsame Therapeuten. Eine besonders brisante Mischung ergibt sich aus der Kombination von dyadischer Fixierung und depressiver Struktur. Solche Therapeuten haben meist tatsächlich einen Lieblingspatienten oder eine Lieblingspatientin; alle anderen Patientinnen und Patienten sind ihnen unwichtiger. Trennt sich der Lieblingspatient, wird er eine schmerzhafte Lücke hinterlassen. Ähnlich wie in Familien, wo ein Kind gestorben ist, stellen solche Therapeuten unter Umständen hohe Anforderungen an jenen anderen Patienten, der die Lücke dann ausfüllt, und erleiden gerade dadurch Enttäuschungen. Minimale Quanten von Trauer sollten bei der Beendigung einer Therapie erlebt werden. Trauert der Therapeut nicht, ist das ein Hinweis darauf, daß etwas unerledigt geblieben ist, oder daß der Therapeut zur Zeit wenig belastbar ist und leugnet.

Leugnen, um Trauer zu vermeiden, kann im Zusammenhang mit eingeschränkter Belastbarkeit auftreten, aber auch habituell sein, das ist dann der ewige Optimist. Trauer kann auch vermieden werden, wenn der Therapeut sich bei altruistischer Abtretung mit den neu gewonnenen Lebensmöglichkeiten des Patienten identifiziert. Sie kann fehlen, wenn der Therapeut die Beendigung der Behandlung durch den Patienten als Verlassenwerden erlebt hat: "Er liebt mich nicht mehr, also liebe ich ihn auch nicht mehr." Trauer entsteht aber aus Verlust *und* Liebe.

Patienten, die nicht alles tun, die Therapie zu verlängern, denen es nicht schlecht geht, weil die Therapie aufhört, können den depressiven Analytiker kränken, ihm das Gefühl geben, nicht geliebt zu werden, das Gefühl, daß gegen ihn rebelliert wird. Der Analytiker kann einen solchen Patienten als undankbar einschätzen.

Therapeuten, die neben ihrer Praxis noch Beziehungen haben, die sie befriedigen, können eher Trauer empfinden. Therapeuten, die keine Beziehungen haben, müssen eher Abwehrmechanismen einsetzen, weil sie nicht Trauer-, sondern Verlassenheitsgefühle mit antizipierter Hilflosigkeit empfinden würden.

Die Angst vor Kritik durch den Patienten schließt die Angst vor Beschämung ein, in Gruppen auch die Angst vor Bloßstellung. Ein Therapeut kann *durch* den Patienten beschämt werden, er kann sich *vor* ihm schämen und er kann sich *mit* ihm schämen. Letzteres passiert besonders häufig schizoiden Therapeuten, die keine klare Grenze zwischen sich und dem Patienten erleben.

Narzißtische Therapeuten werden durch etwas Beschämendes, das der Patient tut oder berichtet, eher gekränkt und reagieren dann mit Kränkungsaggression oder mit innerem, manchmal auch mit äußerem Beziehungsabbruch.

Bei allen Gefühlsqualitäten kann es sein, daß der Therapeut die Toleranz des Patienten für ein bestimmtes Gefühl falsch einschätzt. Der Therapeut kann die Angsttoleranz über- oder unterschätzen, die Toleranz, depressive Affekte zu ertragen, Trauer durchzustehen und so weiter. Besonders häufig scheint es aber zu passieren, daß Therapeuten die Intensität der Schamgefühle eines Patienten falsch einschätzen und die Fähigkeit des Patienten, Schamgefühle auszuhalten. Vielleicht hängt dies damit zusammen, daß in sozialen Alltagssituationen wenig über Schamgefühle gesprochen wird. Man sagt viel leichter, daß man Angst hat oder wütend ist, als daß man sich schämt. Vielen Menschen fehlt auch deshalb ein Maßstab für Schamgefühle.

Die Ursachen von Scham sind stark schichtabhängig. Viele Aufsteiger schämen sich einer Verhaltensweise, die sie aus der Ursprungsfamilie her kennen und beibehalten oder sich mühsam abgewöhnt haben. Manche sozial aufgestiegene Analytiker richten ihr Zimmer betont neutral ein, weil sie fürchten, ihr Geschmack könnte kritisiert werden.

Wie weit man sich seiner sexuellen Phantasien, Wünsche und Handlungen schämt, ist ebenfalls stark schichtabhängig und selbst innerhalb einer Gesellschaftsschicht auch wieder sehr verschieden. Selten besteht dabei eine Kongruenz zwischen Patient und Therapeut. Ältere Therapeuten überschätzen oft die Tendenz jüngerer Menschen, sich wegen Sexuellem zu schämen. Natürlich kann auch das Umgekehrte der Fall sein. Die Normen und Werte jüngerer Leute sind oft zu etwa gleichen Teilen durch die Primärfamilie und durch die aktuelle Bezugsgruppe determiniert.

Ein Analytiker kann sich seine Gefühle auch vorwerfen. Das ist manchmal ein Hindernis in der Gegenübertragungsanalyse.

In meinen Supervisionen habe ich erstaunlich viele Therapeuten angetroffen, die dem in unserer Gesellschaft verbreiteten Irrtum aufsitzen, wenn man für einen anderen etwas leiste, werde man dafür geliebt. Tatsächlich kann man damit Anerkennung oder Dankbarkeit ernten, nicht aber Liebe. Liebe entsteht, wenn einem Aussehen und Verhalten eines Menschen gefallen - oft in Kongruenz zu einem früher geliebten oder einem antithetisch zum früher abgelehnten errichteten inneren Objekt (KÖNIG und KREISCHE 1991).

Umgekehrt kann ein Nicht-Leisten Ärger erzeugen, der Liebe verdeckt oder verdrängt. Daraus darf man aber nicht den Schluß ziehen, daß Leistung Liebe verursacht. Auch unsere Patienten lieben uns dafür, wie wir sind und wie wir uns verhalten, meist in Kombination mit einer Liebe zu einem früheren Objekt. Der letztere Anteil ist meist größer. Sie lieben uns nicht, weil wir für sie etwas leisten, dafür können sie uns höchstens dankbar sein, manchmal sind sie auch neidisch auf unsere Fähigkeit, etwas für sie zu leisten.

Das Gegenteil von Dankbarkeit ist das Gefühl, daß einem der andere etwas schuldig geblieben ist. Mit solchen Gefühlen trennen sich manche Patienten vom Therapeuten. Aber auch der Therapeut kann das Gefühl haben, daß ihm der Patient etwas schuldig geblieben ist. Zum Beispiel hat der Patient seine Erwartungen an die Fähigkeit, mitzuarbeiten, nicht erfüllt.

Was die *Schuldgefühle* selbst angeht, ist es wichtig, *reale* und *fiktive* Schuld zu unterscheiden. Ein Analytiker kann sich an einem Patienten schuldig machen, wenn er etwas fahrlässig übersieht oder wenn er falsch interveniert. Viele fiktive Schuldgefühle des Analytikers haben etwas mit seiner Restneurose zu tun, manchmal auch mit projektiven Identifizierungen durch den Patienten oder mit einer Kombination von beiden.

Analytiker, die Schuldgefühle besonders schwer aushalten können, schreiben es regelmäßig dem Patienten zu, wenn in der Therapie etwas schiefgelaufen ist. Erleben sie die Schuldgefühle als solche aber, sind die oft in einer Weise übersteigert, daß der Therapeut glaubt, an allem, was in der Therapie schiefläuft, allein Schuld zu sein.

Die *Abwehr von Schuldgefühlen* des Therapeuten finde ich gefährlich. Es kommt nicht nur zu falschen Schuldzuschreibungen an den Patienten, sondern auch zu Rationalisierungen oder zu einem hypomanischen Phantasieren: "Es wird ja doch alles gut."

Patienten mit starker Schuldangst wehren Schuldgefühle ab oder vermeiden sie durch Ich-Einschränkung. Oft ist es nicht leicht herauszufinden, daß jemand keine Schuldgefühle hat, sondern Angst vor sozialer Kontrolle. Wenn jemand zum Beispiel sagt, daß irgendetwas auf ihn zurückfallen würde, zum Beispiel, wenn eine Frau einer anderen Frau den Mann wegnimmt und die Leute darüber reden würden, ergibt das noch keinen Anhalt für Schuldgefühle. Therapeuten, die selbst Schwierigkeiten mit ihren Schuldgefühlen haben und Schuldgefühle möglichst vermeiden wollen, auch wenn sie in Kauf genommen werden müßten, um eigene Lebensmöglichkeiten durchzusetzen, haben es schwer, Schuldgefühle zu erkennen. Eine andere Fehlermöglichkeit ist die, daß der Therapeut Schuldgefühle voraussetzt, weil er meint, ein jeder Mensch müsse sie in dieser Situation haben. Äußerungen über soziale Kontrolle nimmt er dann für Schuldgefühle.

Auch die Ich-Einschränkungen, die durch Schuldangst hervorgerufen werden, lassen sich nicht immer leicht entdecken. Wer darauf achtet, wird finden, daß viele Patienten Beziehungen vermeiden, weil sie in der Beziehung schuldig werden könnten. Nicht umsonst gab es früher die sozial anerkannte Lösung des Eremiten: das ist jemand, der sich aus allen Beziehungen zurückzieht und fortan nicht schuldig werden kann. In Indien soll es eine Sekte geben, die es verbietet, Tiere zu töten, auch Mücken. Die Angehörigen dieser Sekte tragen einen Mullschleier vor dem Mund, um nicht versehentlich eine Mükke einzuatmen und dadurch zu Tode zu bringen - ein plastisches Beispiel für die Einschränkungen, die jemand auf sich nehmen kann, um nicht schuldig zu werden. Freilich ist auch denkbar, daß die Angehörigen dieser Sekte mehr die Verurteilung durch andere fürchten, also die Folgen der sozialen Kontrolle, als eigene Schuldgefühle. Die Unterscheidung zwischen Angst vor Schuldgefühlen und Angst vor sozialer Kontrolle ist nur möglich, wenn man die Lebensumstände des einzelnen Menschen genau kennt.

Viele Therapeuten neigen dazu, sich mehr Arbeit aufzulasten als sie schaffen können. Damit machen sie sich an den Patienten, die sie in Behandlung nehmen, real schuldig. Therapeuten gehen in unterversorgten Gebieten oft nahe an die Grenze ihrer Leistungsfähigkeit, wenn sie nicht das Gefühl haben wollen, an den unbehandelten Patienten schuldig zu werden.

Dann können sie in eine Schuldgefühlszange geraten. Einige Patienten müssen sie doch abweisen. Wenn sie sich überlasten, behandeln sie die Patienten schlecht, die sie in Therapie genommen haben. Daraus entstehen neue Schuldgefühle. Ich finde, ein jeder Therapeut sollte eine gewisse Marge zur maximalen Leistungsfähigkeit hin unausgefüllt lassen, damit er fähig bleibt zu therapieren, wenn sich ein Patient als unerwartet schwierig herausstellt, und ihn das stark strapaziert, oder wenn etwas im privaten Beziehungsfeld des Therapeuten zusätzlich Kräfte fordert. Therapeuten, die "alles geben", leiden oft chronisch an Vorstufen des Burn-out und können in ein manifestes Burn-out geraten, wenn Komplikationen im Arbeitsbereich oder im Privatleben einen Einsatz erfordern, der die Grenzen ihrer Leistungsfähigkeit längere Zeit überschreitet. Solche Therapeuten leben dann in Krisensituationen von der Substanz, was nicht sehr lang möglich ist.

Andernorts habe ich betont, wie wichtig es ist, nicht nur Antipathie sondern auch *Sympathie*, die man einem Patienten gegenüber empfindet, zu hinterfragen (KÖNIG 1991). Das tut man im Alltagsleben wenig. Man ist im allgemeinen froh, wenn einem jemand sympathisch ist und wird allenfalls skeptisch, wenn man den Eindruck gewinnt, der Betreffende könne die Sympathiegefühle ausnutzen, die man für ihn empfindet. Die Sympathiegefühle für einen Patienten haben oft etwas mit projektiver Identifizierung durch den Patienten zu tun, seltener mit der Übertragung idealer Objekte durch den Therapeuten. Es ist dann sehr wichtig zu überlegen, warum man den Patienten mag. Man kommt dann dahin, die Frage zu modifizieren. Statt der Frage nachzugehen, warum man den Patienten so mag, fragt man sich: Wie bringt mich der Patient dazu, ihn zu mögen, und was bezweckt er damit? Zum Beispiel kann ein Patient einen davon abhalten wollen, ihn zu konfrontieren oder sonst zu beanspruchen. Dann ist sein unsere Sympathie hervorrufendes Verhalten ein Widerstandsphänomen. Allerdings kann er uns auch mit einem idealen Objekt identifizieren, das er in seinem Beziehungsfeld aktualisieren möchte.

Auch *Haßgefühle*, *Ärger* und *Wut* gegenüber einem Patienten treten meist infolge einer projektiven Identifizierung durch den Patienten auf. Oft werden sie aber auch durch ich-syntone Charakterhaltungen des Patienten hervorgerufen.

Wut kann entstehen, wenn der Patient versucht, den Analytiker zu dominieren und zu kontrollieren, zu depotenzieren oder zu beschämen. - In der angelsächsischen Fachliteratur kann man auf ein sprachliches Problem stoßen. *To hate* bedeutet im Englischen etwas anderes als Hassen im Deutschen. Im Englischen sagt man viel häufiger und in viel variableren Situationen als im Deutschen, daß man etwas oder jemanden "haßt". Vom amerikanischen Präsidenten Bush wurde berichtet, daß er Brokkoli "haßt". Im Deutschen würde Herr Bush wahrscheinlich schlicht gesagt haben: "Ich mag keinen Brokkoli". Im Englischen fehlt ein genau entsprechendes Wort für *Wut* und *wütend sein*. *Angry* ist im allgemeinen schwächer als *Wut*. Es steht zwischen ärgerlich und wütend sein. Das Wort *furious* meint ungesteuerte Wut. Im Amerikanischen spricht man von "being mad at somebody".

Wenn WINNICOTT (1949) von "Haß in der Gegenübertragung" spricht, meint er wohl eher etwas, was wir als Wut und wütend sein bezeichnen würden. Zum Haß gehört der Wunsch, den anderen zu schädigen oder ihn zu zerstören. Aus den Beispielen, die WINNICOTT gibt, wird deutlich, daß er das nicht gemeint hat.

Zwischen Analytikern gibt es erhebliche Unterschiede in der Neigung und der Fähigkeit, aggressive Phantasien zuzulassen, ohne daß sie zum Handeln führen würden. Vielleicht hat das etwas mit der christlichen Religion zu tun.

Da ich zwischen Gedanken und Impulsen einerseits und Tat andererseits in der Bewertung deutlich unterscheide, passiert es mir manchmal, daß ich religiös erzogene Ausbildungskandidaten erschrecke, wenn ich in der Supervision eine aggressive Phantasie mitteile.

Aggressive Phantasien, vor allem jene, die etwas damit zu tun haben, daß man den anderen umbringen will - etwas, wovon man doch weiß, daß man es nicht tun würde - können aber auch von realitätsnäherer *Kritik* ablenken. Das gilt für Patienten, aber auch für Therapeuten. Wenn ein Therapeut von einem Patienten sagt, daß er ihn am liebsten umbringen möchte, ist zu fragen, was er denn real mit ihm gern tun möchte. Das ist dann oft weniger spektakulär, kann sich aber auf das tatsächliche

Handeln eher auswirken als eine Tötungsphantasie. Zum Beispiel kann es der tatsächliche Wunsch des Therapeuten sein, dem Patienten einmal richtig die Meinung zu sagen. Ein solcher Wunsch, von dem man sich durch eine Tötungsphantasie ablenkt, kann dann unversehens Wirklichkeit werden, zum Beispiel in einer Konfrontation, die das therapeutisch Zweckmäßige überschreiten kann und nur den Ärger oder die Wut des Therapeuten transportiert.

Hysterische Therapeuten neigen selbst oft zur Affektualisierung. Das heißt, sie übertreiben Affekte, weil sie in ihrer Entwicklung die Erfahrung gemacht haben, daß sie damit etwas bewirken können, während schwächere Signale übersehen wurden. Solche Therapeuten haben dann oft eine Dekodierungsschwäche für Gefühlsäußerungen normaler Intensität. Sie fordern einen Patienten, der seine Gefühle in der sozial üblichen Weise ausdrückt, dazu auf, seine Gefühle deutlicher mitzuteilen. Manche Patienten wehren sich dagegen, andere gehen darauf ein und affektualisieren ihrerseits. Ein solches Therapeutenverhalten ist schädlich. Manche Patienten entwickeln tatsächlich ein partielles, affektualisiertes falsches Selbst, um den Therapeuten zufriedenzustellen.

Auch Zwanghafte, die vom Affekt isolieren, sind im Erkennen der Affekte anderer eingeschränkt. Weil sie eigene Gefühle weniger stark erleben als andere, und die erlebten Gefühle schwächer ausdrücken als andere, sind sie unsicher, welche Gefühle ein Patient empfindet, starke oder gar keine. Sie haben umgekehrt auch Schwierigkeiten, Affektualisierungen zu erkennen. Sie nehmen an, ein hysterischer Patient würde die Gefühle wirklich so empfinden wie er sie ausdrückt. Was sie ärgert und unter Umständen ängstigt, ist, daß sie den Betreffenden als unbeherrscht empfinden. Sie denken dann manchmal, der Patient übertreibe. Damit meinen sie aber nicht, daß der Patient tatsächlich vorhandene Gefühle übertrieben ausdrückt, sondern daß der Patient seiner Umwelt zu viel zumutet.

Ein Gefühl, das wie die *Scham* selten verbalisiert wird, ist der *Neid*. Im Prinzip sind Neidgefühle etwas Normales. Viele Menschen haben etwas, was man selbst gerne hätte, Eigenschaften, Fähigkeiten oder Besitz. Ob Neid anregt, sich das Gewünschte zu verschaffen, hängt unter anderem davon ab, ob das real möglich wäre. Ist es nicht möglich, nimmt der Neid oft eine destruktive Färbung an. Man möchte das Gewünschte, wenn man es schon nicht bekommen hat, dem anderen kaputtmachen. Neulich habe ich in einer Autozeitung gelesen, daß ein hoher Prozentsatz von Luxusautos verkratzt wird.

Ob Neid destruktiv wird, hängt stark davon ab, was man sonst noch hat. Für Menschen, die vom Schicksal darin, was sie besitzen, stark benachteiligt worden sind, und die vom Leben auch sonst nicht viel haben, symbolisiert ein Luxusauto vielleicht all das, was sie gern hätten, was sie nicht kriegen konnten und was andere haben. Die Tendenz zu destruktivem Neid ist auch vermindert, wenn man das Beneidete zwar nicht hat, früher aber hatte - zum Beispiel Jugend. Allerdings kommt es dann auch darauf an, wie die eigene Jugend war.

Mit dem Gefühl der eigenen dauerhaften Benachteiligung verbindet sich oft destruktiver Neid. Man stelle sich ein unscheinbares Mädchen vor, das an einer Körperbehinderung leidet und sich unvorteilhaft kleidet, außerdem im Studium versagt. Die Körperbehinderung des Kindes hat dazu geführt, daß die Eltern es ablehnten. Ihm wurde vermittelt: "Aus Dir wird nichts." Das Kind versucht, den Eltern zu beweisen, daß sie recht hatten: *Dann wird eben aus mir nichts*. Ein solches Mädchen kommt zu einer gut aussehenden, kräftigen und gesunden, im Beruf offenbar erfolgreichen Therapeutin und macht ihr ein Kompliment über die Bluse, die sie anhat. Eine solche Äußerung kann auf vielerlei Weise interpretiert werden. Eine Interpretation könnte sein, daß die Patientin die "gute Brust" der Therapeutin meint, an der sie in der Therapie zu trinken hofft. Es kann aber auch sein, daß die Patientin die Therapeutin zum Vorbild nehmen will und deshalb darauf achtet, wie sie angezogen ist. Es kann sein, daß die Beziehungswünsche der Patientin sich in Richtung einer Liebesübertragung konstellieren, und noch vieles mehr. Hinter dem Kompliment kann sich aber auch Neid verbergen. Die Therapeutin scheint genau zu haben, was der Patientin fehlt. Die Patientin ist weniger gesund und weniger hübsch als die Therapeutin, das sind konstitutionelle Einschränkungen. Sie leidet unter einer Körperbehinderung, die Therapeutin nicht. Die Patientin macht sich aber auch unattraktiv, um die Voraussage der Eltern wahrzumachen, daß sie keinen Mann kriegen wird, weil sie spürt, daß sie die Eltern damit treffen kann. Die konstitutionellen und die durch die psychischen Probleme der Patientin bedingten Einschränkungen müssen es ihr unwahrscheinlich erscheinen lassen, daß sie so werden kann wie die Therapeutin.

Ich höre immer wieder von Analytikern, die zum Beispiel in einem schönen Haus wohnen, daß sie Angst vor dem Neid ihrer Patienten und Patientinnen haben, oft verbunden mit Schuldgefühlen ("eigentlich dürfte es mir nicht so viel besser gehen als anderen, vielleicht nehme ich anderen etwas weg"). Man sollte sich klarmachen, daß Analytiker auch sonst viel haben, nicht nur Materielles. Sie genießen Ansehen und betreiben einen Beruf mit wenig Monotonie. Oft haben sie eine Familie. Vielen unserer Patientinnen und Patienten fehlt das alles. Sie sind in ihrer Ausbildung gescheitert oder haben Schwierigkeiten, eine Stelle zu finden. Wenn sie eine Stelle finden, haben sie oft Schwierigkeiten bei der Arbeit. Ihre Partnerbeziehungen sind oft problematisch oder fehlen ganz. Die Fähigkeit, sich an den Dingen der Welt zu freuen, ist oft eingeschränkt. Ich habe immer wieder beobachtet, daß zwischen Therapeut und Patient eine Kollusion eingegangen wird, nicht über das zu sprechen, was der Analytiker hat. Viele Mitteilungen von Patienten sind aber nur auf dem Hintergrund der Tatsache zu verstehen, daß sie uns beneiden - nicht nur um unsere "analytische Potenz".

Daß ein begehrtes Objekt Symbol für manches andere sein kann, wissen wir vom Penisneid. Es gibt konstruktive Formen von Penisneid, zum Beispiel dann, wenn Frauen beruflichen Erfolg in einem "Männerberuf" anstreben, der in bewußten oder unbewußten Phantasien mit dem Besitz eines Penis in Verbindung gebracht wird. Einen Penis kann eine Frau nicht bekommen, beruflichen Erfolg kann sie aber erreichen. Sie kann in ihrer Laufbahn einen Mann überrunden und ihm so den Penis in symbolischer Form wegnehmen oder die unbewußte Phantasie entwickeln, daß sie einen "größeren" hat. Destruktive Formen von Penisneid, bei denen nicht angestrebt wird, das begehrte Objekt zu besitzen, sondern es beim anderen zu zerstören und so Gleichheit herzustellen, finde ich am häufigsten bei Frauen, denen auch sonst manches fehlt; besonders häufig ist dann das sexuelle Leben blockiert. Solche Frauen haben manchmal die Phantasie, sie könnten sexuell stärker erleben, wenn sie einen Penis hätten. Da sie aber keinen bekommen können, wollen sie die Männer wenigstens sich gleich machen. Daß Frauen *als*

Frauen sexuell erleben können, blenden sie aus. Manchen dieser Frauen gelingt eine befriedigende Lösung in einer homosexuellen Beziehung. Dann können sie einen Penis als überflüssig erleben. Das heißt natürlich nicht, daß Homosexualität durch Penisneid hervorgerufen wird, sondern nur, daß eine homosexuelle Beziehung den Penisneid verringern und weniger destruktiv machen kann.

Natürlich haben auch fast alle Patienten etwas, um das sie der Therapeut beneiden kann, musische oder berufliche Fähigkeiten, materiellen Besitz oder eben schlicht Jugend. Ich finde es problematisch, wenn ein Therapeut bei einem Patienten nichts findet, um das er ihn beneiden könnte. Man muß dann daran denken, daß er Dinge oder Eigenschaften *ausblendet*, die er gern hätte, oder daß er sie *abwertet*. Eine solche Abwertung kann destruktive Formen annehmen.

Depressiv strukturierte Patienten und auch depressiv strukturierte Therapeuten können die Dinge des Lebens bekanntlich wenig genießen. Für sie hat oft das, was ein anderer besitzt, ebensowenig Aufforderungscharakter, wie das, was sie selbst haben. Depressive Patienten beneiden den Therapeuten meist nicht um sichtbar Vorhandenes, sondern um etwas, von dem sie phantasieren, daß er es hat. Eine depressive Patientin träumte von einem Schrank voll feiner Liköre, von denen ich ihr nichts abgeben wollte. Das entspricht der Phantasie vieler Depressiver: "Wo ich nicht bin, da ist das Glück. Das Schicksal enthält mir mein Glück vor, irgendwo muß es zu finden sein. Ich kann es zwar nicht finden, es muß aber existieren."

Entsprechend kann ein depressiver Therapeut einen Patienten um etwas beneiden, das sich in Lebensbereichen des Patienten befindet, zu denen ihm der Patient den Zutritt verweigert. Solche Therapeuten kann es zum Beispiel beunruhigen, wenn der Patient nicht von seinem Urlaub erzählt. Der Therapeut phantasiert, daß der Patient es sich dort habe gutgehen lassen, während er selbst arbeiten mußte. Erzählt der Patient dann, daß es ihm im Urlaub schlecht gegangen sei, ist der Therapeut beruhigt. Er braucht ihn um den Urlaub nicht zu beneiden.

Patienten, die *Rachewünsche* gegenüber ihren Eltern haben, weil sie von den Eltern eine schlechte Behandlung erlebt haben, stellen den Therapeuten vor die Frage, ob er sich - was die Patienten ihm nicht immer leicht machen - mit ihnen identifizieren und ihren Haß auf die Eltern miterleben soll. Tut der Therapeut das *und gibt es zu erkennen,* verhindert er, daß der Patient die gehaßten Objekte auf ihn überträgt und so den innerpsychischen Konflikt zu einem innerpersonellen macht. Damit verzichtet der psychoanalytische Therapeut auf eine wichtige therapeutische Chance.

In Kurztherapien kann es freilich nötig sein, zunächst auf die Seite des Patienten zu treten. Sonst würde der Patient seine Haßgefühle vielleicht nicht erreichen können, weil er eine Möglichkeit, sie manifest werden zu lassen, nur darin geboten bekäme, die gehaßten Objekte auf den Therapeuten zu übertragen. Eine solche Übertragung könnte dann zu viele Haß- und Schuldgefühle bereiten.

Äußert der Therapeut Verständnis für die Eltern, kommt er eher in die Position des gehaßten Objekts; zumindest wird er oft als dessen Verbündeter vom Patienten angegriffen. Es kann aber auch sein, daß der Patient sich mit dem Therapeuten im Widerstand gegen das volle Bewußtwerden der eigenen Haßgefühle verbündet. Der Patient akzeptiert dann das *Verstehen* der Eltern, das ihm der Therapeut vermittelt und münzt es in *Verständnis* um.

Gerade unter Psychotherapeuten ist die Meinung überraschend verbreitet, alles, was man verstehe, müsse man auch billigen. Verstehen und billigen sind aber kategorial verschieden. Zwar kann man motiviert werden, etwas zu billigen, wenn man die Motive versteht; das Billigen ergibt sich aber nicht automatisch und in jedem Falle aus dem Verstehen. So kann jemand verstehen, warum seine Eltern mit ihm so gehandelt haben, wie sie es taten, und dennoch zornig auf sie sein und ihr Verhalten nicht billigen.

Geht es in einer Therapie um Rache an den Eltern, besteht die Gefahr, daß ein Therapeut sein Handeln mit therapiestrategischen Überlegungen rationalisiert, wo es eigentlich zu einem größeren Anteil aus Angst vor den aggressiven Übertragungen des Patienten bedingt ist. Im Therapeuten können aber auch eigene Rachegefühle aktiviert werden. Es können Probleme aktiviert werden, die der Therapeut mit seinen Kindern hat. Religiöse Bindungen ("Du sollst Vater und Mutter ehren ...") können nicht nur beim Patienten, sondern auch beim Therapeuten eine Rolle spielen.

Der Therapeut kann in eine Rivalität mit den realen Eltern geraten und deshalb ein Interesse daran haben, daß der Patient diese möglichst unangenehm findet, damit er selbst sich als der bessere Vater oder die bessere Mutter fühlen kann. Der Therapeut kann eigene Normen und Wertekonflikte in seiner Auseinandersetzung mit den Eltern des Patienten austragen; besonders oft scheint mir das der Fall zu sein, wenn der Therapeut zwei sozialen Schichten verbunden ist, der Sozialschicht seiner Ursprungsfamilie und der Sozialschicht seiner Berufsgruppe, und wenn diese beiden sich in den allgemeinen Normen und Wertvorstellungen, wie sie in der Erziehung ihrer Kinder zum Ausdruck kommen, stark unterscheiden.

Menschen, die das Gefühl haben, in der Ursprungsfamilie zu kurz gekommen zu sein, wollen sich mit den Eltern nicht nur versöhnen, sie wollen sich eben auch an ihren Eltern rächen.

Zur Container-Funktion des Therapeuten

Um als *Container* (BION 1959, 1970) wirken zu können, braucht der Analytiker die Ich-Funktionen der Affekttoleranz, der Frustrationstoleranz und der Impulskontrolle mehr als Angehörige vieler anderer Berufe. Er kann sich nicht wie ein Chirurg während der Operation durch Schimpfen entlasten, andererseits soll er die Affekte in seinem Inneren nicht unterdrücken. Die Gegenübertragungsanalyse hilft ihm dabei, die Affekte zu mäßigen - sie werden geringer, wenn er ihr Zustandekommen versteht. OGDEN (1979) wies in Anlehnung an BION darauf hin, wie wichtig es sei, die Gefühle, die ein Patient im Therapeuten durch projektive Identifizierung erzeugt, gerade nicht unmittelbar und in ihrer negativen Stärke zu äußern, sondern zu metabolisieren und sie verarbeitet zurückzugeben, zum Beispiel im Rahmen einer Deutung. Andererseits kann eine Deutung durch Affekte bestimmt sein, ohne daß der Analytiker das will, zum Beispiel durch einen aggressiven Affekt. Sie kann durch Angst bestimmt sein, wenn der Patient dem Analytiker Angst macht oder er Angst um den Patienten hat (vgl. BALINT 1968). Auch therapeutische Verfahren, die ein Verbalisieren der Gegenübertragung zu ihrem Repertoire zählen, meinen ein *selektives* und *kontrolliertes* Mitteilen der Gefühle des Therapeuten (z.B. HEIGL-EVERS und HEIGL 1973).

Ob der Analytiker seine Containerfunktion erfüllt, drückt sich also im Inhalt der Interventionen aus, in deren Timing und in dem Modus, wie sie gegeben werden. Der Analytiker erfüllt die Anforderungen der Containerfunktion nicht, wenn er die Affekte, die ein Patient in ihm hervorruft, zur eigenen Entlastung äußert, ohne die Wirkung auf den Patienten genügend zu beachten, oder wenn er die Affekte verdrängt und sie dann aus dem Unbewußten heraus den Zeitpunkt, den Inhalt und die Art seiner Interventionen mitbestimmen. Weiter erfüllt er die Anforderung an die Containerfunktion nicht, wenn er affektbedingte Interventionen macht, die den Patienten in einer therapeutisch unwirksamen oder schädlichen Form beeinflussen, zum Beispiel wenn er zu früh eine genetische Deutung gibt, damit der Patient sich damit beschäftigt und aufhört, den Therapeuten zu provozieren oder zu verführen.

Andererseits hat mancher Analytiker Angst vor eigener Aktivität und deren nie hundertprozentig voraussehbaren Folgen, was dann dazu führt, daß er zuwenig interveniert, was er vielleicht dadurch rationalisiert, daß er als "nicht intervenierender Container" tätig sein möchte, auch wenn eine Konfrontation oder eine Deutung fällig oder überfällig wäre. Phobische Analytiker neigen besonders dazu, auch depressive, wenn sie Angst haben, den Patienten durch eine Konfrontation oder Deutung auf sich böse zu machen. Zwanghafte Analytiker neigen dazu, zu lange abzuwarten, weil sie ganz sicher sein möchten, ob eine Deutung wirklich hundertprozentig "paßt". Depressive Analytiker neigen zur Illusion, die Beziehung allein könne heilen. Auch narzißtische Therapeuten neigen dazu, wenn sie sich als der große Heiler sehen, der schon durch seine Anwesenheit dem Patienten nützt. Schizoide Therapeuten können phantasieren, der Patient wisse schon, was der Analytiker ihm sagen könnte. Hysterische Therapeuten neigen wohl am wenigsten dazu, dysfunktional lange abzuwarten. Sie warten oft zu wenig. Manche therapeutische Konzepte, zum Beispiel das von KOHUT (1971), vermitteln den Eindruck, daß es genügt, den Patienten zu verstehen, ohne daß ihm dieses Verstehen vermittelt wird. Sicher stimmt das zeitweise, oft aber auch nicht.

Das übertragene Objekt spielen

Der Untertitel einer Aufsatzsammlung von THOMÄ (1981) lautet "Vom spiegelnden zum aktiven Analytiker". Darin drückt sich eine Entwicklung aus, die nach dem zweiten Weltkrieg stattgefunden hat. Wir wissen heute, daß es nicht immer möglich ist, auf die Einflüsse des Patienten nicht zu reagieren, und einige von uns (SANDLER 1976, KLÜWER 1983, KERNBERG et al. 1989, CHUSED und RAPHLING 1992) meinen, daß das auch nicht immer wünschenswert sei.

KÖRNER (1989a, 1989b) geht einen Schritt weiter. Er schlägt vor, der Analytiker sollte bei neurotischen Patienten, die grundsätzlich fähig sind, den Analytiker vom übertragenen Objekt zu unterscheiden, weil sie über reife Objektvorstellungen verfügen, so sprechen, als wäre er das übertragene Objekt. Diese Empfehlung widerspricht der von ALEXANDER (1956), der vorschlug, man solle sich zum übertragenen Objekt gegensätzlich verhalten. Der Vorschlag von ALEXANDER hat das Ziel, Übertragung zu *korrigieren*; KÖRNER will Übertragung *anwachsen* lassen.

HEIGL-EVERS (1968) hatte schon vorher eine ähnliche Empfehlung gegeben. Der Therapeut solle in einer therapeutischen Gruppe aktiv die Position einnehmen, die ihm die Gruppe zuweist. Die Empfehlungen von HEIGL-EVERS und von KÖRNER weisen dem Arbeits-Ich des Therapeuten schauspielerische Merkmale zu. Vom Patienten wird erwartet, daß er fähig sei zu erkennen, daß der Analytiker nur spielt, oder - wenn erst eine Deutung nötig ist, um ihm diese Erkenntnis zu verschaffen -, daß er gespielt hat.

Bei frühgestörten Patienten würde ein solches Therapeutenverhalten die Tendenz bestätigen, Übertragungen für wahr zu halten. Dort haben wir es nicht mit einem Widerstand gegen das Auflösen der Übertragung zu tun, sondern mit einer Unfähigkeit zum Auflösen der Übertragung, die damit zusammenhängt, daß alternative reife Objektvorstellungen fehlen oder unterentwickelt sind. Für frühgestörte Patienten empfiehlt HEIGL-EVERS (HEIGL-EVERS und HEIGL 1983), gerade nicht aus der Position des übertragenen Objekts heraus zu reagieren, sondern aus der Position des reiferen Objekts: der *Analytiker als Person*.

STREECK und WEIDENHAMMER (1987a, 1987b) nehmen hier eher eine Mittelposition ein. Sie empfehlen, der Analytiker sollte nicht so sprechen, daß er durch die Formulierung seiner Intervention die Übertragung zurückweist. Es kommt darauf an, "die Übertragungsrealität" in der Schwebe zu halten.

Man wird hier auch an die Handlungssprache von SCHAFER (1976) erinnert. Wenn ein Analytiker die Handlungssprache anwendet und ein Verhalten des Patienten beschreibt, soll er so sprechen, als trüge der Patient für sein Handeln die ganze personale Verantwortung. Er soll zum Beispiel nicht sagen: "Etwas in Ihnen wehrt sich gegen die Erkenntnis", sondern "Sie wehren sich gegen diese Erkenntnis", auch wenn an diesem Sich-Wehren unbewußte Faktoren beteiligt sind, zu denen der Patient noch keinen Zugang hat. - Sicher kommen die Widerstände aus dem Patienten und nicht aus irgendeiner anderen Person; dennoch ist es aber eine Fiktion anzunehmen, daß der Patient die Verantwortung für sein Unbewußtes voll übernehmen kann.

Auch bei der *aktiven* Rollenübernahme durch den Analytiker wird eine Fiktion eingeführt. Diese Fiktion hat das Ziel, das Erleben des Patienten zu beeinflussen. Bei SCHAFER soll sich der Patient für alles, was er erlebt und tut, verantwortlich fühlen und dadurch angeregt werden, die unbewußten Komponenten seines Handelns weiter zu erforschen. Bei HEIGL-EVERS und bei KÖRNER soll sich der Patient eine Zeitlang so fühlen, als sei die Übertragung wahr.

Um sich entsprechend verhalten zu können, muß der Analytiker eine aktive Identifizierung mit dem übertragenen Objekt vornehmen. Er muß nicht nur die Manipulation des Patienten auf sich wirken lassen, die laut SANDLER (1976) zur Rollenübernahme führt. Hat er schon eine Rollenübernahme vorgenommen, wird diese aktiv auf dem Wege über eine Identifizierung mit dem aktualisierten Objekt ergänzt.

Sicher gewinnt der analytische Dialog bei einem solchen Therapeutenverhalten an Lebendigkeit und Aktualität. Sicher handelt es sich aber bei der Empfehlung von KÖRNER und von HEIGL-EVERS um das Einführen eines Kunstgriffs, der, wenn man ihn anwendet, später einmal analysiert werden sollte, wenn man sich nicht damit begnügen will, mit dem Patienten stillschweigend übereinzukommen, daß der Analytiker gelegentlich *spielt*, um etwas deutlich zu machen. Wahrscheinlich kann ein solches Vorgehen auch nur von Menschen angewandt werden, die zum Rollenspiel disponiert sind. Was die therapeutische Zweckmäßigkeit angeht, ist es meines Erachtens nötig, sinnvolle Kriterien zu entwickeln, wann ein solches Therapeutenverhalten angebracht sein könnte.

Verbalisieren von Gegenübertragung

Verbalisiert werden sollten nur "objektive" Reaktionen des Therapeuten; objektiv zum Beispiel im Sinne des realistischen "Hasses", den WINNICOTT (1949) beschreibt. Objektiv heißt hier nicht, daß es nur eine mögliche Qualität des Reagierens gibt. Die Antworten sind durch die Persönlichkeit des Analytikers gefärbt, aber sie sollten eben so weit allgemein-menschlich sein, daß zum Beispiel eine Gruppe von Beobachtern das Reagieren nachvollziehbar findet.

Frühgestörte Patienten machen es einem oft leichter als Patienten mit einer ödipalen Pathologie, in einer für Außenstehende nachvollziehbaren Weise zu reagieren, weil die Reaktionen, die sie bei anderen Menschen hervorrufen, uniformer sind.

Damit hängt auch eine Schwierigkeit zusammen, die auftritt, wenn man das Verbalisieren von Gegenübertragung Therapeuten in psychoanalytisch-interaktionellen Selbsterfahrungsgruppen vermitteln will. Bei den Teilnehmern von Selbsterfahrungsgruppen hat man es in der Regel nicht mit schwer frühgestörten Menschen zu tun. Auch wenn sie zu Beginn eines Gruppenverlaufs regrediert sind, reagieren sie doch später entsprechend dem natürlichen Verlauf einer solchen Gruppe, die psychosexuelle Entwicklungsstadien nachvollzieht (KÖNIG 1976, SARAVAY 1978) - etwa von der zweiten Hälfte oder dem letzten Drittel der Selbsterfahrungsgruppe an sehr viel reifer als jene Patienten, für die das Verfahren gedacht ist. Man sieht nur zu Beginn einer Gruppe frühe Stadien der psychosexuellen Entwicklung, mit denen man gut "antwortend" umgehen kann. Ich habe es mir angewöhnt, in geschlossenen psychoanalytisch-interaktionellen Selbsterfahrungsgruppen in späteren Stadien der Gruppenentwicklung den Anteil von Interpretationen zu erhöhen. Entsprechendes empfiehlt sich auch im Umgang mit frühgestörten Patienten, die gerade durch die Anwendung des *Prin-*

zips Antwort Fortschritte gemacht haben, die eine Anwendung des *Prinzips Deutung* ermöglichen und erfordern. In offenen Gruppen mit frühgestörten Patienten mag es zweckmäßiger sein, einen Patienten, der sich soweit entwickelt hat, daß die Anwendung von Deutung sinnvoll geworden ist, in eine Gruppe zu überführen, wo der Therapeut Deutung als hauptsächliches therapeutisches Mittel einsetzt.

Das "Prinzip Antwort" (HEIGL-EVERS und HEIGL z.B. 1983) meint ein selektives, in seiner therapeutischen Nützlichkeit überprüftes und dosiertes Reagieren des Therapeuten auf den Patienten. Es geht nicht darum, daß der Therapeut sich von Gefühlen entlastet, sondern daß er seine Gefühle so mitteilt, wie es therapeutisch nützlich ist. Der Therapeut muß hier die Containerfunktion im Sinn von BION (1959, 1970) und auch von OGDEN (1979) ausüben. Ein Container ist für BION nicht ein starres Behältnis, das aufnimmt und zu einem für zweckmäßig erachteten Zeitpunkt wieder unverändert von sich gibt. *To contain* heißt hier nicht nur enthalten, sondern auch haltend begrenzen; notwendig ist auch ein Verarbeiten, ein Metabolisieren der durch den Patienten im Therapeuten erzeugten Gefühle und Handlungsimpulse.

Ein jeder Therapeut, der "antwortet", läuft natürlich Gefahr, "antwortende" Interventionen als therapeutisch zweckmäßig zu rationalisieren, die in Wirklichkeit der eigenen emotionalen Entlastung dienen. Es ist sicher einfacher, auf ein Verbalisieren von Gegenübertragung ganz zu verzichten, als Gegenübertragung selektiv zu verbalisieren. In manchen Situationen bedeutet die Möglichkeit zu "antworten" einen Riß in einem Damm, der im Arbeits-Ich des Therapeuten gegen ein direktes Reagieren auf den Patienten errichtet wurde, und der den Patienten vor unreflektiertem Reagieren des Therapeuten schützt. Kolleginnen und Kollegen, die Erfahrungen im Bereich der somatischen Medizin gesammelt haben, kennen den Umgang mit Sauerstoffflaschen. Eine Sauerstoffflasche hat ein Grobventil und ein Feinventil. Das Grobventil gestattet keine genaue Dosierung, dazu muß ein Feinventil hinter das Grobventil geschaltet werden. Hat ein Therapeut den Eindruck, daß er im Hier und Jetzt einer speziellen therapeutischen Situation über kein funktionierendes "Feinventil" verfügt, sollte er auf ein "Antworten" besser verzichten.

Angenähert objektive eigene Reaktionen mitzuteilen ist etwas ganz anderes als neurotische Gegenübertragung zu "bekennen", wie LITTLE (1951) es empfohlen hat. "Soll man die Gegenübertragung bekennen oder nicht?" lautet die Überschrift eines Abschnitts im Lehrbuch von THOMÄ und KÄCHELE (1986). Einigkeit herrscht wohl darüber, daß man den Patienten nicht mit persönlichen Konflikten belasten soll, um sich selbst zu entlasten. THOMÄ und KÄCHELE empfehlen prinzipiell einzuräumen, betroffen oder berührt sein zu können. "Die Neutralität im Sinne nachdenklicher Zurückhaltung setzt *nach* (Hervorhebung durch die Autoren) unterschiedlich erlebten Gegenübertragungsreaktionen ein und sie ermöglicht unsere professionelle Aufgabe durch Distanzierung von natürlichen körperlich-sinnlichen Komplementärreaktionen, die durch die sexuellen und aggressiven Regungen des Patienten ausgelöst werden können. Deshalb halten wir es für entscheidend, den Patienten zur Erleichterung seiner Identifizierungen beim Nachdenken des Analytikers auch über Kontext und Hintergrund von Deutungen teilnehmen zu lassen. Dadurch reguliert sich das Verhältnis von Nähe und Distanz des Analytikers zum Objekt." Im zweiten Band dieses Lehrbuches (S. 116) schreiben THOMÄ und KÄCHELE: "Sofern überhaupt eine Beziehung zwischen zwei Menschen besteht, lassen die Emotionen des einen den anderen nicht kalt. Der Patient spürt zumindest in vager Weise etwas von der Gegenübertragung seines Analytikers und er benötigt dessen emotionale Resonanz ebenso wie dessen klaren Kopf. Die darin liegende Spannung anzuerkennen, bewahrt vor jenen zahlreichen Sackgassen, die mit dem Stillstand oder dem Abbruch von Behandlungen enden. Wir führen das Scheitern nicht weniger Behandlungen darauf zurück, daß der Patient insgeheim von der Unglaubwürdigkeit seines scheinbar unberührten Analytikers überzeugt, viele freie Proben auf das Exempel wiederholt und bis zum Beweis intensiviert." Und weiter: "Gewährt man den Patienten Einblick in das betreffende analytische Nachdenken, also beispielsweise in den Begründungszusammenhängen von Deutung, läßt die persönliche Neugierde nach. Dann fällt es unserer Erfahrung nach Patienten nicht schwer, das Privatleben des Analytikers zu respektieren und die Neugierde für die persönlichen und privaten Seiten seiner Stimmungen und Gedanken einzuschränken. (...) Die aufgrund des beruflichen Wissens abgemilderten Gegenreaktionen des Analytikers ermöglichen es dem Patienten, neue Erfahrungen zu machen. Dann hat der Analytiker die Probe aufs Exempel in therapeutischer Weise bestanden, anstatt durch eine falsch verstandene und widernatürliche Abstinenz und Anonymität unglaubwürdig zu sein ...".

Im Grunde meinen die Autoren wohl nichts wesentlich anderes als das, was SANDLER (1976) als "Bereitschaft zur Rollenübernahme" bezeichnet hat. Ob man den Patienten ungewollt erkennen läßt, daß man reagiert hat, oder ob man die Reaktion beschreiben soll, ist freilich immer noch kontrovers und wahrscheinlich schwer in allgemeine Regeln zu fassen. Die Autoren betonen, daß der Analytiker auf die Emotionen des Patienten nur in abgeschwächter Form reagiert, und zwar aufgrund seiner professionellen Rolle und seiner professionellen Kompetenz, die ihm Verstehen erleichtert. "Die ruhige Nachdenklichkeit, die neben einem hohen intellektuellen Vergnügen am Herausfinden der Rollenzuschreibung einhergehen kann, schafft eine ganz natürliche Distanz ..." (S. 117f.). Andererseits: "Verleugnet ein Patient sein genuines Wissen, daß auch Analytiker dem Schicksal unterworfen sind, gibt es hilfreichere Wege der Aufklärung, als die von Bekenntnissen, die eher schaden als nützen, auch wenn sie mit guten Absichten abgelegt werden." (S. 118). In einer Fallvignette, die sich auf erotische Gegenübertragung bezieht (S. 120/123), geben die Autoren ein Beispiel dafür, wie ein Analytiker einerseits einräumen kann, daß ihn sexuelle Phantasien seiner Patientin nicht unberührt lassen, daß er sie aber andererseits in einer professionellen Position anders erlebt als im Privatleben, und daß er die Phantasien der Patientin, wie auch seine eigenen Reaktionen darauf verwende, um zu Deutungen zu kommen, die den therapeutischen Prozeß fördern. Ob man so etwas direkt mitteilt oder implizit vermittelt, hängt sicher von der aktuellen Situation einer Therapie und vom persönlichen Stil des Therapeuten ab.

Ich glaube aber, daß man THOMÄ und KÄCHELE in jedem Fall darin zustimmen kann, daß es wünschenswert sei, einer Patientin oder einem Patienten zu vermitteln, man reagiere auf sie als Mensch, aber doch in einer therapeutischen Rolle. *Auch in der therapeutischen Rolle ist der Therapeut Mensch.* Fällt der Therapeut aber aus seiner Rolle, schadet er der Patientin oder dem Patienten. Auch darüber dürfte Einigkeit bestehen.

Konzepte, die ein Mitteilen von Gegenübertragung hinsichtlich der Indikation, der Form und des Timings und dann in ihren Auswirkungen sorgfältig betrachten und daraus Handlungsanweisungen ableiten, schränken die mögliche Willkür des Therapeuten ein. Die Frage, ob man dann noch Analyse oder nicht mehr Analyse betreibe, finde ich irrelevant, solange das therapeutische Handeln auf einem psychoanalytischen Verständnis basiert. Ein Psychoanalytiker, der Gegenübertragung indiziert, reflektiert und dosiert mitteilt, betreibt vielleicht nicht Analyse im klassischen Sinne, er handelt aber als Psychoanalytiker.

Zur Liebesübertragung und zum realen Inzest

Sexueller Mißbrauch durch den Vater oder eine andere erwachsene Person, auf die das Kind Inzestwünsche verschieben kann, ist deshalb Mißbrauch, weil der Erwachsene etwas tut, das den wahren Wünschen des Kindes nicht entspricht und weil er dafür die *Verantwortung* hat. Vom Kind aus gesehen kann der Mißbrauch zum Teil auch Wunscherfüllung sein - auch die Erfüllung des Wunsches, daß der Vater mit dem Kind das gleiche tut wie mit der Mutter. Ebenso wie die sexuelle Beziehung des Vaters mit der Mutter vor dem Kind verborgen wird, wird dann auch der Inzest zwischen Vater und Tochter vor der Mutter verborgen. Sie haben jeweils miteinander ein Geheimnis.

Kindliche Sexualität kann der erwachsenen Sexualität nicht gleichgesetzt werden. Sexuelle Handlungen, die tatsächlich stattfinden, sind anderer Art, als das Kind es sich wünschen kann. Sexuelle Handlungen, die unter Erwachsenen normal sind, zum Beispiel Fellatio, können von der Tochter nicht in der gleichen Weise erlebt werden wie von einer erwachsenen Frau. Ist die Tochter in einem fortgeschrittenen Stadium der Adoleszenz, kann sie sexuelle Handlungen mit dem Vater auch genießen; das erhöht dann ihre Schuldgefühle. Diese Schuldgefühle treten oft erst nachträglich auf. Die jugendliche Tochter kann sich auf den Standpunkt stellen: "Der Vater wird schon wissen was richtig und erlaubt ist." Das wird oft durch die Art der Rationalisierungen erleichtert, die Inzest-Väter benutzen, zum Beispiel, daß sie die Tochter in die Sexualität einführen wollten.

Daß ein Kind sexuelle Wünsche an den Vater hat, heißt in der Regel nicht, daß es den sexuellen Vollzug wirklich wünscht. Wir haben hier eine ähnliche Situation wie bei lustvollen Vergewaltigungsphantasien von Frauen, die auf eine tatsächliche Vergewaltigung aversiv reagieren würden.

Der Therapeut hat nun, wenn er eine erwachsene Frau analysiert, nicht mehr ein Kind vor sich. Die sexuellen Wünsche der erwachsenen Frau dem Analytiker gegenüber sind eine Mischung aus infantilen Wünschen, deren Erfüllung erschrecken würde, und den Wünschen einer erwachsenen Frau an einen erwachsenen Mann, mit dem sie nicht verwandt ist. Die infantilen Anteile kann die Patientin leugnen; die durch die Leugnung entstandenen Erklärungslücken kann sie durch Rationalisierungen auffüllen. Das Gleiche kann auch der Analytiker tun. Dann kommt es vielleicht zu einem sexuellen Mißbrauch der Patientin.

SANDLER und SANDLER (1983) haben darauf hingewiesen, daß Übertragung sowohl aus dem Vergangenheitsunbewußten als auch aus dem Gegenwartsunbewußten entsteht. Infantile Wünsche, die aus dem Vergangenheitsunbewußten stammen, werden durch das Gegenwartsunbewußte überformt und umgewandelt und gewinnen so eine erwachsenere Gestalt, wobei die reale Situation adaptiv mit berücksichtigt wird. Auch deshalb erscheinen die letztlich infantil determinierten Wünsche einer Frau in einer Liebesübertragung in einer erwachseneren Gestalt, als es ihrem Ursprung entspricht.

Es besteht hier zum Sich-Verlieben in anderen Situationen aber nur ein quantitativer Unterschied. Auch sonst sind beim Sich-Verlieben infantile Beimengungen wirksam (s.a. KÖNIG und KREISCHE 1991). Die Liebeswünsche einer Frau an einen Mann außerhalb einer therapeutischen Situation haben in der Regel ein anderes Mischungsverhältnis. Die Realität des Partners wird außerhalb einer therapeutischen Situation von der gleichen Frau stärker mit einbezogen sein. Oft weiß die Frau auch mehr über einen Mann außerhalb der therapeutischen Situation als über ihren Analytiker. Allerdings gibt es auch ein Sich-Verlieben, ohne daß die Frau viel von dem Mann weiß. Vergangenheitsunbewußtes, Gegenwartsunbewußtes und bewußte Wahrnehmungen sind meist aber doch anders gemischt. Bewußt erlebte und bewußt verarbeitete Wahrnehmungen und der Einfluß des Gegenwartsunbewußten sind stärker als die infantile Komponente des Vergangenheitsunbewußten.

Ein Sonderfall liegt dann vor, wenn Liebeswünsche mit hohen infantilen Beimengungen bei einer Frau, die sich in Analyse befindet, vom Analytiker weg auf andere Männer (oder Frauen) verschoben werden. Das ist mit ein Grund, warum Lebensentscheidungen während einer Analyse, zum Beispiel eine Bindung an einen Mann, auf ihre infantilen Komponenten hin untersucht werden sollten.

Der Mann, an den sich solche Liebeswünsche richten, kann zum Beispiel ein Mitglied der gleichen Therapiegruppe sein, es kann ein anderer Therapeut außerhalb der Gruppe sein oder, bei einer Einzelanalyse, ein anderer Therapeut, oder es kann sonst ein Mann sein, der gewisse Merkmale mit dem Therapeuten teilt, zum Beispiel, daß er sich in einer Autoritätsposition befindet, ähnlich aussieht wie der Therapeut oder ähnliche Verhaltensideosynkrasien hat. Partnerwahlen während einer Analyse können so eine zu hohe infantile Determinante enthalten und sich später als unpassend erweisen.

Umgang mit der Liebesübertragung

Im Umgang mit der Liebesübertragung macht sich der männliche Analytiker oft nicht klar, daß viele Patientinnen sich nicht vorstellen können, von einem Mann aus anderen Gründen als wegen ihrer erotischen Attraktivität gemocht zu werden. Solche Frauen haben zum Beispiel erfahren, daß der Vater sich ihnen wegen ihres Charmes und ihrer kindlich-weiblichen Koketterie zugewandt hat. Auf diesem Wege, und nur so, konnten sie die Mutter beim Vater ausstechen. Später denkt eine solche Frau vielleicht "Männer wollen nur das eine" oder "Ich bin für Männer nur ein Sexualobjekt". In der Liebesübertragung setzt sie dann alles auf die Karte der Erotik, also nur auf *eine* Karte, und wenn sie sich dabei zurückgewiesen fühlt, fürchtet sie, der Analytiker würde *jedes* Interesse an ihr verlieren.

Auch wenn Sympathie bei der Indikationsstellung eine Rolle spielt, gründet sich die Sympathie, die ein männlicher Analytiker für eine Patientin empfindet, in der Regel zumindest nicht nur auf ihre Anziehungskraft. Auf die Unterstellung, die Patientin sei dem Analytiker nur als "Sexualobjekt" interessant, kann dieser mit wissender Toleranz, manchmal vielleicht mit Entrüstung reagieren. Reagiert er mit Entrüstung, übersieht er leicht, mit welchen Ängsten die Vorstellung der Patientin verbunden sein muß, nur als Sexualobjekt interessant zu sein, und wie schwer es einer solchen Patientin fallen kann, sich eine andere Form der Beziehung vorzustellen. Hier liegen die Verhältnisse ähnlich wie bei frühgestörten Patienten, die keine reifen Objektvorstellungen zur Verfügung haben und sich deshalb eine reife Beziehungsform nicht vorstellen können. Bei vielen Patientinnen mit ödipalen Problemen ist diese Ähnlichkeit aber nur formal. Sie gründet sich auf eine Interpretation des tatsächlich Erlebten. Der Vater wandte sich der Tochter wegen ihres erotischen Charmes zu und zog sie deshalb der Mutter vor. Weil die Vorstellung, nur oder vor allem als Sexualobjekt interessant zu sein, bei ödipal fixierten Patientinnen oft sehr hartnäckig ist, liegt es für viele Therapeuten nahe anzunehmen, daß die Patientin sich nur eine Teilobjektbeziehung vorstellen kann, in der eine Konstellation primärer und sekundärer Geschlechtsmerkmale das Interesse des Therapeuten erregt. In Wahrheit richtet sich die Patientin nach einer Beziehungserfahrung während der ödipalen Phase ihrer Entwicklung.

In der Therapie ist es dann vordringlich, die Angst der Patientin zu bearbeiten, sie könne auf eine Beziehungsform eingeschränkt sein, in der ein Mann an ihr eben nur als "Sexualobjekt" interessiert ist. Gleichzeitig muß der Therapeut erotische Beziehungswünsche der Patientin ernst nehmen und es vermeiden, der Patientin zu sagen, daß sie *nur* etwas ganz "anderes" will. Das "andere" kann ganz verschieden aussehen, es kann sich um Wünsche nach einer Teilobjektbeziehung handeln, zum Beispiel einer bergenden oder nährenden, aber auch um den Wunsch, mit dem Vater eine reifere Beziehung herzustellen, die nicht nur auf das Erotische beschränkt ist und die jene Patientin zumindest aus Beziehungen zu Frauen kennt.

Wenn der Analytiker sagt, daß die Frau *nur* etwas "anderes" will, kann es leicht passieren, daß die Patientin sich in den erotischen Wünschen, die auch zu ihr gehören, nicht ernst genommen fühlt. Es kann aber sein, daß die Patientin eine Beziehung wünscht, in der Erotik eine wichtige, aber nicht die einzige

Rolle spielt, daß sie diese Wünsche aber nicht in die Beziehung einzubringen wagt, weil sie fürchtet, es wäre nicht möglich, daß sie verwirklicht werden. Tatsächlich können in einer Therapie personale Beziehungswünsche verwirklicht werden, obwohl es zu keinem sexuellen Vollzug kommt.

Sieht ein Therapeut eine Patientin mit drängenden erotischen Beziehungswünschen als frühgestört an, schützt er sich auch vor der Versuchung, auf die Angebote der Patientin einzugehen. Eine Patientin mit einer Frühstörung kommt für ihn als Partnerin weniger in Betracht als eine Patientin mit einer reiferen Pathologie.

Gegenübertragungswiderstand gegen ödipale Pathologie

In den letzten dreißig Jahren haben wir viel über präödipale Pathologie erfahren. *Wir* heißt Psychoanalytiker außerhalb der MELANIE KLEINschen Schule. MELANIE KLEIN und ihre Schule hatten sich schon früher mit präödipaler Pathologie auseinandergesetzt.

Seit sich das Interesse auf präödipale Pathologie konzentriert, neigen viele Analytiker, Ausbildungskandidaten und Ausgebildete dazu, ödipale Anteile der Pathologie eines Patienten zu übersehen oder zu bagatellisieren. Das hat sicher nicht nur modische Gründe. Eine Beschäftigung mit der ödipalen Pathologie kann den Therapeuten kognitiv überfordern - die Verhältnisse sind komplexer als bei präödipalen Pathologien. Eine ödipale Pathologie kann sich sehr subtil äußern, so daß der Therapeut sie übersieht. Dennoch kann sie auf das Leben eines Patienten einen großen Einfluß haben und seine Symptomatik überwiegend bestimmen.

Eine ödipale Konfliktthematik ist dem Erwachsenen auch näher als eine präödipale. Patienten mit ödipaler Pathologie ziehen den Therapeuten in ihre Konflikte mit hinein, ehe er sich dessen versieht, weil sie keine so groben Mittel anwenden müssen wie Patienten, die archaische Selbstanteile oder Objekte oder Objektanteile auf den Therapeuten externalisieren oder übertragen.

Im ödipalen Drama geht es um Liebe und Haß. Wir fürchten uns vielleicht vor dem "verrückten" Verhalten eines Borderline-

Patienten mit psychotischen Episoden. Wir fürchten uns aber auch vor Liebe und Eifersucht, wie sie, durch die Bearbeitung ödipaler Konflikte bedingt, dramatisch in Erscheinung treten können.

Der Therapeut kann fürchten, Partner im ödipalen Konflikt zu sein, vom Kind abgelehnt oder mit Alleinbesitzanspruch geliebt zu werden. Der Therapeut kann auch in die Rolle des Kindes im ödipalen Dreieck geraten, mit der Gefahr, vom Patienten, der die Position eines Elternteils einnimmt, kastriert, getötet, verführt oder ausgelacht zu werden. Zur Angst vor dem ödipalen Konflikt gehört auch die Gefahr des Schuldigwerdens am "ausgeschlossenen" oder "betrogenen" Elternteil.

Aus dem ödipalen Konflikt kann ein Patient, kann aber auch der Therapeut auf die "archaische Matrix des Ödipuskomplexes" regredieren (CHASSEGUET-SMIRGEL 1986). Gerade eine ödipale Konfliktlage kann zu einem Erleben führen, in dem die Erwachsenenidentität aufgegeben ist, alle Dreiecksbeziehungen verlassen sind und auch die personale Beziehung zur Mutter aufgehoben wird. Der Patient befindet sich dann in seiner unbewußten Phantasie im Leib der Mutter, wo ihn nur noch der Penis des Vaters stören kann, wo er aber seine Erwachsenenidentität verloren hat.

Therapeuten mit stärkeren Frühstörungsanteilen können sich mit Patienten, die ihnen ähnlich sind, lieber beschäftigen als mit Patienten, bei denen die Konflikte im ödipalen Bereich liegen, weil sie sich im präödipalen Bereich besser "auskennen". Sie können aber auch Angst haben, im weniger vertrauten ödipalen Bereich einem Regressionsschub zu unterliegen, der sie hinter das Entwicklungsstadium zurücktransportiert, das sie als Frühgestörter erreicht haben.

Liegen die Fixierungsstellen des Patienten später als die des Therapeuten, kann es sein, daß der Patient, obwohl er klinisch vielleicht *kränker* ist, in seiner psychischen Struktur *reifer* ist. Er kann Regression vielleicht auch besser vertragen als der Therapeut, weil ihn seine Regression in anale oder orale, aber nicht in schizoid-symbiotische, identitätsauflösende Beziehungsphantasien zurückbringt. Regrediert jemand auf die anale oder orale Entwicklungsstufe, verliert er von seiner Erwachsenenidentität immer noch weniger als jemand, der auf ein Stadium regrediert, in dem die Grenzen zwischen Selbst und Objekt durchlässig geworden sind oder verschwimmen.

Therapeuten, die auf eine Zweierbeziehung fixiert sind, haben meist eine sehr brisante ödipale Entwicklung genommen. Für sie bedeutete Zuwendung zu einem Elternteil den Totalverlust des anderen. Der ödipale Grundwunsch, von einem Elternteil dem anderen vorgezogen zu werden, ohne diesen anderen aber ganz zu verlieren, erscheint ihnen irgendwie unrealistisch. Die Angst vor der Rache des ausgebooteten Objekts ist dann auch größer.

Solche Therapeuten neigen besonders dazu, mit Patienten eine symbiotische Beziehung einzugehen, die diese auf einem frühen Entwicklungsstadium zurückhält.

Widerstand gegen das Erkennen von Übertragungen aus der Adoleszenz

In meinem Konzept von den zentralen Beziehungswünschen (z.B. KÖNIG 1991a, 1992b) habe ich die Grundmodelle von Beziehungen beschrieben, die verschiedenen Stufen der psychosexuellen Entwicklung entsprechen, ungefähr bis zum Ende des fünften Lebensjahres. Die adoleszenten Beziehungswünsche sind aber nicht weniger wichtig. In der Adoleszenz kommt es nicht nur zu einer Reaktivierung ödipaler Konflikte, sondern auch zu etwas Neuem: Der ödipale Konflikt muß einen anderen Ausgang nehmen, weil die Trennung von den Eltern ansteht. Adoleszente Übertragungen werden von vielen Analytikern nicht erkannt, nicht nur weil sie Angst machen. Der Adoleszente verfügt über mehr Kräfte und Möglichkeiten als das Kind. Seine Aggressionen sind ernster zu nehmen. Adoleszenz impliziert eben auch Trennung.

Während der Ausgang des ödipalen Konfliktes normalerweise darin besteht, daß die Eltern als Modelle behalten werden, besteht ein Spezifikum der Adoleszenz darin, daß auch Gleichaltrige als Modelle gewählt werden, mit denen der Adoleszente sich identifiziert, oder daß die Eltern *anderer* den eigenen Eltern als Modelle vorgezogen werden.

Das paßt solchen Analytikern nicht, die sich nicht darauf beschränken mögen, dem Patienten Vorbild in der analytischen Arbeit zu sein, sondern erwarten, daß er sie auch in anderer

Hinsicht zum Vorbild nimmt. Eine solche Einstellung ist natürlich dysfunktional - schon deshalb, weil der Analytiker in seinem Verhalten dem Verhalten von Menschen im Alltag unähnlich ist und weil er auch im beruflichen Bereich nur für wenige Menschen ein Vorbild sein kann. Es gibt wenige Berufe, wo man sich so bemüht wie der Therapeut, nicht Partei zu ergreifen und gleichzeitig so skeptisch zu sein.

In mancher Hinsicht ist der Therapeut auch "Gesetzgeber und Lehrer" (LOCH 1974), aber nur in mancher Hinsicht und nur auf eine besondere Art und Weise; am besten wäre es wohl, wenn der Therapeut seine gesetzgeberischen und lehrenden Funktionen darauf einschränken würde, seinem Patienten die Regeln der Therapie mitzuteilen und ihm zu vermitteln, wie er den Regeln folgen kann.

Zum Geschlecht des Analytikers

Gebunden an das Geschlecht des Analytikers kommt es besonders häufig dazu, daß eine Übertragung eine andere abwehrt. Paßt die abgewehrte Übertragung nicht zum Geschlecht des Therapeuten oder der Therapeutin, geht dieser oder diese besonders leicht eine Widerstandskollusion mit dem Patienten ein. Schon FREUD hat festgestellt, daß Mutterübertragungen ihm Schwierigkeiten machten (DOOLITTLE 1956) und das gilt sicher für viele männliche Therapeuten. Aber auch Therapeutinnen haben Probleme, wenn ein Patient oder eine Patientin ihnen im Zusammenhang mit einer Vaterübertragung - weniger bei einer Übertragung des triangulierenden Vaters, mehr bei einer Übertragung des ödipalen Vaters - männliche Eigenschaften zuschreibt. In der Umfrage von GLOVER (1955) hielten die meisten antwortenden Analytiker das Geschlecht des Analytikers als Übertragungsauslöser für unbedeutend. Im Laufe der weiteren Entwicklung (historischer Überblick und Literatur bei MERTENS 1991, Bd. III) schlug das Pendel in die andere Richtung aus: Dem Geschlecht des Analytikers wurde eine hervorragende Rolle als Übertragungsauslöser zugeschrieben. Die Unterschiede sind vielleicht dadurch zu erklären, daß Analytiker bevorzugt Erwartetes erkennen. Zur Zeit der Umfrage war die Unabhängigkeit der Analyse von den Eigenschaften des Analytikers gängige Lehrmeinung. Als man dahinterkam, wie wenig die Spiegelmetapher das tatsächliche Verhalten des Analytikers trifft, kam man dazu, sich auch mehr mit Übertragungsauslösern zu beschäftigen, die im Verhalten des Analytikers und in seiner erkennbaren morphologischen Realität liegen, zu der das Geschlecht nun einmal gehört. Es erschienen Arbeiten, die eine enge, ja sogar eine absolute Bindung zumindest ödipaler Übertragungen an das Geschlecht des Analytikers vertraten. In letzter Zeit scheint das Pendel wieder nach der anderen Richtung auszuschlagen. Wahrscheinlich hängt das Erkennen davon ab, ob der Analytiker oder die Analytikerin bereit ist, gegengeschlechtliche Übertragungen auszuhalten und deshalb Widerstände des Patienten gegen sie zu bearbeiten - eine andere Übertragung, die eine gegengeschlechtliche überdeckt, oder aber eine Verschiebung auf Personen außerhalb der analytischen Dyade. Therapeutische Gruppen bieten hier ein nützliches Beobachtungsfeld. In Gruppen, die von Männern geleitet werden, bieten sich meist Frauen als Objekte an, die für eine ödipale Mutterübertragung geeignet sind. In Gruppen, die von einer Frau geleitet werden, scheint es seltener zu Verschiebungen gegengeschlechtlicher Übertragung auf männliche Gruppenteilnehmer zu kommen, vielleicht deshalb, weil den Männern in einer solchen Gruppe ein wesentliches Merkmal des klassischen ödipalen Vaters fehlt: die Autoritätsposition in der Gruppe ist durch die weibliche Gruppenleiterin besetzt. Hier finden sich häufiger ödipale Vaterübertragungen auf eine Therapeutin. Natürlich hängt es vom Status und der interaktionellen Potenz der in der Gruppe vorhandenen Männer ab, ob sie vielleicht doch Vaterübertragungen auf sich ziehen; auch das Alter der Gruppenmitglieder spielt eine Rolle. Ein älterer Mann in einer Gruppe, die sonst aus jüngeren Patienten zusammengesetzt ist, wird viel eher ausschließlich als Partner der Therapeutin phantasiert und gerät dadurch in eine Vaterposition, als wenn alle Männer jünger sind als die Therapeutin. Die Therapeutin kann dann versucht sein, solche Übertragungen zu unterstützen, um sie von sich fernzuhalten, was sich auf den Therapieverlauf des älteren Mannes ungünstig auswirkt, weil er seine eigenen kindlichen Beziehungswünsche in der Gruppe nicht entfalten kann. Auch die anderen Gruppenmitglieder hindern ihn daran, weil solche Wünsche zum Bild eines Vaters nicht passen. Erkennt das die Therapeutin, ergibt sich aus ihrem therapeutischem Auftrag ein Motiv, die Vaterübertragungen auf den Patienten als Verschiebung zu deuten. Das Motiv, Behandlungschancen des älteren männlichen Gruppenmitgliedes so zu verbessern, gerät dann in den Konflikt mit dem Motiv, die Vaterübertragung von sich fernzuhalten.

Gerade Therapeutinnen, die stark mit ihrem Vater identifiziert sind, erleben männliche Identifikationen oft als konflikthaft und möchten es vermeiden, daß ihre eigenen männlichen Identifikationen in der Gruppe deutlich werden. Ich habe immer wieder beobachten können, daß Therapeutinnen, die außerhalb der therapeutischen Gruppensituation ein Verhalten an den Tag legten, das eher den männlichen Stereotypen zugeordnet werden konnte, sich in der Gruppe besonders weiblich-weich zeigten - aus einer Angst, sie könnten von den Gruppenmitgliedern in ihren Wünschen, ein Stück weit wie ein Mann zu sein, bloßgestellt werden. Mit der Supervision von Gruppen, die nur aus Teilnehmerinnen bestehen und von einer Frau geleitet werden, habe ich zu wenig Erfahrungen, um allgemeine Aussagen machen zu können. Ich erinnere aber eine solche Gruppe, in der es, als die Bearbeitung einer ödipalen Thematik anstand, zu einer Klosterphantasie kam; die Gruppenleiterin war in der Rolle der Äbtissin. Die Gedanken der Frauen kreisten viel um Männer außerhalb der Gruppe, und die Therapeutin wurde angegriffen, weil sie den Frauen ein "Leben ohne Männer" zumutete - ein Leben ohne Männer als Partner, aber auch ein Leben ohne Vater. Die Vaterübertragungen waren in der Phantasie *Äbtissin* verborgen. Die Teilnehmerinnen konnten die Gruppenleiterin als Vaterfigur nicht akzeptieren, weil das bedeutet hätte, daß sie sich mit einem Ersatz zufriedengeben und die Hoffnung auf einen wirklichen Vater hätten aufgeben müssen.

Eine ähnliche Konfliktdynamik findet man nicht selten bei alleinerziehenden Müttern, die ihren Kindern Vater und Mutter zugleich sein wollen. Die Kinder akzeptieren die Mutter in der väterlichen Teilrolle viel schwerer als einen wirklichen Vater, beim Setzen von Grenzen beispielsweise (vgl. CREMERIUS 1979).

In einer solchen Konstellation fehlt den Kindern auch die Möglichkeit, sich dem anderen Elternteil zuzuwenden, wenn sie mit dem einen Schwierigkeiten haben. *Die ödipale Angst, allein zu sein, wenn man es sich mit Vater und Mutter gleich-*

zeitig verdirbt, gewinnt dann eine zusätzliche Brisanz, wenn Vater und Mutter in einer Person verkörpert werden. In einer Männergruppe, die von einem männlichen Therapeuten geleitet wird, übernimmt die Gesamtgruppe bergende und schützende mütterliche Funktionen, während ödipale Mutterübertragungen meist auf reale oder phantasierte Außenobjekte gerichtet werden. In solchen Gruppen vermissen Männer die Frauen meist weniger, als Frauen die Männer in reinen Frauengruppen vermissen. Vielleicht hängt letzteres damit zusammen, daß Frauen von einem gewissen Alter an es viel schwerer haben als Männer, Partner zu finden. Die Zeit, in der sie Chancen haben, eine Partnerschaft einzugehen, ist bei Frauen begrenzter. Männer können immer noch "nach unten heiraten", sowohl was das Alter der Partnerin, als auch, was ihre soziale Stellung angeht. Daß die Attraktivität von Frauen für Männer jenseits der Fertilitätsphase abnimmt, hat wohl etwas damit zu tun, daß Attraktivität tief im Biologischen verankert ist.

Daß Liebesübertragungen von Männern auf Frauen selten vorkommen, ist immer wieder beschrieben worden. Die Frage, ob die Tatsache wichtig ist, daß sich die Analytikerin in einer Autoritätsposition befindet und mit ihren Deutungen als eindringend erlebt werden kann, was vielleicht homosexuelle Übertragungsformen auf den Vater aktiviert oder aber Phantasien von der phallischen Mutter, nicht aber Phantasien von einer rezeptiven ödipalen Mutter, die ihren Sohn anerkennend bei sich aufnimmt, oder ob noch andere Faktoren eine Rolle spielen, ist unentschieden.

Weil heterosexuelle Liebesübertragungen auf Therapeutinnen seltener vorkommen, sind diese im Umgang mit solchen Übertragungen meist wenig geübt. Aber auch homosexuelle Liebesübertragungen werden von Therapeutinnen oft spät erkannt. Körperlich-zärtlicher Umgang unter Frauen ist gesellschaftlich akzeptierter als ein analoges Verhalten zwischen Männern. Frauen könnten also in dieser Hinsicht unbefangener sein, der soziale Druck ist geringer. Die gesellschaftliche Toleranz gegenüber der Zärtlichkeit zwischen Frauen hat aber auch etwas mit Leugnung zu tun: Ein Verhalten zwischen Frauen wird als asexuell interpretiert, auch dort, wo es in Wirklichkeit erotische Beimengungen hat. Außerdem könnte es sein, daß gerade die gesellschaftliche Tabuisierung der männlichen Homosexualität, die in Deutschland kriminalisiert war, Männer eher veranlaßt, an Homosexualität zu denken, um sich gegen sie zu schützen, gegen Angebote und gegen Impulse aus dem eigenen Inneren. Homosexuelle Phantasien oder die Angst vor ihnen spielen in den Analysen der meisten Männer eine Rolle. Die männlichen Analytiker sind darauf vorbereitet, daß es auch in den Analysen ihrer Patienten darum gehen könnte.

Die Mutter als Ernährerin, der Vater als Ernährer

In der traditionellen Rollenverteilung ernährt die Mutter direkt, der Vater indirekt. Die Mutter gibt die Brust oder die Flasche, sie kauft ein und kocht. Der Vater verdient das Geld, mit dem die Mutter Nahrungsmittel kauft und ihrem Kind direkt zuführt. Die Mutter ist in der traditionellen Rollenverteilung fast kontinuierlich beim Kind oder ist dem Kind jederzeit erreichbar. Der Vater muß, um seine Rolle als Ernährer auszufüllen, in der Regel außer Haus arbeiten. Arbeitet er zu Hause, ist er für das Kind nicht jederzeit erreichbar.

Frauen mit einer oralen Fixierung fällt es schwer, den Mann in der Rolle des väterlichen Ernährers zu akzeptieren. Sie sind auf die direkte Ernährung durch die Mutter psychisch fixiert und suchen in ihrem Partner etwas Mütterliches, die direkte Ernährung. Das kann der Mann noch durch Geschenke symbolisieren - Pralinen etwa, die er seiner Frau mitbringt und die sie gleich essen kann, die also nicht erst von der Frau zu Essen verarbeitet werden müssen. Die oral fixierte Frau wünscht sich ständige Präsenz. Auch deshalb macht sie dem Mann oft Vorwürfe, wenn er am Wochenende arbeitet. Da nun wenigstens sollte er kontinuierlich zur Verfügung stehen. Hinter dem Wunsch, der Mann möge sich mit der Frau die Hausarbeit teilen - ein Wunsch, der unmittelbar einleuchtend ist, wenn beide berufstätig sind - verbergen sich bei manchen Frauen Wünsche, der Mann möge mehr so sein wie eine Mutter. Es kann dann passieren, daß der Mann einer nicht außer Haus berufstätigen Frau neben einer vollen Berufstätigkeit noch die halbe Hausarbeit macht oder zumindest machen soll, was bei Frauen mit kleinen Kindern gerechtfertigt sein kann, aber schwer rational begründbar ist, wenn die Kinder größer sind und nur noch stundenweise von der Mutter versorgt werden müssen.

Wie wirkt es sich nun aus, wenn eine solche Frau bei einem männlichen Therapeuten in Analyse ist? Die Worte des Analytikers können eine orale Bedeutung für die Patientin haben, und sie möchte dann, daß der Analytiker mehr spricht. Er ist aber nur während der Stunde für die Patientin präsent. Jedesmal am Ende der Stunde muß sie sich von der "Mutter" trennen. Die Stunden sind dann für sie eine Art komprimiertes Wochenende. Es ist der Patientin während der Stunde besonders wichtig, daß ihr der Therapeut seine ungeteilte Aufmerksamkeit zuwendet.

Oral fixierte Männer mit einer Frau, die nicht selbst berufstätig ist, werden zwar durch die Ehefrau direkt mit Nahrung versorgt, oft aber nur abends. Die Versorgung mittags übernimmt oft eine Betriebskantine, oder man geht in ein Restaurant oder ißt etwas, was die Frau vorbereitet hat. Für den Mann übernehmen Institutionen (Kantine, Restaurant) eine mütterlich-versorgende Funktion. Das Kantinenessen ist emotional oft stark besetzt, es wird auch häufig sehr kritisiert. Eine große Rolle spielt dabei, ob man sich das Essen abholen muß oder ob es an den Tisch gebracht wird. Letzteres entspricht eher noch den häuslichen, mütterlichen Verhältnissen.

Oral fixierte Männer wünschen sich über die direkte Ernährung durch die Frau hinaus oft auch noch, daß die Frau Geld verdient, also auch die traditionelle Ernährerrolle des Vaters zu einem Teil übernimmt. Während die oral fixierten Frauen oft Schwierigkeiten haben, die indirekte Ernährerrolle des Vaters wahrzunehmen, ist sie dem Mann, der sich ja selbst in dieser Rolle befindet, gegenwärtiger und auch die Forderung danach näherliegend.

Daß der Analytiker die Ernährerrolle für den Patienten übernimmt, kann sich auch symbolhaft darstellen, zum Beispiel, wenn er Anträge für die Krankenkasse schreibt, um die Behandlung des Patienten finanzieren zu helfen. Da es kaum noch Privatpatienten gibt, die nicht krankenversichert sind, besteht in dieser Hinsicht nicht mehr der frühere große Unterschied zu den Kassenpatienten.

Bei der Lehranalyse ist es anders, da bezahlt der Analysand selbst. Er ist es, der dem Analytiker Geld ins Haus bringt. Ich habe aber beobachtet, daß sich oral fixierte Lehranalysanden eher als andere bei einer Bank verschulden, die dann eine mütterliche oder väterliche Ernährerrolle übernimmt; nicht selten bemühen sie sich auch, Geld vom Vater zu bekommen. Der Analytiker repräsentiert auf der oralen Ebene dann das Mütterliche, der tatsächliche Vater das Väterliche.

Die Übertragung sozialer Rollen auf den Analytiker

Auf den Analytiker werden nicht nur Objekte aus der Primärfamilie übertragen, sondern auch soziale Rollen, die bestimmte Berufsgruppen kennzeichnen. Der Analytiker mag dann denken: Der Patient *behandelt mich* wie einen Kellner oder wie eine Prostituierte.

Der Psychotherapeut unterscheidet sich aber von den in vielen anderen Dienstleistungsberufen Tätigen (z.B. eben Kellnern oder Prostituierten) durch Vorbildung und soziales Prestige. Allerdings gibt es auch Entsprechungen, die anzusehen sich lohnen kann. Kellner wie Prostituierte erwecken beim Klienten den Eindruck einer so nicht vorhandenen Beziehung. Der Kellner ist nicht Vasall des Gastes, die Prostituierte nicht Geliebte, nicht einmal Mätresse des Freiers. Dennoch geht es dem Gast, der vom Kellner zuvorkommend behandelt wird, durch diese Täuschung irgendwie besser; ebenso einem Freier, der die Illusion hat, gemocht oder attraktiv gefunden zu werden.

So ist der Therapeut auch nicht wirklich Vater oder Mutter des Patienten. Zwar mögen die meisten Therapeuten ihre Patienten irgendwie; sie könnten nicht mit ihnen arbeiten, wenn das nicht der Fall wäre. Für die Therapie wäre es aber schädlich, wenn der Therapeut den Patienten wirklich so lieben würde, wie eine Mutter oder ein Vater das Kind. Das therapeutische Setting mit seiner Rollenasymmetrie zwischen Patient und Therapeut erleichtert die Entfaltung kindlicher Wünsche; der psychoanalytische Therapeut hat den Vorteil, daß das Setting ihm die Täuschung abnimmt. Er braucht nur die Vorschriften der Therapeutenrolle zu beachten, und die Täuschung stellt sich ein. Sie besteht darin, daß ein professionelles Interesse kombiniert mit Sympathie und Verantwortungsgefühl für ein privates Interesse gehalten wird.

Manche Psychoanalytiker glauben, daß die Auflösung dieser Täuschung heilend wirke. Andere stellen in den Vordergrund, daß die Täuschung selbst heile, zum Beispiel FERENCZI. Wahrscheinlich hilft beides, die Auflösung der Täuschung, aber auch die Täuschung selbst. Die Auflösung der Täuschung hilft wahrscheinlich bei negativen Gefühlen oder unrealistischen positiven Erwartungen einem Elternteil gegenüber, die Täuschung selbst hilft, soweit sie Neuerfahrungen in der Beziehung ermöglicht. - Man kann einem Menschen gegenüber so empfinden und der andere kann es zulassen.

Therapeuten sind übrigens Kellner und Prostituierten gegenüber auch in der Hinsicht ähnlich, daß sie glauben, mehr Macht zu haben, als es der Fall ist, oder zumindest aus sich heraus mehr zu bewirken, als sie das tatsächlich tun. Der Therapeut glaubt, durch seine Technik und seinen persönlichen Einsatz zu heilen; in Wahrheit verdankt er dem Setting sehr viel. Der Kellner glaubt, sich über seinen Gast erheben zu können, indem er dessen Verhalten beurteilt - Kellner werden von Gästen allerdings oft als Experten für gutes Benehmen akzeptiert. Im großen und ganzen werden sie aber real als Kellner gesehen, die keinen Auftrag zur Beurteilung haben. Die Prostituierte versteht sich vielleicht als überlegen, weil sie den Freier täuscht; in Wahrheit folgt sie nur ihren Rollenvorschriften, die der Freier auch kennt; er entscheidet sich nur, von diesem Wissen abzusehen, um sich eine Illusion zu verschaffen.

Körperliche Merkmale bei Patient und Therapeut

Ein Therapeut reagiert auf Körperbehinderte ähnlich wie andere Menschen: mit Erschrecken, Mitleid, Leugnen der Behinderung, Fehleinschätzungen der Möglichkeiten, die dem Behinderten verbleiben, mit Schwierigkeiten, sich mit ihm zu identifizieren; einmal, weil eigene Kastrationsängste und sonstige Verstümmelungsängste mobilisiert werden, zum anderen, weil er nicht im einzelnen weiß, wie der oder die Betreffende seine oder ihre Lebensaufgaben alltäglich bewältigt. Der Therapeut muß sich auch damit auseinandersetzen, daß der körperbehinderte Patient trotz Psychotherapie immer benachteiligt bleiben wird - was ein Gesunder sich schlimmer vorstellen kann als der Behinderte selbst.

Natürlich spielen auch die beruflichen Vorerfahrungen des Therapeuten eine Rolle. Mediziner oder Psychologen, die an Kliniken gearbeitet haben, wo Körperbehinderte behandelt oder rehabilitiert werden, mußten sich dort schon mit ihren persönlichen Reaktionen auf Behinderung auseinandersetzen. Sie wissen meist einiges darüber, wie Behinderte leben. Da fast jede chronische Erkrankung irgendeine Form von Behinderung mit sich bringt, sind die meisten Mediziner, die praktisch gearbeitet haben, mit Menschen vertraut, die an einer Behinderung leiden. Freilich gehen viele Mediziner mit der Behinderung durch eine Krankheit bagatellisierend um, wenn sie die Behinderung nicht überhaupt leugnen. Behinderungen durch eine Krankheit werden oft nur dann berücksichtigt, wenn der Patient sich dadurch schaden kann, daß er die Beschränkung seiner Möglichkeiten leugnet - zum Beispiel wenn Diabetiker essen, was sie nicht sollen, oder wenn Koronarkranke sich körperlich überbelasten. Der Mediziner übersieht gern, was er nicht ändern kann. Das enthebt ihn auch der Notwendigkeit, dem Patienten beim psychischen Umgang mit der Behinderung seine Hilfe anzubieten.

Mediziner sind mit Körperlichkeit in anderer Weise vertraut als Nichtmediziner. Sie haben viele Patienten angefaßt. Ihre Ekelschwelle ist meist erhöht. Sie sind es gewohnt, in die körperliche Intimsphäre einzudringen. Das bewirkt, daß sie mit Körperlichem im positiven Sinne vertraut sind, aber auch, daß sie gegenüber den Grenzen der körperlichen Intimsphäre anderer Menschen weniger sensibel sind als der Durchschnitt der Bevölkerung. Besonders bei Medizinerinnen drückt sich das auch im nonverbalen Alltagsverhalten in einer schwer beschreibbaren Weise aus. Mir selbst gelingt es meist leicht, eine ärztliche Psychoanalytikerin von einer nichtärztlichen Psychoanalytikerin zu unterscheiden - aus der Art, wie sie sich bewegen. Bei Männern gelingt mir diese Unterscheidung weniger gut, wahrscheinlich deshalb, weil Männer in ihrem nonverbalen Verhalten schon normalerweise weniger zurückhaltend sind.

Das Vertrautsein mit Körperlichkeit kann für einen Psychoanalytiker, der mit Körperbehinderten umgeht, ein Vorteil, aber auch ein Nachteil sein, zum Beispiel, wenn es darum geht, einen Patienten aufzufordern, über sein Körpererleben zu sprechen. Die amerikanische Definition von Psychoanalytikern, "Ein jüdischer Arzt, der kein Blut sehen kann", kann ich kaum bestätigen. Es entspricht wohl mehr der Volksmeinung, daß sich jemand nur dann mit etwas schwer Faßbarem wie der Psyche beschäftigt, wenn er vor Körperlichem Angst hat. Es scheint nicht so zu sein, daß vor allem solche Mediziner Psychoanalytiker werden, für die Körperlichkeit ein Problem ist.

Mit einer körperlichen Behinderung gut fertigzuwerden - gut, das heißt nicht nur per Leugnung -, erfordert menschliche Reife. Es gibt Behinderte, die eine solche Reife gerade durch ihre Behinderung erlangen. Meist kommen die wohl nicht in Psychotherapie. In Psychotherapie kommen eher solche, deren psychische Entwicklung durch die Behinderung Schaden gelitten hat. Natürlich gilt das vor allem für kongenitale Behinderungen oder solche, die in früher Kindheit zustandegekommen sind und den Patienten an vielen sozialen Kontakten gehindert haben. Besonders brisant scheint es zu sein, wenn Eltern mit übertriebener Zuwendung reagierten, auf der Basis latenter Ablehnung.

Bei vielen Körperbehinderten hat in der Adoleszenz soziales Lernen im Umgang mit Gleichaltrigen nur eingeschränkt stattgefunden. Behinderte sind oft mißtrauisch. Sie haben mit ihren Mitmenschen keine guten Erfahrungen gemacht, und sie erwarten, nicht ganz zu Unrecht, daß der Therapeut Mühe haben wird, sie zu verstehen und sich in sie einzufühlen. Das erschwert das Zustandekommen einer Arbeitsbeziehung. Die schon erwähnten Ängste vor einem Verlust der eigenen körperlichen Unversehrtheit schaffen in der Gegenübertragung besondere Probleme, weil der Patient die Möglichkeit eines solchen Verlustes demonstriert - nicht nur dann, wenn Körperbehinderung durch den Verlust von Gliedmaßen bedingt ist, sondern auch für alle Beeinträchtigungen von Körperfunktionen. Auch entstellende Unfallorgane oder kongenitale Entstellungen, wie zum Beispiel eine Hasenscharte, die nicht gut operiert werden konnte, können dem Psychoanalytiker in seiner Gegenübertragung Probleme machen. Andererseits gibt es Therapeuten, die mit Behinderten besonders gern und dann oft auch gut umgehen. Das gilt zum Beispiel für hysterische Therapeuten, die sich sicher sein möchten, daß ihnen der Patient nie als Konkurrent gefährlich werden könnte, besonders wenn sich das

Rivalisieren bei ihnen überwiegend im körperlichen Bereich abspielt.

Körperlich benachteiligt sind aber nicht nur Behinderte. Kleinwüchsige Männer und großwüchsige Frauen leiden unter dieser Abweichung von der Norm. Es fällt mir auf, daß viele besonders kreative und kompetente Psychoanalytiker ausgesprochen klein sind. Vielleicht war das Problem ihrer Körpergröße das Hauptproblem. Es scheint dies ein Problem zu sein, mit dem man in seiner Analyse leichter fertig wird als mit vielen anderen. Ich selbst bin eher lang, was in meiner Generation auch ein Problem war. Jetzt fällt es kaum mehr auf, weil die Körperlänge der Gesamtbevölkerung zugenommen hat, und ich fühle mich mit meiner Körperlänge sehr wohl. Die Probleme der Kurzgeratenen meiner Generation sind durch die Zunahme der Körperlänge in der Gesamtbevölkerung dagegen eher größer geworden.

Noch immer spielt das Aussehen bei Frauen eine größere Rolle als bei Männern. Schwierigkeiten besonderer Art findet man bei häßlichen Frauen, denen es nicht gelungen ist, ihre optischen Mängel durch Fähigkeiten wie Charme und Einfühlsamkeit zu kompensieren. Eine Psychotherapie kann ihnen dabei helfen, das zu tun.

Eine psychotherapeutische Beziehung kommt durch eine Art Partnerwahl zustande. Was das Aussehen der Analytikerin angeht, habe ich den Eindruck, daß es für die Patienten eine geringe Rolle spielt. Dem entspricht, daß Patienten auf Analytikerinnen selten Liebesübertragungen im ödipalen Sinne entwickeln. In Frauen suchen sie eher das Mütterliche und Bergende. Man kann sagen, daß Männer ihre Therapeutin nach präödipalen Kriterien aussuchen, wenn sie die Wahl haben. Auch für Frauen scheinen die mütterlichen Aspekte eine große Rolle zu spielen. Eine gutaussehende Analytikerin kann von einer Patientin als jemand gefürchtet werden, dem sie nicht gleichkommen kann.

Patientinnen stört es weniger als in sonstigen Beziehungen, wenn der Analytiker in seinem Aussehen zu den Benachteiligten zählt. Wie auch sonst im Leben spielt die soziale Stellung des Mannes eine größere Rolle. Vielleicht macht die Körpergröße hier eine Ausnahme: Frauen scheinen mit sehr kleinen Analytikern Schwierigkeiten zu haben, wohl aber nur zu Beginn der Therapie.

Hat sich die Übertragungsneurose erst einmal entwickelt, tritt das Aussehen des Analytikers oder der Analytikerin meist in den Hintergrund. Es kommt dann mehr darauf an, wie er oder sie sich verhält.

Der Analytiker reagiert auf den psychosomatisch Kranken

Die psychosomatische Medizin ist in einem Wandel begriffen. Bisher scheint es nicht gelungen zu sein, Alexithymie als einen wesentlichen Faktor für eine somatische Symptomwahl nachzuweisen. Die Erkenntnis, daß körperliche Disposition bei psychosomatischen Krankheiten eine größere Rolle spielt, als zum Beispiel ALEXANDER (1977) annahm, hat Psychosomatiker enttäuscht. Man hatte den Einfluß psychogener Faktoren überschätzt. Heute nimmt man für jede psychosomatische Krankheit zumindest eine somatische Mitverursachung an; man spricht von multifaktorieller Genese.

Diese Entwicklung hat Psychotherapeuten verunsichert. Man kann überall, nicht nur in Deutschland, sondern auch in anderen Ländern, beobachten, daß psychosomatisch Kranke bei Psychotherapeuten schwer unterzubringen sind. Natürlich kommt vorab hinzu, daß es eine schwierige Aufgabe ist, einen psychosomatisch Kranken zur Psychotherapie zu motivieren. Der Psychotherapeut gerät in die Rolle, eine "Ware", seine Psychotherapie, jemandem anzubieten, der sie zunächst gar nicht mag, und von dem es unsicher ist, ob er sie je schätzen wird. Außerdem fürchten Nicht-Ärzte und Ärzte, die schon lange nicht mehr als "Körperarzt" tätig waren, die somatischen Komplikationen.

Eine Kombination somatischer und psychotherapeutischer Heilkunde ist aus verschiedenen Gründen schwer zu realisieren, allein aber schon deshalb, weil eines von beiden, das Somatische und das Psychische, eigentlich den ganzen Mann oder die ganze Frau erfordert. In der Fortbildung muß ein doppelter Aufwand getrieben werden. Arbeitet ein Psychotherapeut mit einem "Körperarzt" zusammen, hat der Patient - auch bei einer basalen guten Kooperationsbeziehung zwischen den beiden - die Möglichkeit, innere Objekte und Selbstanteile nicht nur im

Therapeuten zu aktualisieren, der sich mit diesen Phänomenen mehr oder weniger gut auskennt, sondern auch im Körpertherapeuten, was dann zu Konflikten zwischen den beiden Behandlern führen kann. Diese Konflikte belasten nicht nur die Beziehung, sondern auch die Motivation, künftig wieder bei der Behandlung eines psychosomatischen Kranken zusammenzuarbeiten.

Ich habe schon an anderer Stelle darauf hingewiesen, daß die Zukunft der psychosomatischen Medizin davon abhängen dürfte, wie weit es gelingt, den Ärzten, die später somatisch tätig sein wollen, während ihres Studiums und ihrer Aus- und Weiterbildung so viel an psychotherapeutischer Kompetenz zu vermitteln, daß sie leichte Fälle selbst behandeln und schwerere Fälle diagnostizieren und dann weitervermitteln können (KÖNIG 1991a).

Andererseits gibt es kaum psychoneurotisch Kranke, die nicht gelegentlich Körperbeschwerden haben. Vielleicht achten diese Patienten auf ihren Körper und damit auf Körperbeschwerden mehr als andere (vgl. ERMANN 1987b). Sicher reagiert das Vegetativum auf bewußte, aber auch auf unbewußte Affekte. Bei der Herzneurose zum Beispiel handelt es sich eigentlich um eine Psychoneurose; es treten körperliche Mißempfindungen auf, die wahrscheinlich zum Teil durch den Affekt Angst, zum anderen durch eine Hinwendung zum Körper entstehen. Die Hinwendung zum Körper scheint hier durch die Todesangst hervorgerufen zu werden.

Ein großer Teil der Gegenübertragungsschwierigkeiten bei psychosomatischen Patienten entsteht aus falschen Erwartungen. Der Psychotherapeut erwartet vom Patienten oft, daß er auf ein Angebot eingeht, das für einen psychoneurotischen Patienten zugeschnitten ist. Der psychosomatische Patient müßte eigentlich so sein wie ein psychoneurotischer. Ist er das nicht, ist er im "Widerstand".

Auch hier macht man sich nicht immer klar, daß Widerstand nur gegen ein Konzept definiert werden kann, das man anwenden will. Enthält das Konzept, das ein Psychotherapeut einem psychosomatisch Kranken anbietet, keine Berücksichtigung der Psychosomatose, ist ein erheblicher Widerstand unvermeidlich.

Ein großer Teil unserer Bevölkerung weiß nicht, was psychogen bedeutet, man kennt nur wirkliche und eingebildete Krankheiten. Der psychosomatisch Kranke denkt leicht, man wolle ihm klarmachen, daß er sich die Krankheit nur einbildet oder sie gar simuliert.

Man muß ferner zwischen *nicht wollen* - dazu gehört auch unbewußt nicht wollen - und *nicht können* unterscheiden. Alexithymie, was immer das sein mag, bezieht sich auf nicht "Können" (z.B. AHRENS und DEFFNER 1985). Über einen Patienten, der nicht kann, ärgert man sich weniger als über einen, der nicht will. Das Nicht-Können demotiviert aber den Therapeuten, wenn er es auf einen Defekt zurückführt, den er nicht oder nur mühsam beeinflussen kann.

Vieles, was man früher als Alexithymie angesehen hat, ist kein Defekt, sondern etwas Erlerntes. Eine große Zahl psychosomatisch Kranker hat im Umgang mit Ärzten eine Kommunikationsform erlernt, die sie nicht ohne weiteres wieder aufgeben können. Der psychosomatisch Kranke ist für den Somatiker ein guter Patient, wenn er ihn nicht außerhalb seiner Kompetenz beansprucht. (Das Problem ist allerdings, daß ihm der Somatiker nicht oder nur sehr begrenzt helfen kann. Dann ist er wiederum kein guter Patient.) Manche psychosomatisch Kranke haben es gelernt, sich den Ärzten somatisch zu präsentieren. Das kann wieder verlernt werden. Solche Patienten sind meist relativ rasch in der Lage, sich auf einen Psychotherapeuten einzustellen.

Es hat sich bewährt, diese Patienten in eine psychotherapeutische Fachklinik einzuweisen. Da die Patienten in einer solchen Klinik viel Zeit miteinander verbringen, können jene, die schon länger in Therapie sind, die Neuangekommenen motivieren. Die Gespräche mit dem therapeutischen Personal kommen noch dazu. Insgesamt ist die Chance für einen Patienten, zur notwendigen Psychotherapie motiviert zu werden, in einer Klinik erheblich größer als ambulant (KÖNIG 1975).

Institutionen und Gegenübertragung

Einflüsse des Umfeldes, in dem der Patient lebt, werden manchmal vernachlässigt. So gibt es Institutionen, besonders auch therapeutische, gewerkschaftliche oder kirchliche, die von ihren Angestellten einen unrealistisch hohen Einsatz fordern und die Toleranzgrenze ihrer Mitarbeiter mißachten. Daß es bei

Therapeuten zum Burn-out-Syndrom kommt, liegt nicht immer nur an der Tendenz des Therapeuten, sich zu verausgaben. Die Ideologie, nach der jedem unter maximalem Einsatz geholfen werden muß, der sich an die Institution wendet, kann die Mitarbeiter überfordern *und die globale Effizienz der Institution letztendlich verringern.*

Wer einen Mitarbeiter einer solchen Institution in Therapie nimmt, wird sich oft darauf beschränken müssen, die durch eine pathogene Institution hervorgerufene Symptomatik zu behandeln und damit gleichzeitig ein Symptom der Institution zu kurieren, das nicht aufgetreten wäre, wenn die Institution nach einem besseren Konzept arbeiten würde. Der Therapeut hat in der Regel keinen Einfluß auf die Institution, in der der Patient arbeitet. Meist erkranken zuerst solche Mitarbeiter, die persönliche Schwierigkeiten damit haben, sich gegen überhöhte Anforderungen abzugrenzen. Der Therapeut kann nur hoffen, daß sich in den Institutionen die Einsicht verbreitet, es könne etwas mit der Organisationsstruktur zu tun haben, wenn der Krankenstand zunimmt. Therapeuten, die als Institutionsberater konsultiert werden, können dagegen strukturelle Mängel aufdecken und zur Diskussion stellen.

Arbeitet der Patient in einer Institution, die ihre Mitarbeiter überfordert, liegt es dem Therapeuten oft nahe, sich mit dem Patienten gegen die Institution zu verbünden und den Patienten als Teil des reformerischen Potentials der Institution zu betrachten. Damit wird der Patient aber häufig überfordert. Im Extremfall verbündet sich der Therapeut in einer Kind-Kind-Kollusion (KÖNIG und KREISCHE 1991) gegen die Institution und vernachlässigt es dabei, den charakterneurotischen Anteil des Patienten an der Überforderungssituation zu bearbeiten. Andererseits werden Mitarbeiter oft überfordert, weil sie keine Signale geben, daß ihre Toleranzgrenze erreicht ist. Einem Patienten dies zu ermöglichen, ist ein sinnvolles Behandlungsziel. Es gibt aber auch Menschen, die jegliche Arbeit für eine Institution als Substanzverlust erleben. Hier kann es von den wahren Erfordernissen in einer Therapie ablenken, wenn der Therapeut *von vornherein* annimmt, die Institution würde ihre Mitarbeiter überfordern.

Rituale und Rahmenbedingungen

Es wäre sicher interessant zu untersuchen, wieweit Bedürfnisse nach Sicherheit und Vertrautheit anders als durch Rituale befriedigt werden können, und wo sie überall auftreten, wenn die Religion nicht mehr das Leben bestimmt. Vielleicht ersetzt der moderne Mensch sie durch das Wiederholen von Handlungen ohne transzendenten Bezug, zum Beispiel wenn jemand täglich die Tagesschau sieht und sich unruhig fühlt, wenn äußere Ereignisse ihn einmal daran hindern. Auch ökologisch sinnvolle Handlungsweisen können ritualisiert werden, zum Beispiel das Trennen von Müll - ein Vorgang, dessen Nutzen dem einzelnen nur insoweit dient, als er am Nutzen der Gemeinschaft teilhat. Durch das Trennen von Müll greift das Individuum über seine Interessensphäre hinaus. Man "tut etwas für die Umwelt" und damit für die Gemeinschaft. Dabei ritualisiert man alltägliche Vorgänge.

Ein Analytiker, der seine Rituale "durchzieht", tut etwas für die Psychoanalyse, ähnlich wie ein Priester, der eine Messe liest, etwas für die Religion tut und nicht nur für die Gemeinde oder für sich selbst. Das Zusammengehörigkeitsgefühl der Analytiker wird durch das Bewußtsein gestärkt, daß Analytiker sich auf der ganzen Welt ähnlich verhalten. Wahrscheinlich erklärt sich daraus auch, daß viele an der vier- oder fünf-Stunden-Analyse so eisern festhalten. Analytiker und Patient kommen regelmäßig zusammen, an bestimmten Tagen der Woche zu festgelegten Zeiten. Zwei- oder dreimal kommen nicht nur Analytiker, sondern auch sonstige Therapeuten mit ihren Patienten zusammen. Das vier- oder fünfmalige Treffen zwischen Patient und Analytiker stellt für viele ein Identitätsmerkmal dar. Wenn sie auch ihre Patienten mit ein bis drei Wochenstunden behandeln, haben sie doch die Erfahrung einer vier- oder fünf-Stunden-Analyse an sich und an einigen Patienten während der Ausbildung gemacht. Man hat gelegentlich den Eindruck, daß der Grenzbereich zwischen *Psychoanalyse* und *Psychotherapie* vermieden wird, wie eine Art Niemandsland, das ein Staatsgebiet vom anderen trennt. Jemand, der seinen Patienten viermal *oder* zweimal die Woche sieht, sieht sich dem Patienten gegenüber in klar unterschiedlichen Rollen: der des Psychoanalytikers und der des Psychotherapeuten, was es erleichtert, die "psychoanalytische Identität" zu bewahren. Vielleicht ist das auch ein Grund, warum Vorschläge, niederfrequent so zu arbeiten wie im klassischen hochfrequenten Setting, bei manchen Kollegen starke Beunruhigung auslösen (HOFFMANN 1983).

Psychoanalytische Anfänger sind oft rigider als ihre Lehrer. Das Einhalten von Ritualen macht sicher, man kann nicht so viel falsch machen; und selbst, wenn das Befolgen eines Rituals falsch ist, kann man sich doch darauf beziehen, daß andere Analytiker in der Vergangenheit die Rituale befolgten. Erfahrene Analytiker laufen weniger Gefahr, etwas falsch zu machen, weil sie schlicht mehr können. Sie fühlen sich sicherer in ihrer Identität, sie sind nicht mehr nur eine Art "apostolischer Nachfolger", sondern verdanken ihre Identität auch den Erinnerungen an eigene Praxis.

Daß die Analyse einen festen Rahmen braucht, läßt sich begründen. Es geht um Phantasie und Phantasien, die sich von der Realität entfernen. Sie bleiben nur dann ungefährlich, wenn sie nicht gleich in Handeln umgesetzt werden können. Ist zu wenig Rahmensicherheit vorhanden, treten manche Phantasien gar nicht auf, weil das unbewußte Ich Gefahren antizipiert, die ein ungehemmtes Umsetzen in Handeln bringen würde. Schon FREUD (1900) hat darauf hingewiesen, daß die Motorik während des Schlafens (zumindest im Sinne zielgerichteten Handelns) eingeschränkt ist, und daß gerade deshalb im Traum mehr bewußt werden kann als im Wachzustand.

Der Patient liegt in der Analyse auf der Couch. Um manche Handlungen auszuführen, müßte er aufstehen. Andere könnte er ausführen. Ich erinnere den Fallbericht einer Kandidatin über einen Patienten, der während der Analyse im Rahmen einer Liebesübertragung eine Erektion bekam und phantasierte, den Reißverschluß seiner Hose aufzumachen und die Analytikerin seinen Penis sehen zu lassen. Die Analytikerin sagte, daß sie das nicht zulassen würde, daß sie ein solches Handeln also nicht als im Rahmen des analytischen Raumes liegend akzeptieren würde. Ein anderer Patient hätte vielleicht zu erkennen gegeben, daß dies eine Phantasie sei, die er selbstverständlich nicht in Handeln umsetzen würde. Die Abstinenz des Therapeuten und die Abstinenz des Patienten schaffen einen Freiraum für Phantasien, der eben dadurch entsteht, daß Analytiker und Patient auf Handeln verzichten. Auch die Ritualisierung von Begrüßung und Abschied schützt diesen Raum. Was in der Stunde gedacht und gesagt wird, kann sich bei einem ritualisierten Abschied und bei der nächsten ritualisierten Begrüßung nicht in dem Maße auswirken, wie das möglich wäre, wenn Begrüßung und Abschied nicht ritualisiert wären.

Von der Persönlichkeit des Analytikers und seinen Lebensverhältnissen hängt es auch ab, ob er einen Anteil an der analytischen Abstinenz als erleichternd oder belastend empfindet. Sicher gibt es Analytiker, für die eine ritualisierte Form der Beziehung die optimale ist; das sind Analytiker, die ein freierer Umgang nämlich ängstigt oder bei denen er Emotionen weckt, mit denen sie nicht leicht umgehen können. Es kann sein, daß sie im alltäglichen Umgang mit ihren Beziehungspersonen außerhalb der Analyse weniger Emotionen zulassen können als im Schutz der analytischen Situation. Vor allem bei zwanghaften Therapeuten dürfte das der Fall sein. Man denke an Personen mit einer zwanghaften Struktur, die ihre stärksten Emotionen empfinden, wenn die Nationalhymne gespielt wird oder wenn sie im Konzert Musik hören oder selbst Musik machen. Wenn die Nationalhymne gespielt wird, sind manche Verhaltensweisen sozial unakzeptabel, und wer im Konzertsaal Musik hört, muß sitzenbleiben, sonst stört er andere. Wenn er selbst Musik macht, ist er damit beschäftigt; das Instrument hält ihn gewissermaßen fest. Entsprechend ist der Analytiker während der Stunde und auch bei den Begrüßungen und Verabschiedungen an bestimmte Rollenvorschriften gebunden, die ihn am unkontrollierten Handeln hindern und es ihm deshalb erleichtern, Emotionen zu empfinden.

Andere Analytiker, die in ihren Emotionen im täglichen Umgang freier sind, strengt die analytische Abstinenz an, vor allem dann, wenn sie dazu neigen, Handlungsimpulse gleich in Handeln umzusetzen, wie das bei vielen hysterisch Strukturierten der Fall ist. Anderen Analytikern wieder sind die emotionalen Angebote des Patienten zu viel. Im Privatleben dosieren sie ihre eigenen Emotionen durch Verändern der räumlichen Distanz - sie gehen auf Menschen zu oder sie gehen von Menschen weg. Der Analytiker muß aber während der Stunde sitzenbleiben. Die räumliche Distanz kann er nicht variieren, seine Emotionen nur innerlich regulieren. Das kostet innerpsychische Anstrengung.

Wünsche nach Fusion, aber auch konkrete Wünsche nach Körperkontakt, nach gefüttert werden oder nach narzißtischer Zufuhr kann der Therapeut sich nicht erfüllen, auch und gerade wenn sie sehr stark sind. Manche Analytiker tun das in sublimierter Form, zum Beispiel "saugen" sie Material des Patienten in sich hinein, ohne es zu selektieren und zu verarbeiten. Sie versinken dann in orale Passivität. Ein Analytiker kann aber auch versuchen, den Patienten in dessen emotionalen Angeboten mehr zu begrenzen als für das Fortschreiten der Therapie günstig ist, damit nicht eigene Wünsche zu stark aktiviert werden. Manches kann er ausblenden, zum Beispiel eine Liebesübertragung, die gerade ein Analytiker mit weniger Bedarf an Zärtlichkeit oder sexueller Befriedigung wahrnehmen würde. Ein Analytiker kann sich auf den Standpunkt stellen, alles sei Übertragung, und nicht wahrnehmen, wieweit der Patient ihn als reale Person meint. Umgekehrt kann er natürlich übertragungsbedingte emotionale Angebote fälschlich auf sich als reale Person beziehen.

Natürlich kann es gefährlich sein, wenn ein Analytiker, der seine Analysen nicht supervidieren läßt, allein darüber entscheidet, was er als Übertragung auffaßt und was nicht; er hat die Macht der Zuordnung. In meinem Buch über die Einzeltherapie außerhalb des klassischen Settings (KÖNIG 1993) habe ich die Position bezogen, daß die Frage, ob das übertragene Objekt oder man selbst gemeint sei, so wichtig ist, daß man sich regelmäßig fragen sollte, ob nicht das andere vorliegt, wenn man das eine zu sehen meint.

Ich habe schon an anderer Stelle darauf hingewiesen, daß es reale Einflußmöglichkeiten des Patienten auf den Analytiker gibt, die sich außerhalb der Stunde auswirken, zum Beispiel wenn der Patient ein Honorar oder ein Bereitstellungshonorar nicht oder zu spät bezahlt oder wenn er Geschenke mitbringt (KÖNIG 1991a). Der Analytiker nimmt Einfluß vor allem durch Erhöhung oder Reduktion der Stundenzahl und darüber, wie er seine Kassenanträge schreibt, ob er zum Beispiel eine Fortsetzung der Behandlung für nötig hält und sich beim Kostenträger dafür einsetzt, oder nicht. Gerade weil der Therapeut während der Stunde den meisten Einfluß auf den Patienten hat, ist die Versuchung groß, durch Variationen des zeitlichen Angebots Einfluß und Macht auszuüben.

Gerade weil die Aufrechterhaltung der analytischen Rahmenbedingungen einen mächtigen Einfluß auf den Prozeß hat, hat auch ein Verlassen oder Verletzen der Rahmenbedingungen einen großen Einfluß auf den Patienten; ein Aspekt, den LANGS betont (z.B. 1976, 1979), aber wohl auch überbetont.

Der Umgang mit dem Nichtzahlen von Honorar fällt vielen Analytikern besonders schwer. Sie fühlen sich unsicher, was soweit gehen kann, daß sie ein Nichtzahlen "übersehen". Auch das hat natürlich Einfluß auf den Patienten und auf die Entwicklung des therapeutischen Prozesses.

LANGS empfiehlt dringend, nach allen Veränderungen der Rahmenbedingungen auf die Auswirkungen zu achten; nicht nur auf die offensichtlichen, sondern auch auf die verdeckten Reaktionen des Patienten, die sich in seinen Einfällen äußern.

Es ist eine Binsenweisheit, daß die Einstellung des Analytikers zu den verschiedenen Elementen des therapeutischen Settings von seinen eigenen Erfahrungen in der Lehranalyse abhängt. Daraus läßt sich ableiten, daß Konflikte um die Rahmenbedingungen, deren Basis in der Lehranalyse nicht bearbeitet wurden, die Einschätzung des Settings verzerren können. An Konflikten um die Rahmenbedingungen können Analysand *und* Analytiker Anteil haben. Geht ein Lehranalytiker mit den Rahmenbedingungen dysfunktional um, läßt er zum Beispiel seine persönliche Grundstruktur den Umgang mit diesen Rahmenbedingungen zu stark bestimmen, kann es zu nicht analysierbaren Konflikten kommen. Der Kandidat behält dann vielleicht eine negative Einstellung gegenüber bestimmten Elementen des therapeutischen Settings, die seine eigene Praxis beeinflussen. Auch aus diesem Grund halte ich es für wichtig, daß ein jeder Analytiker sich schon während der supervidierten Therapien im Rahmen seiner Ausbildung darüber klar wird, wieweit er die einzelnen Elemente des therapeutischen Settings rational begründet vertreten kann und welche individuellen Varianten der Auffassungen es dazu gibt. Natürlich kommt es darüber auch mit dem Supervisor zu Meinungsverschiedenheiten. Auch der Supervisor wird in seinen Einschätzungen durch die Grundstruktur seiner Persönlichkeit, durch Lebenserfahrungen und seine aktuellen Objektbeziehungen beeinflußt. In der Diskussion kann aber eine Klärung erreicht werden, zumindest ein Stück weit. Supervision in Kleingruppen bietet weitere Möglichkeiten des Vergleichs mit den Standpunkten und Einschätzungen anderer.

Der Lehranalytiker beeinflußt seinen Lehranalysanden nicht nur dadurch, daß er mit dem Rahmen in einer dem Kandidaten nicht einsichtigen Weise umgeht, sondern auch, indem er Konflikte bezüglich der Rahmenbedingungen nicht analysiert. Das ist oft die Folge einer Widerstandskollusion: gewisse Dinge läßt man lieber unerwähnt. Der Lehranalytiker beeinflußt seinen Lehranalysanden natürlich auch durch seine Autorität, die in der Kompetenz des Lehranalytikers einen realen Kern haben kann, oft aber durch die analysierte Übertragung idealer Objekte verstärkt wird.

Die milde positive Übertragung als Basis der Arbeitsbeziehung wird gegen Ende der Lehranalyse meist nur zum Teil durch zutreffende Einschätzungen der Kompetenz und Menschlichkeit des Lehranalytikers ersetzt und ergänzt. Da kann es nicht Wunder nehmen, daß der Analysand auch das idealisiert, was er auf der Ebene der Arbeitsbeziehung vom Analytiker gelernt hat. Viele dieser Idealisierungen bleiben unentdeckt, sie gewinnen eine gewisse Selbstverständlichkeit. Oft läßt es sich schwer unterscheiden, wieweit sich ein Analysand mit dem Lehranalytiker aufgrund dessen korrekt wahrgenommener Kompetenz identifiziert, wieweit auf dem Boden einer basalen guten Beziehung zum Analytiker als Realperson, und wieweit aufgrund von Idealisierungen. Wenn ein Lehranalysand bestimmte äußere Merkmale des Verhaltens seines Lehranalytikers übernimmt (wie ich das selbst auch getan habe), kann es nützlich sein, die eigene Einstellung zu diesen Übernahmen zum Gegenstand von Selbstanalyse zu machen. Manchmal sind die Bedürfnisse des Lehranalytikers, die bestimmte Verhaltensweisen in der analytischen Situation bestimmen, die gleichen wie die des Analysanden. Wenn ein Analytiker zum Beispiel die Beine auf einen Schemel legt, weil ihm das bequem ist, kann sein Lehranalysand das auch bequem finden und sich dabei wohlfühlen. Ein anderer Lehranalysand kann seinen Lehranalytiker in diesem Verhalten nachahmen, sich aber unwohl fühlen; er fühlt sich sicherer, wenn seine Füße den Boden berühren. Man muß sich dann fragen: "Möchte ich das wirklich?", und weiter: "Wenn ich es anders machen würde, was würde sich sonst ändern?"

In seiner Ausbildung werden dem Therapeuten bestimmte Rahmenbedingungen der Therapie vermittelt. Darauf reagiert er emotional; das hat einen Einfluß darauf, wie er dann mit den Rahmenbedingungen umgeht. In der praktischen Ausbildung lernt er auch kennen, wie Patienten mit dem Rahmen umgehen, und wie er auf Überschreitungen des Rahmens reagiert. Sein Lehranalytiker legt bestimmte Rahmenbedingungen fest, mit denen der Lehranalysand sich auseinandersetzt. Um die Rahmenbedingungen der Therapie (zum Beispiel Zeitbegrenzungen, Privatkontakte, Umgang mit dem Ausfallshonorar) entzünden sich unter Ausbildungskandidaten, aber auch unter Analytikern, die ihre Ausbildung beendet haben, oft lebhafte Diskussionen.

Der Umgang des Therapeuten mit den Rahmenbedingungen, zu denen auch die Abstinenz gehört, wird auch durch die Gewichtung kurzfristiger und langfristiger Ziele beeinflußt. In einer Therapie muß man sich oft entscheiden, ob man verhindern möchte, daß es dem Patienten in der Therapie schlechtgehen darf, weil er frustriert wird, auch wenn es ihm dann in einem Monat, in einem Jahr oder in mehreren Jahren besser gehen wird.

Die meisten Menschen bewerten das Gegenwärtige höher als das Künftige. Natürlich ist das persönlichkeitsabhängig. Depressive oder hysterische Therapeuten werden es für wichtiger halten, den Patienten im Hier und Jetzt zufriedenzustellen; Zwanghafte werden eher dazu neigen, planend vorauszusehen und den Patienten dann vielleicht im Hier und Jetzt überfordern. Hier spielen auch Schichtunterschiede eine Rolle, zum Beispiel, ob der Therapeut in einer Mittelschicht- oder in einer Unterschichtfamilie aufgewachsen ist. In der Mittelschicht wird eher vermittelt, daß man auf langfristige Ziele hinarbeiten soll.

Manche therapeutische Rahmenbedingungen kann man als Rituale betrachten. Die Durchführung von Ritualen kann befriedigen. Sie befriedigt aber nicht alle Menschen und nicht alle in gleicher Weise. Die Rituale im Umgang mit Macht und Geltung, wie sie im englischen Parlamentssystem und im englischen Königshaus üblich sind, rufen im Betrachter auf dem Wege über Identifikationen eigene Gefühle von Macht und Geltung hervor. Ein Ritual kann auch Gefühle von Vertrautheit und Sicherheit hervorrufen. Es kann Protest hervorrufen, Langeweile und anderes mehr. Rituale in der Psychoanalyse und in der Psychotherapie schützen den Patienten und den Analytiker. Sie verhindern "Wildwuchs". Das heißt aber auch, daß sie Wachstum hemmen können.

Wann Regeln zu Ritualen werden, ist schwer zu definieren. Regeln steuern Handeln im Sinne der Zweckmäßigkeit. Rituale haben auch symbolische Funktionen, die sie oft erst im Laufe der Zeit erhalten. Manche Rituale erinnern an Vergangenheit und damit an Geschichte. Sie sind nicht mehr ganz "zeitgemäß", aber sie stellen gegenwärtiges Handeln in eine geschichtliche Kontinuität. Wenn das englische Parlament mit einem bestimmten Ritual eröffnet wird, sind sich die Zuschauer und Zuhörer gerade deshalb, weil die Rituale antiquiert anmuten, dessen bewußt, daß andere Menschen in der Vergangenheit schon diese Rituale ausgeführt haben.

Wenn ein Schiedsrichter ein Spiel pfeift, verhält er sich in ähnlicher Weise wie seine Vorgänger. Er folgt dabei bestimmten Regeln. Die Geschichte steht hier aber im Hintergrund. Im Vordergrund stehen die unmittelbaren Auswirkungen des regelkonformen Verhaltens. Dagegen haben die Rituale bei der Eröffnung eines Parlaments keine unmittelbaren praktischen Folgen. Die praktischen Folgen kommen später, wenn das Parlament nämlich arbeitet.

Der geschichtliche Gehalt von Ritualen kann über die Bedeutung dessen täuschen, was derjenige unmittelbar tut, der das Ritual ausführt. Wenn die englische Königin in großem Pomp die Thronrede hält, könnte man glauben, sie bestimme - oder vertrete zumindest - die Politik ihres Landes. In Wahrheit schreibt die Thronrede ein Vertreter der Regierung. Die Königin hat keinen Einfluß. Sie ist mit dem, was sie vorliest, vermutlich nicht in allem einverstanden.

Wer Regeln vertritt, ist meist sehr bei der Sache. Er antizipiert die unmittelbaren Auswirkungen seines Handelns. Es wirkt sich unmittelbar aus, ob ein Schiedsrichter einen Regelverstoß pfeift oder nicht, oder ob er am Ende noch ein oder zwei Minuten nachspielen läßt. Ob die Messe, die ein Priester liest, Auswirkungen auf die Kirchenbesucher hat, wird dem Priester verborgen bleiben. Es kann sein, daß sie sich so auswirkt, wie der Priester antizipiert; es kann aber auch sein, daß sie nur langweilt.

Besteht ein hoher sozialer oder familiärer Druck, in die Kirche zu gehen, werden mehr Leute da sein, die an etwas anderes denken oder zu dem, was vorgeht, eine kritische oder ablehnende Haltung einnehmen, als wenn der Kirchenbesuch ganz freiwillig ist. Ähnliche Verhältnisse hat man in einer Schulklasse im Unterschied zu einer Universitätsvorlesung. Bei der Universitätsvorlesung gibt es keine Anwesenheitskontrolle. Man muß sie nicht besuchen, man kann sich den Stoff auch in anderer Weise aneignen.

Verschiedene Menschen fassen Rituale verschieden auf. Das hängt nicht nur von ihrer Persönlichkeit ab und der erinnerten und nicht-erinnerten Lebensgeschichte, sondern auch von der sozialen Rolle.

Der Psychoanalytiker hat meist ein Bewußtsein davon, daß er in einer geschichtlichen Tradition steht, während der Patient wohl meist mehr daran denkt, daß er jetzt von diesem einen Analytiker behandelt wird, oder daß er mit diesem einen Analytiker zusammenarbeitet, um gemeinsame Ziele zu verfolgen. Wer solche Ziele unter Anwendung der gleichen Mittel früher verfolgt hat, ist ihm weniger wichtig.

In unserer Gesellschaft gibt es eine soziale Gruppierung, die Traditionen hochhält und aus der Geschichte ihrer Familie einen großen Teil ihres Selbstbewußtseins zieht, den Adel. Adelige legen meist mehr Wert auf Traditionen als der Durchschnitt der Bevölkerung, auch mehr als der Durchschnitt der Leute gleichen sozialen Ansehens. Ein Nicht-Adeliger wird mehr davon ausgehen, was er im Leben erreicht; Adelige denken oft mehr daran, was ihre Vorfahren erreicht haben. Natürlich gibt es ähnliches bei Patrizierfamilien, Pfarrersfamilien, Landwirten oder sogenannten Ärzte-Dynastien.

Bei Psychoanalytikern findet man eine Entsprechung in der Genealogie der Lehranalytiker. Wie auf Adam und Eva, letztlich ja auf Adam, aus dessen Rippe Eva entstanden sein soll, geht ein jeder Lehranalytiker auf FREUD zurück. Manche Analytiker ziehen einen großen Teil ihres Selbstbewußtseins daraus, daß sie ihre lehranalytische Genealogie auf die "Pilgerväter" aus FREUDs Zeiten zurückführen können oder letztlich auf FREUD selbst.

Für viele Psychoanalytiker der Deutschen Psychoanalytischen Gesellschaft wurde diese Ahnenreihe unterbrochen. Zwar stammen auch die Neopsychoanalytiker von FREUD ab. In vielen entsprachen sie aber nicht mehr der FREUDschen Tradition, sie hatten sich von ihr abgewandt. Ihre Schüler wandten sich wieder dem Mainstream der Psychoanalyse zu, fühlen sich in ihm aber nicht so sicher wie Analytiker mit einer kontinuierlichen Genealogie. Daneben spielt natürlich auch eine Rolle, daß ihnen von ihren Lehranalytikern zum Teil etwas vorgelebt wurde, das in den Mainstream nicht paßt. Den Mitgliedern der DPG fehlt die Verbindung zur Internationalen Psychoanalytischen Vereinigung, die als Hüterin der Tradition auftritt.

In Ritualen drücken sich Werte aus. Ein rituelles Verhalten wird oft einem pragmatischen entgegengestellt. Eine pragmatische Einstellung berücksichtigt mehr die augenblickliche Situation, ein rituelles Verhalten fühlt sich der Vergangenheit verpflichtet, auch wenn die Umgebung sich wandelt. Wer auf die Gegenwart gerichtet ist, verhält sich pragmatisch. Wer auf die Vergangenheit gerichtet ist, verhält sich rituell. Wer auf die Zukunft gerichtet ist, verhält sich planend. Ein Verhalten, das auf die Zukunft gerichtet ist, kann aber ähnlich "starr" wirken, wie ein rituelles Verhalten. Mit dem hat es gemeinsam, daß den Einflüssen der Gegenwart weniger Raum gegeben wird als beim pragmatischen Verhalten.

Rituale, deren Auswirkungen in der Gegenwart dysfunktional sind, haben keine wirkliche Berechtigung. Planendes Verhalten kann dagegen zweckmäßig und berechtigt sein. Dysfunktional sind planende Verhaltensweisen, wenn sie ihre Begründung nur aus der Vergangenheit ziehen und auf die Gegenwart nicht passen. Planendes Verhalten sollte nicht nur die Zukunft mit einbeziehen, sondern auch die Gegenwart, da der Weg in die Zukunft durch die Gegenwart führt. Dabei sollte es auch die Vergangenheit berücksichtigen, soweit es um die Auswirkungen in der Gegenwart geht. Andererseits kann Planen neurotischen Zielen dienen, zum Beispiel einem übersteigerten Sicherheitsbedürfnis, und gerade das verhindern, was es ermöglichen will: daß die Zukunft gut wird.

Wie intensiv jemand plant, hängt unter anderem vom Verhältnis zwischen seiner Neugier und seinem Sicherheitsbedürfnis ab. Hier handelt es sich um Grundbedürfnisse des Menschen. In Beziehungen spreche ich dann von *basalen Beziehungswünschen* (KÖNIG 1991a, 1992). Das Kräfteverhältnis zwischen beiden hängt nicht nur von der Persönlichkeitsstruktur, sondern auch vom Alter ab. Abenteuer kann der besser bestehen, der über jugendliche Kräfte verfügt. Alte brauchen mehr Schutz und sind mehr auf andere Menschen angewiesen als Junge. Ältere Menschen wollen Beziehungen meist erhalten. Sie können neue Beziehungen auch schlechter eingehen als junge.

Ist der Altersunterschied zwischen Therapeut und Patient sehr groß, können sich die Unterschiede in der Relation zwischen Neugier und Sicherheitsbedürfnis ungünstig auswirken, wenn der Therapeut sie nicht reflektiert. Ein alter Therapeut, der auch sonst Schwierigkeiten hat, sich mit Patienten zu identifizieren (zum Beispiel wenn seine Struktur narzißtisch oder zwanghaft ist), oder ein hysterischer Therapeut, der zu ungeduldig ist, um sich geduldig einfühlen zu können, wird eigene Bedürfnisse nach Sicherheit unreflektiert beim Jungen voraussetzen. Er wird zum Beispiel über dessen Handeln ängstlicher sein, als es die tatsächlichen Risiken rechtfertigen, die der junge Mensch handelnd eingeht. Das zeigt sich im Umgang mit dem *Durcharbeiten*.

Ist der Umgang des Therapeuten mit seinem Patienten zu stark ritualisiert, vergrößert das die Distanz zwischen dem, was in der Analyse geschieht, und dem sozialen Feld, wo der Patient das in der Therapie Erfahrene und Erkannte anwenden soll.

Ich habe manchmal den Eindruck, daß die Psychoanalyse für nicht wenige Analytiker eine Art Religionsersatz ist, und daß sie an Ritualen deshalb festhalten, weil sich in ihnen *ihre Religion* ausdrückt.

Der Analytiker und die Religion

Die Einstellung vieler Analytiker zur Religion ist konflikthaft. Sie haben ihre Einstellung zur Religion in ihrer Lehranalyse aber selten durchgearbeitet. Das könnte damit zusammenhängen, daß auch ihre Lehranalytiker mit ihrer Einstellung zur Religion nicht klargekommen sind. Die Einstellung eines Analytikers zur Religion hängt davon ab, welche Macht Religion in seiner Kindheit hatte. Ich erinnere mich an ein Gespräch mit einem Taxifahrer in Mainz, der auf die katholische Kirche schimpfte. Ich hatte Mühe, mich in ihn hineinzuversetzen, weil ich selbst mächtige Religion nie erlebt hatte. Die Einstellungen meiner Eltern waren durch eine liberale Weltsicht geprägt. Vielleicht kann ich gerade deshalb das Gute an Religion leichter sehen als andere.

Es gibt Analysanden, die sich schämen, daß Religion für sie noch ein Problem ist. Sie glauben, mit Problemen, die Religion betreffen, könnten sie bei ihrem Analytiker nicht "landen". Religion ist für sie eine Sache der Kindheit, etwas Infantiles. Die Analysanden erwarten zwar, daß der Analytiker Infantiles versteht und akzeptiert; merkwürdigerweise gilt das oft aber nicht für die religiöse Einstellung und Erlebensweisen der Kindheit. Religion ist ein weißer Fleck auf der Landkarte der Psychoanalyse, trotz einiger einschlägiger Publikationen (z.B. FREUD 1927, MEISSNER 1984, SCHARFENBERG u. NASE 1977). Es scheint sich für Analytiker nicht zu gehören, Religion zu verstehen. Dahinter könnte ein Tabu stehen, das Berührungsangst hervorruft. Daß Psychoanalytiker sich frei und offen mit Religion beschäftigen, bleibt ein Desiderat - ein Desiderat auch für die Effizienz eines Analytikers als Therapeut.

Diagnose, Indikation, Prognose - die subjektiven Einflußfaktoren

Ein Interview und eine biographische Anamnese dienen dazu, Informationen über einen Patienten zu gewinnen, aus denen man Schlüsse zur Diagnose, zur Indikation und zur Prognose ziehen kann (vgl. HEIGL 1987). Um Indikation und Prognose beurteilen zu können, muß man auch herausfinden, wie gut Patient und Therapeut zueinander passen.

Inszenierungen von Vergangenem im Gespräch (ARGELANDER 1967) werden ebenso verwendet wie Erzählungen von Beziehungsepisoden oder Schilderungen von Beziehungspersonen und ihre Beziehungen zueinander und zum Patienten. Eine Selbstschilderung dient der Beurteilung des Problembewußtseins und der Introspektionsfähigkeit. In den aktuellen Objektbeziehungen und im Arbeitsstil drückt sich die gegenwärtige Persönlichkeit des Patienten wohl am deutlichsten aus.

Der Stellenwert, den die verschiedenen genannten Bereiche für die Beurteilung eines Patienten und der Prognose einer Therapie bei ihm für den Therapeuten hat, ist auch von dessen Persönlichkeit abhängig. *Zwanghafte Therapeuten* neigen dazu, viele Informationen zu sammeln, um sich in der Beurteilung *sicherer* zu sein. Es fällt ihnen aber schwer, Zusammenhänge zwischen diesen Informationen herzustellen ("Ihr habt die Teile in der Hand, fehlt leider nur das geistige Band"). *Schizoide* mißachten Details und verlassen sich auf ihre Intuition; später erleben sie unter Umständen böse Überraschungen, wenn sie über wichtige Dinge, wie zum Beispiel Suchtverhalten, Sicherheit des Arbeitsplatzes, geplante Ortsveränderungen, keine Informationen eingeholt haben. *Hysterische Therapeuten* neigen dazu, sich ausschließlich auf die Interaktionen im Hier und Jetzt zu konzentrieren. Sie wollen, daß sich schon im Interview etwas *bewegt*. Für *depressive Therapeuten* hat der Leidensdruck oft einen besonderen Stellenwert. Dabei differenzieren sie nicht genug, um welche Art von Leidensdruck es sich handelt, ob der Patient nur unter den Symptomen leidet, unter dem Scheitern seiner Beziehungen, oder schlicht darunter, daß andere Menschen nicht so sind, wie sie seiner Meinung nach sein müßten. *Zwanghafte Therapeuten* fragen eher, ob der Patient für die Methode geeignet ist; *depressive* fragen eher, ob die Methode für den Patienten geeignet ist. Sie muten einem Patienten unter Umständen aber zu wenig Frustrationstoleranz und Arbeit zu. *Phobische Therapeuten* strukturieren die diagnostischen Gespräche wenig, nicht nur in der Anfangsphase, wo dies oft angezeigt ist, sondern auch später. Dann könnten ihnen wichtige Informationen entgehen.

Die Ziele, die eine Therapie haben soll, werden ebenfalls durch die Struktur des Therapeuten beeinflußt, auch durch die Ziele, die sich der Therapeut bei seiner eigenen Lehranalyse oder Selbsterfahrungsgruppe gesetzt hat. Es hat dann natürlich auch einen Einfluß, wieweit er sie erreichen konnte und wie er sie zurückblickend beurteilt.

Allgemein heißt es, daß man langdauernde Therapien eher Patienten mit höherem Bildungsgrad vorschlägt als solchen mit wenig Schulbildung. Das hat gute und weniger gute Gründe. Wer eine weiterführende Schule besucht hat, wurde in der Regel trainiert, mittel- und langfristige Ziele anzusteuern und dafür Anstrengungen und Versagungen auf sich zu nehmen. Das ist für eine Langzeittherapie prognostisch günstig. Wer nur die Hauptschule besucht hat, ist mit Anforderungen an Geduld und Durchhalten wahrscheinlich weniger konfrontiert worden. Andererseits überschätzen viele die Bedeutung der Schulbildung für die Introspektionsfähigkeit eines Patienten. Eine gute kognitive Introspektionsfähigkeit bei einem Patienten, dessen Gefühle blockiert sind und wahrscheinlich lange Zeit blockiert bleiben werden, ist prognostisch weniger günstig als eine weniger differenzierte Fähigkeit und Neigung zur Introspektion, die aber Gefühle mit einbezieht, weil diese nicht geblockt sind. Aufsteiger unter den Therapeuten überschätzen oft den Faktor Bildung.

Interessanterweise neigen Therapeuten aller Strukturen dazu, im Patienten mehr das Pathologische als das Gesunde zu sehen. Freilich ist es ihre Aufgabe, mit dem Pathologischen umzugehen und es zu verändern. Dazu brauchen sie aber die Ressourcen des Patienten. Schizoide Therapeuten scheinen noch am ehesten die positiven Eigenschaften vom Patienten zu berücksichtigen; manchmal lassen sie sich von diesen faszinieren. Das kann auch hysterischen Therapeuten passieren. Zwanghafte Therapeuten erfragen vielleicht die Ressourcen des Patienten, wenn das Anamnesenschema, das sie gelernt haben, es ihnen vorschreibt. Sie haben aber Schwierigkeiten, die Ressourcen gegenüber der Pathologie des Patienten zu gewichten. Depressive Therapeuten fragen eher "sick enough to need it?", narzißtische Therapeuten fragen eher "healthy enough to stand it?", wo man doch fragen sollte: "Sick enough to need it *and* healthy enough to stand it?" (THOMÄ und KÄCHELE 1986, S. 188, Hervorhebung von mir). Nach meinen Beobachtungen können Therapeuten aller Strukturen, außer depressiven, Patienten im Erstgespräch durch Deutungen überfordern. *Schizoide* zum Beispiel, weil sie durch die Oberfläche des Patienten hindurchsehen, *narzißtische* und *zwanghafte*, weil sie herausfinden wollen, ob der Patient zu ihnen paßt (nicht ob sie zum Patienten passen), und es ihnen darum geht, die Kompetenz des Patienten zu prüfen, ohne immer zu berücksichtigen, ob der Patient günstige Voraussetzungen vorfindet, diese Kompetenz auch zu zeigen. Kontraphobische Phobiker unter den Therapeuten sind in ihren Probedeutungen oft zu "mutig". (Entsprechend sind vermeidende Phobiker zu ängstlich). Hysterische Therapeuten bereiten Probedeutungen zu wenig vor.

Manchmal können gerade intellektualisierende und affektisolierende Patienten besser mit Deutungen umgehen als Patienten, die diese Merkmale nicht aufweisen. Ich finde es eigentlich wichtiger, die psychologische Neugierde eines Patienten einzuschätzen, zum Beispiel indem man eine Selbstschilderung verlangt.

Schließlich beeinflussen institutionelle Momente die Gegenübertragung beim Erstinterview. An Kliniken und Polikliniken kann man sich seine Patienten weniger aussuchen als in der freien Praxis. Der Erstinterviewer fragt sich unter Umständen schon während des Interviews, wie er seine Beurteilung den Kollegen, besonders auch den Vorgesetzten, plausibel machen kann. Es geschieht dann leicht, daß er die diagnostischen und prognostischen Entscheidungen schon früh im Interview trifft und dann nur noch nach Gründen sucht, seine Entscheidungen nach außen hin zu rechtfertigen.

Ob man Angehörige zur Diagnostik hinzuziehen soll, ist

noch kontrovers. Ich verfüge nicht über genügend eigene Erfahrungen, um angeben zu können, wie Therapeuten unterschiedlicher Struktur das halten. *Schizoide Therapeuten* dürften dazu neigen, eine "empathische Dyade" herzustellen, wo Angehörige nur stören. Manchmal sind sie auch dyadisch fixiert und können sich wahrscheinlich nicht vorstellen, daß ein Gespräch mit einem Angehörigen die Stellung des Patienten als wichtigstes Objekt nicht in Frage stellen muß. Für den dyadisch fixierten Analytiker sind die Angehörigen nicht wichtig, weil sie außerhalb der Dyade sind. *Hysterische Therapeuten* scheinen noch am meisten Neigung zu haben, Angehörige miteinzubeziehen. Für sie haben Dreierbeziehungen eine faszinierende Dynamik. *Zwanghafte Therapeuten* dürften Verunreinigungen des therapeutischen Feldes fürchten, Chaos, Abweichung von der "richtigen" Technik. *Narzißtische Therapeuten* sehen in anderen Menschen in erster Linie den Bezug zu sich selbst, so wie ihre Arme und Beine. Ich habe den Eindruck, daß narzißtische Therapeuten die Angehörigen eher für unwichtig halten und als störend empfinden. Ihre Patienten sollen sich nur durch das Verhalten des Therapeuten "innervieren" lassen und sich von Anfang an ganz auf ihn einstellen. Dieses "Innervieren" ist etwas anderes als die Kontrolle, die ein zwanghafter Analytiker über seine Patienten ausüben möchte. Bei denen dürfen die Patienten einen eigenen Willen haben, wenn sie nur die Macht des Analytikers anerkennen und sich *unterwerfen*, indem sie die Regeln des analytischen Settings einhalten. *Phobische Therapeuten* scheuen komplexe Beziehungssituationen, in denen konkurrierende steuernde Objekte auftreten können. Da sie nicht sicher sein können, daß sich in einem Gespräch mit Angehörigen keine solche Situation herstellen wird, scheuen sie in der Regel auch solche Gespräche.

Bei der Indikationsstellung spielt manchmal Liebe auf den ersten Blick eine Rolle, besonders dann, wenn ein Patient die *gleiche Wellenlänge* hat wie der *schizoide Therapeut*. Der *narzißtische Therapeut* läßt sich dadurch leiten, ob das Prestige des Patienten sein eigenes Prestige heben wird oder ob der Patient den Therapeuten bewundert. Der *depressive Therapeut* nimmt einen Patienten, dem es besonders schlecht geht und der vom Therapeuten besonders viel fordern wird. *Zwanghafte Therapeuten* bekämpfen eigene Willkür in hysterischen Patienten. Sie legen Indikationskriterien eng aus, verlangen ein genaues Einhalten der Rituale und streben letztlich eine Unterwerfung des Patienten an, "zu seinem Besten".

Bei einer Analyse handelt es sich um eine Dauer-Partnerschaft auf Zeit. Für die Wahl einer Dauer-Partnerin stehen dem *hysterischen Mann* zwei Möglichkeiten offen: Einmal kann er aus der Identifikation mit der Mutter heraus handeln und versuchen, den weiblichen Anteil seiner Identität durch seine Partnerin auszuleben. Eine solche Partnerwahl hat WILLI (1972) als Partnerwahl des hysterophilen Mannes beschrieben. Die Partnerin wird als Frau bewundert. Der Mann stellt es sich zur Aufgabe, seine Frau vor anderen zur Geltung zu bringen. Solche Partnerwahlen treffen meist Männer, die schwache oder unattraktive oder aber ferne Väter hatten, und sich deshalb mehr mit der Mutter identifizieren. Die zweite Möglichkeit wählen Männer, die Emotionales, das sie von der Mutter nicht bekamen, vom Vater erhofften, weshalb sie eine gute Beziehung zu ihm suchten und sich ihm unterordneten. Entsprechend wählen sie häufig männlich anmutende, phallische Frauen, denen sie sich unterwerfen. Eine solche Beziehung entspricht am ehesten der des traditionellen Pantoffelhelden zu einer stärkeren, dominierenden Frau.

Wegen der gegensinnigen Asymmetrie der therapeutischen Beziehung steht einem Therapeuten meist der zweite Weg nicht offen. Die Beziehung Therapeut-Patientin erschwert es durch die Rollendefinitionen, sich der Patientin zu unterwerfen. Häufig wird aber eine Partnerwahl des ersten Typs getroffen. Der Therapeut versucht, die Patientin "zur Geltung zu bringen". Manchmal versucht er auch, sie vor anderen Männern (dem Vater) zu retten und ihr ein besserer Partner zu sein, was sich auf die Partnerbeziehungen einer solchen Patientin meist ungünstig auswirkt, zumal der Therapeut in einer Konkurrenz mit anderen Männern in einem "unfairen" Vorteil ist. ROHDE-DACHSER (1981) hat auch darauf hingewiesen.

Hysterische Therapeutinnen und Therapeuten möchten, daß der Patient sie in ihren Geschlechtseigenschaften bewundert. Therapeutinnen empfinden dann Rivalitätsgefühle gegenüber einer Patientin, die ihnen vom Aussehen her oder durch ihren Charme gefährlich werden könnte, auch wenn der Vergleich vielleicht nicht stattfinden wird (sie phantasieren einen Mann hinzu, der Patientin und Therapeutin vergleicht). Ödipal fixierte männliche Therapeuten sind Frauenretter in ödipalen Konstellationen. Gern nehmen sie eine Patientin in Behandlung, die anderswo bei einem Therapeuten in Schwierigkeiten gekommen ist. Der männliche Patient dagegen darf den hysterischen Analytiker nie wirklich ganz erreichen. Erreicht und übertrifft er den Therapeuten, wertet dieser ihn innerlich oder manifest in der Beziehung zu ihm ab. Deshalb nehmen hysterische Therapeuten nicht ungern Patienten in Behandlung, die in irgendeiner Weise bleibend geschädigt sind. Sie nehmen aber auch Patienten, die es ihnen ermöglichen werden, ihre Potenz zu erweisen; oft sind solche Wahlen für den Patienten ganz nützlich. Es kann aber sein, daß die Patienten dann überfordert werden, während Patienten, die wegen ihrer Beschädigung in Behandlung genommen wurden, unterfordert werden. Der Therapeut erlebt sie beeinträchtigter, als sie sind. Hysterische Therapeutinnen überfordern Männer in ihren Möglichkeiten (ihrer Potenz), erwarten eine Liebesübertragung und werden durch sie erschreckt. Die Liebesübertragung bleibt oft deshalb aus, weil der Patient die Therapeutin als phallische Mutter erlebt, also als eine präödipale Mutter, die vom Männlichen noch nicht differenziert ist und die Fähigkeit hat, einzudringen; deshalb wird sie als besonders bedrohlich phantasiert. Die hysterische Therapeutin kann sich dann entwertet fühlen ("der Patient findet mich nicht attraktiv"), oder ausgenutzt ("Der Patient will ja nur das Eine. In diesem Falle nicht Charme oder Erotik, sondern Hilfe, und daß ich für ihn arbeite"). Die Therapeutin entwickelt eine Art *Hausfrauensyndrom*; das heißt, sie empfindet sich wie eine ausgenutzte Hausfrau, deren Mann sie nicht mehr attraktiv findet.

Auch zeigt sich bei der Behandlung von Männern durch hysterische Frauen bei der Indikationsstellung, wie später auch im Behandlungsverlauf, die Ambivalenz der hysterischen Frau gegenüber einem männlichen Partner. Der Partner soll gleichzeitig stark und schwach sein. In der Regel nehmen hysterische Frauen schwache Männer in Therapie; starke Männer überweisen sie oft an von ihnen idealisierte männliche Kollegen - auch um wieder einmal zu testen, ob die Idealisierung berechtigt ist.

Die Wahl des Settings, zum Beispiel die Entscheidung zwischen einer Therapie im Sitzen und einer Therapie im Liegen, hängt unter anderem von Persönlichkeitsmerkmalen des Patienten ab. Die Wahl des Settings sollte aber auch unter Berücksichtigung von Persönlichkeitsmerkmalen *des Therapeuten* getroffen werden. Ein Therapeut, der warm und zugewandt wirkt, was der Patient aus der Art der Begrüßung und Verabschiedung, aber auch aus Tonfall und Stimme des Therapeuten während der Sitzung entnimmt, wird einen Patienten eher im Liegen behandeln können als ein Therapeut, der kühl wirkt und mit seiner Stimme wenig ausdrückt.

VOLKAN (1991) behandelt höher strukturierte Borderline-Patienten im Liegen mit hoher Frequenz. Im Kontrast zu den frustrierenden Aspekten des Settings, auf die besonders auch STONE (1973) hingewiesen hat, und die das Trennende zwischen "Mutter" und "Kind" betonen, steht bei VOLKAN eine besonders warme persönliche Art, die sich nonverbal stark ausdrückt. Ein Therapeut, der einen solchen Eindruck vermittelt, kann ansonsten abstinent bleiben, zum Beispiel nicht intervenieren und nichts über sich persönlich sagen, den "analytischen Raum" also unangetastet lassen, und dennoch vermitteln, daß er dem Patienten zugewandt ist und daß der Patient ihm wichtig ist.

Umgekehrt sollte ein Therapeut, der eher kühl wirkt und nonverbal wenig ausdrückt, eher zu einem therapeutischen Verfahren greifen, das etwa im Sinne der psychoanalytisch-interaktionellen Therapie nach HEIGL-EVERS und HEIGL vorsieht, daß der Therapeut über seine Gefühle spricht und sein Interesse am Patienten verbal bekundet. (Daneben hat die psychoanalytisch-interaktionelle Therapie auch noch andere Vorteile: zum Beispiel ermöglicht sie dem Patienten, etwas über jene Reaktionen des Therapeuten zu erfahren, die er nonverbal nicht erkennen kann. Durch Affektklarifizierung, die bei diesem Verfahren viel angewandt wird, lernt der Patient seine eigenen Gefühle mit Worten zu verbinden, wobei ihm der Therapeut hilft.)

Wie ich schon an anderer Stelle ausgeführt habe (KÖNIG 1991a), hegen Psychoanalytiker im Unterschied zu anderen Ärzten eine Heilungserwartung, die im Widerspruch zu den Resultaten der Ergebnisforschung steht, dort werden allgemein 20 bis 30 Prozent ungeheilte Fälle verzeichnet. In der Inneren Medizin oder der Neurologie ist der Prozentsatz viel höher. Viele Krankheiten, zum Beispiel Diabetes oder Leberzirrhose, sind überhaupt nicht heilbar. Somatisch heilbar sind eigentlich nur gewisse Infektionskrankheiten und in der Chirurgie die Auswirkungen mancher Unfalltraumata, viele Krebserkrankungen und auch manche Mißbildungen. Einige Infektionskrankheiten sind kausal nicht beeinflußbar, heilen aber von selbst aus, zum Beispiel der kommune Schnupfen.

Vielleicht würden die Ergebnisse der psychoanalytischen Therapien besser, wenn sich die Behandlungsstrategie wieder mehr auf die ödipalen Konflikte konzentrieren würde. Die präödipalen Entwicklungsstörungen beeinflussen die ödipale Entwicklung (ROHDE-DACHSER 1987), das bedeutet unter anderem auch, daß sie im ödipalen Feld angegangen werden können.

Die Erwartungen der Analytiker werden natürlich durch das soziale Umfeld beeinflußt. Der Behandlungserfolg wird unter anderem an der Berufsfähigkeit gemessen. Unsere Gesellschaft hat für frühgestörte Patienten im Unterschied zu anderen Gesellschaften, wo solche Menschen als Zauberer oder Schamane oder als gesellschaftlich anerkannter Bettler einen Platz finden können, kaum Berufe oder soziale Nischen vorgesehen.

Weil die Ehen heute mehr durch innere als durch äußere Faktoren zusammengehalten werden, ist auch mehr psychische Gesundheit nötig, um eine Ehe zum Erfolg zu bringen als früher, als noch materielle Interessen eine größere Rolle spielten und eine Klammer für viele Ehen darstellten, und als durch das Scheitern einer Ehe die Verwandtschaft stärker mitbetroffen war als heute. Das hatte unter anderem zur Folge, daß die Verwandtschaft sich um problematische Ehepaare kümmerte, dann aber auch Druck ausübte, um eine Ehe zu erhalten, zu der auch die Verwandten heute sagen würden, daß sie besser getrennt werden sollte.

Psychoanalytiker sehen mehr Pathologisches als Laien. Sie wissen, was bei einzelnen Menschen psychopathologisch ist, die von anderen Menschen, die nicht Psychoanalytiker sind, für psychisch gesund gehalten werden. Viele neurotische Kranke sind für den Nichtfachmann unauffällig; das ist eine der wesentlichsten Erfahrungen, die Medizinstudenten im Praktikum für Psychosomatik und Psychotherapie machen. Daß Psychoanalytiker eine Pathologie eher erkennen als andere, beeinflußt ihre Behandlungsziele. Es geht dem Psychoanalytiker nicht nur um Unauffälligkeit, sondern um wirkliche psychische Gesundheit. Dabei machen wir uns aber oft nicht klar, wie schwer die zu erreichen ist und wie selten sie vorkommt. Einerseits wissen wir alle, daß jeder Psychoanalytiker selbst noch eine Restneurose hat; andererseits glauben viele an die immerwährende Reduzierbarkeit einer solchen Restneurose, die in einer Therapie asymptotisch gegen Null gehe und ganz zum Verschwinden käme, wenn lange genug behandelt würde - wozu allerdings das Leben eines Menschen kaum ausreichen dürfte.

Möglicherweise wirkt die bundesdeutsche Kassenregelung mit den in ihr enthaltenen Zeitbegrenzungen für viele Therapeuten entlastend. Sie können eine Therapie beenden, weil der Kostenträger nicht mehr bezahlt, nicht deshalb, weil wesentliche Fortschritte nicht mehr oder nur über unvernünftig lange Zeiträume hin erreichbar wären. Zahlen Patienten ihre Analyse aus persönlichen Gründen weiter, obwohl ein ausreichendes Ergebnis im Sinne der Kassenrichtlinien erreicht ist, kommt es nur selten zur "unendlichen Analyse". Die Patienten gehen dann nämlich nicht mehr von der Forderung aus, eine bestehende Symptomatik ohne wesentlichen Krankheitswert müsse verschwinden, sondern von der Relation zwischen finanziellem Aufwand und Erfolg. Auch deshalb dauern die Analysen reicher Patienten oft besonders lange. Der finanzielle Aufwand ist für sie leichter zu erbringen.

Fast alle Analytiker werden mit der Zeit zurückhaltender in ihren Erfolgserwartungen - nicht nur, was ihre eigenen Therapien anbelangt, sondern auch bei den Therapien anderer, die sie supervidieren. Ob diese zurückhaltende Beurteilung Pessimismus genannt werden kann? Das hängt wohl davon ab, wie der einzelne Analytiker die Reduktion seiner Erwartungen erlebt. Bleiben seine Ziele unrealistisch hoch - unrealistisch gemessen an den tatsächlichen Erfahrungen über lange Zeit - wird er vielleicht pessimistisch und mit den Ergebnissen seiner Arbeit unzufrieden sein. Gleicht er die Erwartungen den tatsächlich erzielten Ergebnissen an - und die sind immer noch besser als in den meisten somatisch-medizinischen Fächern - kann er mit den Ergebnissen seiner Arbeit zufrieden bleiben. Er wird auch in den Patienten keine unrealistischen Erwartungen wecken und Heilungsversprechungen machen, von denen es sich dann herausstellt, daß sie unrealistisch waren. Dann werden wohl auch seine Patienten mit den Ergebnissen ihrer Therapien zufriedener sein.

Eine Therapie beenden

Schizoiden Therapeuten fällt es oft nicht schwer, eine Therapie zu beenden, weil sie sich mit dem Patienten auch noch nach Beendigung der Therapie, und ohne daß ein realer Kontakt besteht, in Verbindung fühlen. Den Erfolg der Therapie messen sie oft am Erkenntniszuwachs, weniger an den realen Veränderungen im Alltagsleben ihrer Patienten. *Narzißtische Therapeuten* sind froh, Patienten los zu sein, wenn sie ihnen nicht durch einen überdurchschnittlichen Behandlungserfolg narzißtische Zufuhr gebracht haben, sondern nur durchschnittlich gebessert sind oder gar nicht, oder wenn sie sich sogar verschlechtert haben. Patienten dagegen, die auch im Leben erfolgreich sind, werden narzißtische Therapeuten ungern loslassen, weil sie eine stetige Quelle narzißtischer Zufuhr darstellen. Andere narzißtische Therapeuten nutzen ihre Patienten nicht als Quelle narzißtischer Zufuhr, sondern sie bauen sie in ihre Selbstrepräsentanz ein, nehmen sie als eigenständige Person nicht wahr, können ohne sie aber schlecht auskommen, zum Beispiel dann, wenn eine bestimmte Patientin oder ein bestimmter Patient zu einer bestimmten Zeit kommt, auch wenn dann in der Therapie nicht viel passiert. Trennungen erleben solche Therapeuten als Verstümmelung.

Depressive Therapeuten haben die bekannten Schwierigkeiten bei der Trennung von einem Objekt. Will der Patient gehen, empfinden sie sich als abgewertet und haben das Gefühl, andere Menschen seien attraktiver als sie selbst, auch wenn es eins der Therapieziele war, daß der Patient Beziehungen zu Menschen entwickeln können sollte, die ihm wichtig sind. Der Depressive, den die Therapie oft sehr angestrengt hat, erwartet Dankbarkeit, was sich schwer damit vereinbaren läßt, daß der Patient gehen will. Wäre er dankbar, würde er bleiben wollen. Im Reflex meinen depressive Therapeuten oft auch, ihren Patienten noch etwas schuldig geblieben zu sein. Das kann mit abgewehrten Aggressionen gegenüber den Patienten zu tun haben, die als ausbeutend erlebt wurden, wobei die ausbeuterischen Tendenzen oft nichts anderes sind als Projektionen des depressiven Therapeuten.

Zwanghafte Therapeuten neigen zu langen Therapien, weil sie Vollständigkeit anstreben. Der therapeutische Erfolg wird oft dadurch eingeschränkt, daß sie Phasen der Willkür während des therapeutischen Prozesses schwer zulassen können - meist nur dann, wenn sie sie vorausgesehen oder provoziert haben. Auch deshalb bleiben die Analysanden zwanghafter Therapeuten oft im aggressiven Bereich gehemmt. Oft projizieren sie dann ihre Aggressionen auf andere; sie haben eine Tendenz, paranoid zu reagieren. Wenn der Therapeut aggressive Gefühle des Patienten während der Therapie antizipiert oder vielleicht sogar "lockt", kann der Patient nicht wirklich aggressiv sein.

Phobische Therapeuten fürchten, in einem Patienten ein steuerndes Objekt zu verlieren. Zwischen zwei Behandlungen fühlen sie sich wie zwischen zwei Stühlen. Kontraphobische Therapeuten beenden eine Therapie unter Umständen zu früh, sie verlangen von ihren Patienten zu viel Mut, ihr Leben allein zu bewältigen.

Hysterische Therapeuten verhalten sich oft insofern spiegelbildlich zu den zwanghaften, als sie Therapien unbeendigt lassen. Die mühevolle Arbeit in der Mittelphase einer Therapie langweilt sie. Sie unterschätzen die Mühen des Durcharbeitens. Außerdem freuen sie sich - "jedem Anfang wohnt ein Zauber inne" -, schon auf den nächsten Patienten - genauer gesagt, auf die ersten Wochen der Arbeit mit ihm. Hysterische Therapeuten arbeiten häufig am besten in Kurzzeittherapie. Hat der Patient raschere Fortschritte gemacht, als sie antizipieren konnten, fühlen sie sich manchmal wie ein Zauberlehrling, der versucht, die Geister, die er rief, möglichst rasch wieder loszuwerden. Unter Umständen beenden sie die Therapie gerade dann, wenn sie besonders fruchtbar wäre - aus Angst, der Patient könnte stärker werden als sie selbst. Das gilt vor allem für hysterische Männer, aber auch für Frauen mit einer phallischen Komponente.

Ausbildung

Die Grenzen der Lehranalyse

FREUD (1937) hat sich gegen den Vorwurf FERENCZIs, in dessen Lehranalyse die negative Übertragung nicht bearbeitet zu haben, mit dem Argument gewehrt, sie sei während der Analyse nicht in Erscheinung getreten. Damals waren die Analysen kurz, schon aus äußeren Gründen (mit der Analyse von FERENCZI war ein vorübergehender Ortswechsel verbunden) und auch, weil die Zeiterwartungen bei einer psychotherapeutischen Behandlung in einem Umfeld, in dem Hypnose eine zentrale Rolle spielte, sehr viel begrenzter waren als heute. Wie viele der damaligen Analytiker der Injunktion FREUDs, der Analytiker solle sich alle fünf Jahre wieder in Analyse begeben, wirklich nachgekommen sind, wissen wir nicht genau. Heute, da die Analysen länger, und wie man hofft, auch gründlicher geworden sind, wird als Ziel der Analyse oft angegeben, der Ausbildungskandidat solle, bis auf eine geringe Restneurose, *durchanalysiert* und dann allen Anforderungen seines Berufes gewachsen sein.

Die Lehranalyse ist meist aber nicht in allen wesentlichen Bereichen vollständig, und dies auch, wenn sie lange gedauert hat. Es ist ja nicht automatisch so, daß in einer Lehranalyse alle Konflikte, die im Umgang mit Patienten auftreten können, manifest werden. Damit bestimmte Konflikte auftreten, ist es notwendig, daß man in entsprechenden Beziehungen lebt. So werden partnerlose Lehranalysandinnen und Lehranalysanden oder solche ohne Kinder in ihrem Privatleben mit Konflikten nicht konfrontiert, die im Umgang mit einem Partner oder mit den Kindern auftreten können. Verschiedene Lebensphasen mobilisieren auch unterschiedliche Konflikte.

Während seiner Ausbildung arbeitet ein analytischer Psychotherapeut nur mit einer sehr begrenzten Zahl von Patienten, auf deren Auswahl er meist einen entscheidenden Einfluß hat, so daß es ihm auch da gelingen kann, den Umgang mit Patienten zu vermeiden, die "schlafende Hunde" (FREUD 1947) bei ihnen wecken könnten.

Wer an einer Klinik oder Poliklinik arbeitet, sieht viele verschiedene Patienten. Ausbildungskandidaten haben davon sicher Vorteile. Sie müssen auch mit Patienten arbeiten, die ihnen nicht so liegen, und sie können sich darauf einlassen, weil die Behandlungszeiten in der Regel kurz sind, während sie viel eher davor zurückschrecken würden, einen Patienten, mit dem sie Gegenübertragungsschwierigkeiten erwarten, in eine mehrjährige Behandlung zu nehmen.

An einer Klinik oder Poliklinik arbeitet man aber weniger mit Regression als in einer Langzeitanalyse. Entsprechende Beziehungsformen kommen dort also seltener vor. Da Ausbildungskandidaten an psychotherapeutischen Kliniken oder Polikliniken im Unterschied zu solchen, die in der Psychiatrie, Neurologie oder Inneren Medizin arbeiten, den ganzen Tag mit neurotischen oder Borderline-Patienten verbringen, also mit einer Art von Patienten, wie sie auch später ihre Klienten sein werden, ist die Ausbildung insgesamt gründlicher. Zusätzlich müssen sie ebenso viele Langzeitfälle im klassischen Setting behandeln wie jemand, der nicht an einer psychotherapeutischen Klinik arbeitet.

Gruppenpsychotherapie, die an Kliniken und Polikliniken oft schon von weniger Erfahrenen und an Polikliniken manchmal auch über längere Zeit durchgeführt werden muß, ermöglicht einen Umgang mit Regression, die der in einer Einzel-Langzeittherapie ähnelt, und zwar oft schon von der ersten Sitzung an (zu den Gründen KÖNIG 1976). Auch das kann eine wertvolle Ergänzung in der Ausbildung sein. Es genügt natürlich nicht, dann nur Schwierigkeiten zu konstatieren. Es kann nicht das Ziel sein, daß sich der Ausbildungskandidat lediglich an sie "gewöhnt" und seine neurotischen Reaktionen kontrolliert. Wünschenswert wäre, daß er Gegenübertragungskonflikte, die durch Patienten ausgelöst werden, in der Lehranalyse bearbeitet.

Daß dies aber nicht immer möglich ist, ergibt sich schon daraus, daß jede Lehranalyse ihre eigene Dynamik hat, und nicht alle Konflikte, die ein Ausbildungskandidat mit seinen verschiedenen Patienten erlebt, jederzeit in seine Lehranalyse "passen". Es ist auch nicht so, daß sich die gesamte Psychopathologie eines Kandidaten während des ersten Teils der Lehranalyse auflösen läßt, so daß die Lehranalyse im weiteren Verlauf nur noch der Bearbeitung von Konflikten dienen würde, die durch Patienten ausgelöst werden. Der Verlauf der "therapeutischen" Lehranalyse richtet sich nach dem zeitlichen Angebot und füllt die zur Verfügung gestellte Zeit meist ganz aus. Manche Kandidaten machen ihre Lehranalyse bei zwei Analytikern. Es scheint dann gelegentlich so zu sein, daß die erste Analyse mehr einen therapeutischen, und die zweite Analyse mehr einen differenzierenden und verfeinernden Verlauf nimmt. Die wenigsten Ausbildungskandidaten beginnen aber ihre Behandlungsfälle erst dann, wenn die erste Lehranalyse abgeschlossen ist.

Aus allem bisher Ausgeführten ergibt sich als Fazit, daß "blinde Flecken" des Ausbildungskandidaten bestehen bleiben. Manche werden erkannt, aber rationalisiert oder sogar ideologisiert. Blinde Flecken, die zu Schwierigkeiten führen, und direkte Konfliktmobilisierungen durch den Patienten haben mehr Chancen, erkannt zu werden, als wenn Konflikte des Kandidaten verhindern, daß ein bestimmter Bereich der Psychopathologie eines Patienten überhaupt in den Blick gerät, oder wenn die Konflikte des Patienten zu einseitigen Einstellungen und Bewertungen führen, die zum Beispiel zur Folge haben, daß dieser in Trennungssituationen des Patienten eine einseitige Haltung für oder gegen eine Trennung einnimmt, auch wenn es für den Patienten besser wäre, wenn jeweils das andere geschähe. Solche Einseitigkeiten fallen einem Supervisor oft nicht auf, der nur *einen* Behandlungsfall eines Ausbildungskandidaten supervidiert. Die Behandlungsberichte der Kandidaten werden meist nicht so sorgfältig gelesen und verglichen, daß daraus Einseitigkeiten deutlich werden.

Andererseits ist es nicht unbedingt nötig, daß jemand von seinen Schwierigkeiten mit einem Patienten erzählt, um sie in der Lehranalyse bearbeiten zu können. Es genügt, wenn seine Konflikte durch den Patienten *mobilisiert* werden. Sie äußern sich dann meist auch in Beziehungen zu anderen Personen, besonders aber zum Lehranalytiker. Hat der Ausbildungskandidat Probleme mit einem Patienten, die nicht auf einer Konfliktmobilisierung, sondern auf Charakterhaltungen zurückzuführen sind, können Reaktionen auf einen Patienten, deren problematische Seite er selbst erkennt, oder auf die ein Supervisor ihn aufmerksam macht, dazu beitragen, Aspekte seines Charakters ich-dyston zu machen.

In Selbsterfahrungsgruppen sprechen Kolleginnen und Kollegen nach meinen Erfahrungen seltener über ihren Umgang mit Patienten als in einer Lehranalyse. Wie vielfach auch in der Lehranalyse, fließen die Schwierigkeiten mit Patienten aber indirekt in das Selbsterfahrungsfeld ein: durch Konflikte, die im Umgang mit Patienten mobilisiert worden sind, durch Aufmerksamwerden auf stereotype Reaktionsweisen, die sich auch sonst im Leben zeigen, durch größere oder geringere Zufriedenheit im Beruf, die sich auf die Grundstimmung auswirkt und auch einen Einfluß darauf hat, wie belastend der Beruf erlebt wird oder wieviel Freude er macht.

Es ist noch offen, wieweit die Subjektivität des Psychoanalytikers durch eine Lehranalyse reduziert werden kann und wieweit durch Supervision (KÄCHELE 1992). Jedenfalls kann man weder auf das eine noch auf das andere verzichten. Kaum einer wäre schon imstande, Psychoanalysen auszuführen, wenn er nur selbst analysiert worden ist, noch kann er das gut tun, wenn er keine Selbsterfahrung hat, sondern nur Supervision. Eine Lehranalyse kann bewirken, daß der Analysand sich selbst und andere zutreffender sieht und erlebt, eine Supervision verschafft dem Supervidierten Einblicke in die intersubjektive Vielfalt menschlichen Erlebens und Handelns und lehrt ihn das Adaptieren von Technik an die Bedürfnisse verschiedener Patienten. Die Forderung nach einer sehr ausführlichen Lehranalyse (BELAND 1992) ist eine Forderung nach Verfeinerung und Erweiterung des Instrumentariums, das ein Analytiker zur Verfügung haben muß. Die supervidierte Anwendung dieses Instrumentariums darf aber nicht vernachlässigt werden.

Die Lehranalyse dient auch der Psychohygiene des Kandidaten. Er sollte es aushalten können, daß Konflikte in seiner inneren Welt durch den Patienten mobilisiert werden. Kann er das nicht aushalten, wird er sich gegenüber dem Patienten abschotten.

Ähnlich wie es Auto*halter* und Auto*fahrer* gibt (Auto*halter* putzen ihr Auto zur Perfektion, stellen den Motor zur Perfektion ein, Auto*fahrer* fahren Auto und sehen das Auto als Mittel zum Fahren) können Analytiker ihre persönlichen Voraussetzungen für eine gute therapeutische Tätigkeit durch Selbsterfahrung immer weiter verbessern, ohne sich genügend Erfahrung im Umgang mit Patienten anzueignen. Andere meinen, die Erfahrungen im Umgang mit Patienten allein könnten das optimale Ergebnis bringen. Blinde Flecken existieren aber jenseits des bewußt erlebten Subjektiven. Werden sie aufgelöst, wird der Therapeut das von ihm selbst Verschiedene besser aushalten können, weil er es besser versteht. Er kann dann leichter akzeptieren, daß Menschen verschieden sind, und daß *verschieden* nicht *falsch* bedeuten muß. Er wird auch das bei sich selbst abgelehnte oder abgewehrte Ähnliche besser tolerieren können.

Freilich kann die Toleranz gegenüber dem Andersartigen soweit gehen, daß sie den Verlust des eigenen Standpunkts bewirkt. Toleranz, die das Pathologische akzeptiert, ohne es in jedem Fall für gut zu halten oder zu billigen, ist aber keine Scheintoleranz oder Gleichgültigkeit. Sie kann zur engagierten Toleranz werden. Unbegrenzte Toleranz gegenüber dem Andersartigen ist nicht menschlich, fehlende Toleranz bewirkt Unmenschliches.

Selbstanalyse

Über Eigen- und Selbstanalyse wird viel geredet und wenig publiziert. Niemand hat über seine Selbstanalyse so viel preisgegeben wie FREUD in seiner Traumdeutung (FREUD 1900). Wichtige Hinweise zur Selbstanalyse finden sich in einer Publikation von CALDER (1980), wo auch weitere Literatur zitiert wird.

In diesem Buch finden sich immer wieder Hinweise zur Selbstanalyse, indem auf die Möglichkeiten von Gegenübertragung in ihren erwünschten, wenn diagnostisch nützlichen, und in ihren unerwünschten, weil diagnostisch und in Bezug auf das zweckmäßige Handeln des Therapeuten hinderlichen Gegenübertragungsreaktionen hingewiesen wird. Insoweit ist das ganze Buch ein Hilfsmittel zur Selbstanalyse.

Selbstanalyse ist schwierig und in ihrer Reichweite naturgemäß begrenzt (TICHO 1971). Manche, vielleicht sogar die meisten Analytiker bezeichnen als Selbstanalyse das, was sie schon von ihrer Lehranalyse aus der Zeit zwischen den Stunden kennen. Sie wenden das bisher Erkannte auf konkrete Situationen des Lebens an. Während der Lehranalyse war dies ein Teil des Durcharbeitens.

Ist die Lehranalyse abgeschlossen, erinnern manche Kolleginnen und Kollegen in bestimmten schwierigen Situationen, und dazu gehören natürlich auch Behandlungssituationen, Erkenntnisse aus der Lehranalyse. Sie setzen das Kapital, das sie sich in der Lehranalyse zusammen mit dem Lehranalytiker erarbeitet haben, also weiter ein. Ebenso wie während der Lehranalyse werden sie dann noch auf Zusätzliches aufmerksam. Manchmal kommt es zu genetischen Einfällen, die während der Lehranalyse nicht aufgetaucht sind, zum Beispiel, wenn der Analytiker sich Zeit nimmt, während einer Arbeitspause, oder vor oder nach seiner täglichen Arbeitszeit, über einen Patienten oder eine bestimmte Stunde nachzudenken. Der Analytiker hangelt sich gewissermaßen an dem, was er vom Patienten weiß, ins eigene Vorbewußte, gelegentlich sogar ins Unbewußte. Manchmal erkennt er bei sich einen Widerstand, bestimmte Dinge oder Zusammenhänge wahrzunehmen, weil er ihn beim Patienten bearbeitet hat. Es fiel ihm auf, daß der Patient im Widerstand war; er wandte die üblichen Mittel der Widerstandsbearbeitung an (wenn der Patient im Widerstand ist: Was macht er?, wie macht er das?, wovor hat er Angst?, worin besteht das Abgewehrte?). Die Systematik der Widerstandsbearbeitung kann dem Analytiker in der Selbstanalyse über eigene blinde Flecken hinweghelfen. Der Patient zeigt ihm, wovor er Angst hat und was das Abgewehrte sei. Der Analytiker kann dann merken "Genauso wie ich", und auf diesem Wege mehr über sich erfahren. So etwas kann - selten - in einer Stunde geschehen. Es geschieht öfter außerhalb der Stunde, besonders wenn es sich beim Analytiker um traumatische, zum Beispiel Angst- oder Schamgefühle erzeugende Ereignisse in der eigenen Kindheit handelt. Das Unbewußte des Analytikers (nach SANDLER und SANDLER (1985) das *Gegenwartsunbewußte*; WEISS und SAMPSON (1986) sprechen vom *Unbewußten* generell) läßt Impulse und Erinnerungen, die im Bewußten Angst-, Scham- oder Schuldgefühle, vielleicht auch depressive Affekte erzeugen, eher ins Bewußtsein passieren, wenn es das "in Sicherheit" (WEISS und SAMPSON) tun kann. Während der analytischen Stunde "berücksichtigt" das Gegenwartsunbewußte des Therapeuten die Tatsache, daß hier ein Patient ist, mit dem der Therapeut kompetent und sachgerecht umgehen muß. Das könnte ihm erschwert werden, wenn Affekte auftauchen, die seine Aufmerksamkeit vom Patienten ablenken, auch wenn diese Affekte in einem zweiten Schritt diagnostisch genutzt werden können.

Mit zunehmender Berufserfahrung kommt es häufiger zu Einfällen aus dem Gegenwartsunbewußten, weil der Analytiker im Umgang mit dem Patienten sicherer wird und seine Aufmerksamkeit abschweifen lassen kann, ohne den Patienten ganz aus dem Blick zu verlieren; der Analytiker kann lockerer mit dem Patienten und auch mit sich selbst umgehen. Später nehmen die Einfälle aus dem Gegenwartsunbewußten wieder ab. Das meiste, was im Umgang mit Patienten mobilisiert werden kann, ist mobilisiert und bearbeitet worden und gehört jetzt dem bewußten oder unmittelbar bewußtseinsfähigen Wissensbereich zu, aus dem der Analytiker weiter schöpft. Dennoch ist es im Umgang mit schwierigen Patienten nützlich, an die Möglichkeit solcher Einfälle zu denken und sich auf sie rezeptiv einzustellen. Kein Analytiker kennt sich ganz, und kein Patient gleicht dem anderen. Ein Patient kann auch bei einem sehr erfahrenen Analytiker einen blinden Fleck auffällig werden lassen, der bisher keine Rolle gespielt hat und deshalb unentdeckt geblieben ist.

Manche Analytiker analysieren regelmäßig ihre Träume. Einige tun das sogar zu festgelegten Zeiten. Sie setzen sich in einen bequemen Sessel oder legen sich auf eine Couch, und analysieren die Träume, ohne daß ein Analytiker zugegen ist, mit dem sie darüber sprechen könnten und der ihnen dabei helfen könnte.

Die größte Schwierigkeit der Selbstanalyse besteht wohl darin, daß man keinen Partner hat, der einem, weil seine blinden Flecke andere sind, und weil die Dinge, die man gerade selbst erlebt, ihn in der Regel weniger betreffen, im Erkennen ein Stück weit voraus ist und Informationen darüber vermitteln kann. Ein anderer sieht auch Zusammenhänge deutlicher als der, den sie betreffen. *Man kann sagen, der Analytiker übt bei seinem Analysanden eine Hilfs-Ich-Funktion aus, wenn er in-*

terveniert; auch wenn er deutet. Der Analytiker tut etwas, was der Analysand unter Umständen selbst tun könnte. Es fehlt natürlich auch ein Objekt, auf das im Hier und Jetzt übertragen werden kann.

Wir wissen, daß Analysanden beim Berichten der *Träume* "berücksichtigen", daß sie in Analyse sind. Das zeigt sich am einfachsten daran, daß manche Analysanden, die in einer Phase des Widerstandes keine Träume erinnerten, plötzlich viele Träume erinnern, wenn sie im Urlaub sind und dem Analytiker die Träume nicht erzählen müssen. Anekdotisch wird auch immer wieder darüber berichtet, daß Analysanden, die mehrere Analysen bei Analytikern verschiedener Schulen gemacht haben, "schulentsprechend" träumten. Man könnte also denken, daß ein Analytiker, der seine Träume analysiert, gerade das nicht träumt, was zu dem hinführt, was sein Gegenwartsunbewußtes ihm vorenthalten will. Anderserseits könnte das Gegenwartsunbewußte "wissen", daß der Analytiker seine Träume keinem anderen Menschen erzählt, sondern sie selbst bearbeiten wird. Der Wunsch, etwas über sich zu erfahren, und dafür auch unangenehme Gefühle in Kauf zu nehmen, stellt sich dem Lustprinzip entgegen, auch weil man antizipiert, daß das Resultat der Analyse für einen günstig sein wird, zum Beispiel, indem man die Tagesaufgaben dann besser bewältigen kann. FREUD selbst und seine ersten Mitarbeiter waren von einem intensiven Forschungsinteresse motiviert, wie man es bei Pionieren findet, wie man es heute aber bei den meisten Analytikern nicht mehr antreffen dürfte. Man ist zwar, hoffentlich, noch neugierig auf sich selbst; Selbstanalyse betreibt man aber mehr, weil sie einem nützt, als um die Forschung voranzubringen. Neuentdeckungen macht man meist leichter mit Patienten, als mit sich selbst. Welchen Anteil an neuen Ansichten und Konzepten die Selbstanalyse hat, berichten Autoren in der Regel nicht.

Zur Analyse eigener Träume wäre noch anzumerken, daß unser Gegenwartsunbewußtes die Dinge nicht immer "richtig" einschätzen muß. Auch läßt sich vermuten, daß das Gegenwartsunbewußte sich während des Schlafs in einem "regredierteren" Zustand befindet als während des Wachens. Das Gegenwartsunbewußte kann aber auf das Erinnern Einfluß nehmen; vielleicht auch auf den Inhalt des Traums in seiner sekundären Bearbeitung.

Was der Analytiker mit dem Traum anfangen wird, hängt auch von den Ereignissen des folgenden Tages ab, unter anderem von dem Einfluß dieser Ereignisse auf die Tagesform. Tagesereignisse können die Toleranzgrenze einschränken, aber auch erhöhen. In der aktuellen Situation beim Analysieren von Träumen setzt das Gegenwartsunbewußte seine ihm zur Verfügung stehenden Abwehrmechanismen ein, um das vollständige Erinnern des Traums und die Möglichkeiten seiner Bearbeitung zu begrenzen.

CALDER berichtet über Erfahrungen, die er mit dem Analysieren seiner Träume, Tagträume, Erinnerungen und Symptome seit 15 Jahren gemacht hat. Er wendet dazu ein besonderes Verfahren an. Er schreibt "Primärinformationen" über sich selbst auf, dann seine Assoziationen dazu. Anschließend versucht er die Informationen aufgrund der Assoziationen zu verstehen. Auf das Geschriebene greift er unter Umständen später noch einmal zurück, um Vergleiche anzustellen, nach Wochen, Monaten, Jahren. Unter Primärinformationen versteht CALDER Träume, Erinnerungen, Tagträume und Symptome. Träume fand er weniger nützlich als Erinnerungen und Tagträume. Er fand bei sich mehr Mikrosymptome als er erwartet hatte, nachdem er darauf achtete und konnte sie gut analysieren. Er beginnt seine Eigenanalyse meist morgens, indem er einen Traum oder Träume der vergangenen Nacht aufschreibt. Statt die Morgenzeitung zu lesen, verwendet er dann noch einige Zeit, um nach Einfällen zu suchen und sie aufzuschreiben. Während des Tages und nach seinem Arbeitstag geht dann die Selbstanalyse weiter. Was während des Tages auftritt, zum Beispiel Tagträume, Erinnerungen, Symptome, Fehlleistungen, Stimmungen, vorübergehende Affekte, erkannte Gegenübertragungsphänomene, Auswirkungen von Charaktereigenschaften und so weiter, schreibt er auch auf. Von Zeit zu Zeit liest er, was er aufgeschrieben hat, um zu einem weitergehenden Verständnis seiner selbst zu gelangen. Das Aufschreiben geschieht locker, das Lesen zielgerichtet und näher am Sekundärprozeß.

Das Aufschreiben hält CALDER für wichtig. Er zitiert die Aussagen eines Journalisten der New York Times, er wisse nicht, was er denke, ehe er lese, was er schreibe. Damit meint CALDER offenbar, daß eigene Gedanken klarer erfaßt werden können, wenn sie aufgeschrieben und wiedergelesen werden.

Beim Wiederlesen geschieht eine Art Selbstkonfrontation. CALDER hält es auch für nützlich, auf schriftlich festgehaltenes Material zurückgreifen zu können, um Vergleiche anzustellen, was weitere Einsichten bringt. Man kann das wiederkehrende Muster des Erlebens und Verhaltens besser erkennen. Man kann vor allem sehen, daß bestimmte Außeneinflüsse regelmäßig bestimmte Reaktionen hervorrufen. Wie schon erwähnt, ist die Arbeit mit Träumen für CALDER am wenigsten befriedigend. Er findet Träume aber nützlich, um Rekonstruktionen seiner eigenen Vergangenheit zu unternehmen. Träume, die mit belastenden Lebensereignissen in Zusammenhang stehen, enthalten im manifesten Trauminhalt oft direkte Reaktionen auf das Ereignis, die tagsüber nicht bewußt geworden sind. Er spricht davon, daß Impulse im Traum "durchbrechen".

Erinnerungen und Tagträume erlebt CALDER als ich-näher. Träume, die 15 Jahre zurückliegen und die er aufgeschrieben hat, erkennt er manchmal nicht wieder, während er Erinnerungen und Tagträume als ihm zugehörig erkennt; sie passen zu dem Bild, das er von sich hat. Er stellt schambesetztes Erinnern besonders heraus, wie es übrigens bei Aufsteigern wie CALDER (sein Vater war Waldarbeiter) häufig zu sein scheint.

Daß CALDER Tagträume für besonders geeignet hält, bewußtseinsnahe, aber letztlich nicht ganz zugelassene Wünsche zu erkennen, leuchtet ein. Tagträume stellen oft unmittelbare Wunscherfüllungen dar. Nicht selten kompensieren sie eine unangenehme gegenwärtige Situation. Der Gefangene träumt sich in die Freiheit, der Arme träumt sich reich, der Hungrige träumt sich essend. Mikrosymptome lassen sich gut in Selbstanalyse klären, wenn sie im Zusammenhang mit der äußeren auslösenden Situation beginnen und enden.

CALDER meint, daß er als Ergebnisse der Selbstanalyse toleranter gegenüber den eigenen Impulsen geworden sei. Regressive Reaktionsweisen kann er eher stoppen. Er sieht die Eigenanalyse als Fortsetzung der Analyse mit einem Analytiker; sie könne diese nicht ersetzen. Andererseits zeigt die Eigenanalyse, daß Übertragung auf einen Analytiker nicht unbedingt nötig ist, um etwas über sich selbst zu erfahren. Die Eigenanalyse gibt CALDER ein Gefühl von Autonomie. Er meint, daß eine enttäuschende Analyse mit einem Analytiker die Motivation, sich selbst zu analysieren, einschränkt. Andererseits erscheint es mir denkbar, daß jemand, der von seiner Analyse enttäuscht ist, das Bedürfnis spürt, es besser machen zu wollen. Dann tritt er in Konkurrenz mit dem eigenen Analytiker.

Aus der Publikation von CALDER ergeben sich auch Hinweise auf die Technik unserer Patienten- und besonders unserer Lehranalysen. *Wenn Tagträume und Mikrosymptome sich als Material für die Selbstanalyse besonders gut eignen, müßte es die Selbstanalyse erleichtern, wenn der Lehranalytiker seine Aufmerksamkeit auf solches Material richtet und es in der Stunde bearbeitet. Damit lernt der Analysand auch Techniken der Selbstanalyse.*

Die Funktionen von Selbstanalyse, Supervision und Lehranalyse beim Bearbeiten von Gegenübertragung

Im unmittelbaren Vergleich wird klar, daß Lehranalyse, Supervision und Selbstanalyse beim Bearbeiten von Gegenübertragung verschiedene Funktionen haben.

Selbstanalyse wird am häufigsten kurzfristig eingesetzt. Der Analytiker fragt sich unter Umständen schon in der Stunde, warum er so und nicht anders auf einen Patienten reagiert, und was das mit seiner Persönlichkeit und seinen Lebenserfahrungen, wie auch mit den aktuellen Beziehungen und eventuell seinem Gesundheitszustand zu tun hat, oder er fragt sich das unmittelbar nach der Stunde oder am gleichen Abend.

Supervision findet in der Regel wöchentlich oder 14-tägig statt. Der Therapeut hat gar nicht die Möglichkeit, seinen Supervisor nach jeder Stunde zu sprechen. Spricht er dann später mit ihm, steht dem Verlust an Aktualität ein Gewinn an Objektivität gegenüber, weil der Supervisor in der Regel nicht die gleichen blinden Flecken haben wird wie der Therapeut, so daß sich hier zwei Sichtweisen ergänzen können. Der Supervisor hat in der Regel auch mehr Berufserfahrung. Er wird auf dem Hintergrund dieser Berufserfahrung Verhaltensweisen des Therapeuten, die diesem, wenn sie nur gelegentlich vorkommen, nicht auffallen würden, als gegenübertragungsbedingt erkennen, oder zumindest vermuten können, daß sie mit Gegenübertragung zusammenhängen. Andererseits kann er den Kollegen, den er supervidiert, in der Regel während der Supervision nicht *analysieren*; das bleibt der Selbstanalyse oder, wenn noch eine Lehranalyse läuft, der Lehranalyse überlassen.

Die *Lehranalyse* hat eine langfristige Funktion. Sie eignet sich weniger dazu, die Selbstanalyse aktuell zu ergänzen. In Ausnahmefällen tut sie das; täte sie das aber in der Regel, würde dies eine Unruhe in den Prozeß der Lehranalyse bringen, die deren langfristige Ergebnisse verschlechtern könnte. Andernorts (KÖNIG 1991a) habe ich schon darauf hingewiesen, daß sich ein Analysand in Phasen negativer Übertragung schwer tun kann, seinen Lehranalytiker als Helfer bei der Lösung beruflicher Aufgaben zu akzeptieren. Das gilt zum Beispiel in Phasen ödipaler Rivalität mit ihm. Eine helfende Rolle des Lehranalytikers kann in bestimmten Phasen der Analyse direkt schädlich sein: Das Austragen einer ödipalen Rivalität kann abgeblockt oder verschoben werden und am Ende nicht stattfinden.

Aus alledem muß man wohl die Konsequenz ziehen, daß der Therapeut zu Beginn seiner Behandlungen schon ein Stück Selbstanalyse erlernt haben soll, damit er sich im Umgang mit seinen Patienten selbst helfen und dabei Hinweise aus der Supervision nutzen kann. Oft wird gegen ein solches Postulat eingewandt, daß viele Kolleginnen und Kollegen an Kliniken als Anfänger beginnen und schwer gestörte Patienten behandeln, ohne daß ihre Lehranalyse oder Selbsterfahrungsgruppe überhaupt begonnen hat. Das ist richtig; doch treten in einer Klinik Vorgesetzte kompensierend ein, es gibt auch Gespräche im Team im Sinne einer interkollegialen Supervision und die gegenseitige Kontrolle des therapeutischen Verhaltens in einer in Cotherapie geleiteten Stationsgruppe. Meist sind die Patienten in einer Klinik auch mehreren Therapeuten bekannt, was die interkollegiale Supervision erleichtert. Schwieriger ist die Situation in einer Poliklinik, wo jeder mit seinem Patienten allein arbeitet.

Auch Supervisoren lernen in der Supervision. Es hat sich mir bewährt, immer wieder einmal das, was ich in einer Supervisionsstunde lerne, zu benennen. Den Kollegen, den ich supervidiere, wird dadurch deutlich gemacht, daß es sich bei einer Supervision um ein kollegiales Unternehmen handelt, bei dem auch der Supervisor lernen kann. Ich sage es manchmal auch, wenn ich in der Supervision nichts gelernt, sondern nur

Bekanntes wiedererkannt habe. Das demonstriert dem Supervidierten, daß er Gelerntes später anwenden kann. Es zeigt ihm auch Vorteile der Routine.

Der Supervisor lernt Neues am Fall und am Umgang mit dem Supervidierten. Wenn der Supervisor mitteilt, was er in der *Beziehung zum Supervidierten* gelernt hat, muß er die Toleranzgrenze des Supervidierten berücksichtigen.

Zu dem, was der Supervisor dem Supervidierten beibringen sollte, gehört Realismus in der Einschätzung der Behandlungsziele. Die Realität des Möglichen zu akzeptieren mußte der Supervisor in der Praxis lernen, und muß der Supervidierte auch erst lernen; der Supervisor kann ihm aber dabei helfen, indem er eigene Erfahrungen einbringt.

Der Supervisor lehrt so auch realitätsbezogene Wahrhaftigkeit. Gleichzeitig stärkt er, gerade wenn er die Grenzen deutlich macht, *fundiertes* Vertrauen in das, was ein Therapeut bewirken kann. Wenn der Therapeut sich dessen bewußt ist, was er erreichen kann und was nicht, stabilisiert das sein Selbstbewußtsein. Wenn der Supervidierte erkennt, was er nicht erreichen kann, lernt er nicht nur Grenzen zu akzeptieren, sondern auch das Erreichbare zu schätzen. Der Supervisor hat also auch einen unmittelbaren Einfluß auf die Gegenübertragung des Supervidierten, soweit sie durch die Ziele des Supervidierten bestimmt wird.

Weiterführende Hinweise kann man auch von Patienten selbst erhalten. LANGS (1979) spricht von Supervision durch den Patienten. Die Aufmerksamkeit des Therapeuten ist meist auf die Übertragung gerichtet, also auf Zuschreibungen, die sich auf den Therapeuten beziehen und direkt oder indirekt geäußert und vielleicht auch durch projektive Identifizierung analysiert werden. Der Therapeut sollte aber auch darauf achten, ob in den Äußerungen des Patienten Kommentare über sein *eigenes reales Verhalten* enthalten sind. Leicht kann man meist Kommentare zu Änderungen des Settings erkennen, zum Beispiel zu einer Stundenverlegung, zum Ausfallen einer Stunde oder zum Urlaub. Schwieriger zu erkennen sind Kommentare, die sich auf die Art und Weise beziehen, wie der Therapeut interveniert hat. Interventionen haben nicht nur eine inhaltliche Wirkung. Wenn der Therapeut seine Aufmerksamkeit darauf einschränkt, ob der Inhalt einer Intervention angekommen ist, kann er leicht übersehen, was der Patient zum *Modus* der Intervention "sagt". Gegenübertragung des Therapeuten äußert sich nicht nur im Inhalt der Intervention, sondern auch und oft mehr in der Art, wie sie gegeben wird.

Nachdenken über Patienten

Während Ausbildungskandidaten in der Regel viel Zeit für die Verarbeitung der Therapiestunden verwenden, nehmen sich erfahrene Therapeuten oft zu wenig Zeit. Die Begründung lautet meistens, daß sie nicht mehr Zeit "haben", oder, daß sie ihre Zeit verwenden möchten, um mehr Patienten zu behandeln oder - seltener ausgesprochen, aber häufig insgeheim so gedacht - daß sie es nicht nötig hätten, das, was in ihren Therapiestunden abläuft, noch einmal zu überdenken.

Nun ist es zweifellos wahr, daß ein Therapeut im Laufe seiner praktischen Tätigkeit und aus der Fachliteratur, die er daneben liest, einen reichen und differenzierten Kenntnisschatz von Konfliktvarianten und Beziehungskonstellationen ansammeln kann, mit dem er vieles, was er in einer Stunde hört und sieht, in Verbindung bringt. Das beschleunigt die Diagnostik ganz erheblich. Allerdings besteht aber die Gefahr, daß der erfahrene Therapeut etwas, was er in der Stunde bemerkt, etwas schon Bekanntem falsch zuordnet. Auf den ersten Blick sieht es bekannt aus. Die zugrundeliegende Dynamik ist aber anders gelagert.

Der unerfahrene Therapeut hat noch wenig innere Vorstellungen. Weil er vieles noch nicht versteht und sich in der Regel eben Zeit nimmt, die Dinge nach der Stunde zu bedenken, sieht er im ganzen aber doch mehr, als es dem geringen Erfahrungsstand entspricht. Er ersetzt Erfahrung durch mehr Beschäftigung mit dem Fall und sucht sich auch Hilfe beim Supervisor. Wird der Therapeut sicherer, guckt er immer weniger nach. Er hat schon mehr Grundstrukturen verinnerlicht und verfällt dann leicht der Illusion, er habe *alle* möglichen Strukturen parat. Außerdem hört nach Beendigung der Ausbildung die Supervision in der Regel auf. Nicht nur die vom Supervisor eingebrachte zusätzliche Kompetenz fällt dann fort. Es wirkt schon als starkes Motiv, sich etwas klarzumachen, wenn man es einem anderen referieren muß.

Viele Therapeuten haben ein unangenehmes Gefühl, wenn sie über Fälle nicht nachdenken. Sie haben sich Notizen gemacht und nehmen sich vor, die Notizen irgendwann einmal durchzuarbeiten. Dazu kommen aber die wenigsten. Notizen werden selten gelesen, wenn sie mehr als 5 oder 10 Zeilen pro Sitzung umfassen. Der mitschreibende Therapeut beruhigt sich aber - was man Schwarz auf Weiß besitzt, kann man getrost nach Hause tragen.

Meist reicht es aus, wenn man sich zwischen zwei Stunden zehn Minuten Zeit nimmt, über die vergangene Stunde nachzudenken, und abends eine halbe Stunde, um sich die Therapien des Tages noch einmal zu vergegenwärtigen. Das ist nicht immer leicht zu realisieren. Therapeuten, die ihr morgendliches und abendliches Privatleben schätzen, geben als Telefonzeit "kurz vor der vollen Stunde" an statt eine Zeit ganz außerhalb der Arbeitszeit. Die Pausen zwischen den Behandlungsstunden werden dann durch Telephonate verkürzt. Es ist auch nicht immer leicht, sich abends noch eine halbe Stunde von den Anforderungen einer Familie fernzuhalten, und es ist meist unzweckmäßig, diese halbe Stunde unmittelbar an die Arbeitszeit anzuhängen, wenn man müde ist und zu Abend essen möchte. Legt man die Zeit zum Überdenken später in den Abend, hat man immer noch Arbeit vor sich und bis dahin nicht richtig frei. Vielleicht ist am günstigsten, diese halbe Stunde vor Beginn des Arbeitstages zu legen. Dann kann man auch Träume mitverwerten, wenn man welche erinnert, und zum Beispiel überlegen, welcher Patient oder welche Patientin zu einem bestimmten Traum passen könnte oder gerade nicht passen würde.

Es gibt Therapeuten, die zwischen ihren Stunden nur fünf Minuten oder praktisch gar keine Zeit lassen; GREENSON (1974) hat die Nachteile dargestellt. Es kann manchmal zweckmäßig sein, zwei Stunden mit zwei verschiedenen Patienten kurz hintereinander zu machen, sich dann aber eine größere Pause zu gönnen, ehe man den dritten und vierten Patienten sieht. In dieser Pause kann man nachdenken oder, wenn es einmal nicht viel nachzudenken gibt, sich einfach nur erholen.

Die Zahl der Therapeuten, von denen ich weiß, daß sie keine oder nur ganz kurze Pausen machen, ist nicht groß genug, eine umfassende Typologie aufzustellen. Ich habe aber den Eindruck, daß zwanghafte Therapeuten, die gut kompartmentalisieren können, nicht das Bedürfnis haben, eine Stunde ausklingen zu lassen und während dieser Ausklingphase noch darüber nachzudenken. Wenn der Patient gegangen ist, schließen sie die Schublade und ziehen eine neue auf. Therapeuten, die einen hohen Bedarf nach narzißtischer Zufuhr haben, der daraus resultiert, daß sie dem Patienten wichtig sind, fühlen sich dysphorisch, wenn sie allein sind. Sie überziehen die Stunden, um Pausen zu vermeiden. Depressive Therapeuten haben oft das Gefühl, dem Patienten nicht genug oder nicht genug Gutes gegeben zu haben; sie überziehen die Stunde, weil sie nachschieben, oder weil sie die als gering eingeschätzte Qualität ihrer Arbeit durch Quantität kompensieren wollen.

Die Abstinenz nach der Lehranalyse

Darüber, daß sexuelle Beziehungen zwischen einem Therapeuten und einer Patientin (auch von einer Therapeutin zu einem Patienten, die sind aber seltener) der Patientin oder dem Patienten schaden und deshalb unzulässig sind, ist man sich unter Psychoanalytikern und psychoanalytisch orientierten Therapeuten einig.

Kontrovers wird die Frage diskutiert, ob ein Therapeut mit einer Patientin *nach Beendigung der Therapie* eine sexuelle Beziehung eingehen oder sie heiraten darf. In der Frühzeit der Psychoanalyse ist so etwas häufiger vorgekommen (Literatur bei KRUTZENBICHLER und ESSER 1991). Man war der Meinung, nach einer gut geführten Analyse blieben keine Übertragungen übrig. Der Behandlungsvertrag sei aufgelöst, damit stünde auch in ethischer und rechtlicher Hinsicht einer Verbindung nichts im Wege.

Nachuntersuchungen haben aber gezeigt, daß Übertragungen nie ganz aufgelöst werden, sondern persistieren und wieder aufleben, wenn ein Patient vom Analytiker nachuntersucht wird (THOMÄ und KÄCHELE 1986). Sogar wenn der Nachuntersucher eine andere Person ist als der Analytiker, kommt es gegenüber dieser anderen Person, die sich in der gleichen Rolle befindet wie der Analytiker, zu einem Wiederaufleben von Übertragung, die nun auf den Nachuntersucher verschoben wird.

Bekanntlich arbeiten an psychoanalytischen Instituten Lehranalytiker mit ihren ehemaligen Analysanden auf einer kollegialen Ebene zusammen. Sobald die Asymmetrie einer analytischen Beziehung nicht mehr besteht, fallen auch die regressiven Übertragungsauslöser fort. Die Übertragungen müßten deshalb zurücktreten, auch wenn sie noch nicht ganz aufgelöst sind.

Erfahrungen an psychoanalytischen Instituten zeigen aber, daß schon die unterschiedliche Rangordnung und die unterschiedlichen Machtverhältnisse an einem Institut als Auslöser für Übertragungen dienen können. Es ist offenbar nicht nötig, daß sich jemand in der Rolle eines *Untersuchers* befindet und damit eine Asymmetrie, ähnlich der in einer Psychoanalyse, hergestellt wird; auch Konstellationen, wie sie in den Hierarchien eines Instituts andeutungsweise oder ausgeprägt auftreten, können Übertragungen wiedererwecken oder zu Verschiebungen noch bestehender ungelöster Übertragungen führen. Selbst wenn keine hierarchischen Unterschiede zwischen dem Lehranalytiker und seinem ehemaligen Lehranalysanden bestehen, kann man Übertragungsreste (und Gegenübertragungsreste) beobachten.

Nun könnte man wiederum einwenden, daß die analytischen Institute trotz dieser Probleme leidlich gut funktionieren und daß eine Ehe zwischen einem Lehranalytiker und einer Lehranalysandin kein größeres Risiko birgt als eins von der Art, mit denen man an Instituten umzugehen gewohnt ist. Warum sollte eine private Beziehung wie eine Ehe zwischen zwei erwachsenen Menschen, die sich vielleicht auch über das Risiko Gedanken gemacht haben, hier einen anderen Stellenwert haben, als eine Arbeitsbeziehung?

Tatsächlich werden solche oder ähnliche Überlegungen angeführt, wenn es darum geht, die Heirat zwischen einem Lehranalytiker und einer Lehranalysandin zu rechtfertigen. Die Ehen zwischen Lehranalytikern und Lehranalysandinnen, über die ich etwas weiß, scheinen nicht besonders gut zu funktionieren; aber schließlich weiß ich nicht alles über diese Ehen und auch nicht alle Ehen zwischen Partnern, die keine analytische

Beziehung zueinander hatten, sind als gut zu bezeichnen. In diesem Zusammenhang wird gern an die Tatsache erinnert, daß heute in Deutschland ein Drittel der geschlossenen Ehen wieder geschieden wird; in Großstädten gar die Hälfte oder mehr.

Tatsächlich scheint mir hier auch nicht das Problem zu liegen. Ein Analytiker und seine Analysandin, entsprechend auch eine Analytikerin und ein Analysand, können sich trotz der Risiken zu einer solchen Verbindung entschließen, soweit es nur um ihr eigenes Lebensglück geht. Wenn eine Analysandin aber denken kann, daß es prinzipiell möglich sei, nach der Analyse eine dauernde Verbindung zu ihrem Analytiker einzugehen - entsprechend ein Analysand zu seiner Analytikerin - erhält die Arbeitsbeziehung von vornherein einen anderen Charakter. Die sexuelle Abstinenz ist dann potentiell nur eine Abstinenz auf Zeit. Die Bearbeitung ödipaler Konflikte hat einen anderen Stellenwert, wenn von seiten der Patientin oder des Patienten die Hoffnung besteht, das übertragene Objekt, Vater oder Mutter, könne am Ende doch noch als Partner gewonnen werden. Die mit den ödipalen Wünschen verbundenen Ängste werden dadurch verstärkt. Die Bearbeitung der konflikthaften Aspekte einer ödipalen Beziehung würden darunter leiden, daß sie weniger leicht ins Bewußtsein treten, als wenn ein Realisieren der ödipalen Wünsche von vornherein ausgeschlossen wäre.

Dinge, die weitere Bearbeitung brauchen und so die Analyse verlängern könnten, wird eine Analysandin, die hofft, den Analytiker als Sexualpartner für sich zu gewinnen, vielleicht nicht in die Therapie bringen, weil das die Beendigung hinausschieben könnte. Eine Analysandin könnte sich entscheiden, die Therapie abzubrechen, damit sie früher das bekommt, was sie dringend wünscht. Sie kann es unterlassen, ihre tatsächlichen realen Beziehungen zu bearbeiten, um sie zu verbessern. Besondere Probleme ergeben sich für Menschen, die tatsächlich in der Familie sexuell mißbraucht worden sind.

Bisher bin ich vor allem darauf eingegangen, wie es auf eine Analysandin wirken muß, wenn sie es für möglich hält, daß ödipale inzestuöse Wünsche erfüllt werden. Wie geht es aber dem Analytiker, der es für möglich hält, sich solche Wünsche später einmal zu erfüllen? Ich meine, daß ein solcher Analytiker die sexuellen Wünsche seiner Analysandin nicht mit der gleichen professionellen, fördernden Haltung auf sich wirken lassen und bearbeiten kann wie einer, der das für sich ausschließt. Sein Handeln muß nicht, kann aber durch den Wunsch bestimmt sein, bei der Patientin einen guten Eindruck zu hinterlassen, der sie später dazu bringen könnte, wieder Kontakt mit ihm aufzunehmen. Die Bearbeitung der Ablösung vom Therapeuten könnte insgesamt behindert sein. Auch könnte der Analytiker, wenn er das für später nicht ausschließt, versuchen, seine Liebeswünsche schon früher in die Beziehung einzubringen. Dann könnte es entweder zu einem sexuellen Mißbrauch der Analysandin während der Therapie kommen oder zu einem Behandlungsabbruch, der durch den Wunsch motiviert wird, die analytische Beziehung in eine private überzuführen. Das brächte für den psychischen Gesundheitszustand der Analysandin schwer überschaubare Folgen mit sich.

Wer sollte überhaupt Analytiker werden?

Ein Analytiker sollte zu Beginn seiner Ausbildung so neurotisch sein, daß eine Lehranalyse sich für ihn auch deshalb persönlich lohnt, aber so gesund, daß er das Angebot einer Lehranalyse gut nutzen kann. Er sollte ein Interesse an Menschen haben, sich selbst eingeschlossen, und sich für den Umgang mit Sprache interessieren. Die meisten Analytiker haben künstlerische Interessen. Ein Analytiker soll fest sein, aber lockerlassen können, empathisch, ohne sich durch die Gefühle anderer überschwemmen zu lassen. Er sollte geduldig sein und im rechten Augenblick aktiv werden können.

Er sollte keine größeren Schwierigkeiten mit Entscheidungen haben. Entscheidungen muß er dauernd treffen. Interveniere ich? Wann interveniere ich? Wie interveniere ich? Er sollte über eine gute Impulskontrolle verfügen, die es ihm ermöglicht, Phantasien und Gefühle, die sonst zu Handlungen führen würden, bei sich zu behalten, so daß er sich solche Phantasien und Gefühle nicht verbieten muß.

Es ist gut, wenn ein Analytiker in stabilen persönlichen Beziehungen lebt. Noch wichtiger erscheint es mir aber, daß er in der Vergangenheit und besonders auch in seiner Primärfamilie gute Erfahrungen gemacht hat. Das heißt nicht, daß es in der

Familie keine Konflikte gegeben haben sollte, sondern daß die Menschen in der Familie eine gute basale Beziehung miteinander hatten, die es ermöglichte, Konflikte auszutragen. Soweit das nicht der Fall war, sollte der Analytiker in seiner Lehranalyse positive Erfahrungen machen können. Dazu ist es aber erforderlich, daß er vorher eine gute Beziehung zu mindestens einem Menschen hatte (TRESS 1986). Es ist ungewiß, ob er eine solche Beziehung in der Analyse herstellen kann, wenn ihm jedes Modell dazu fehlt. Die Lehranalyse kann da nicht immer ausgleichen.

Ich finde es sehr bedenklich, wenn für einen Analytiker die Beziehung zu seinen Patienten die einzig befriedigende ist - sei es, daß er sonst keine Beziehungen hat, oder daß er aufgrund neurotischer Einschränkungen die besondere Beziehung zum Patienten für sich am geeignetsten findet, die große innere Nähe bei äußerer Distanz. Er sollte auch nicht darauf angewiesen sein, vom Patienten oral (mit Worten) gefüttert zu werden. Die Patienten sollten nicht die einzigen sein, die ihn schätzen. Er sollte bezüglich narzißtischer Zufuhr nicht nur auf seine Patienten angewiesen sein.

Ein Analytiker sollte Spaß daran haben, etwas zu gestalten, seine Interventionen beispielsweise. Kriterium für die gute Gestalt einer Intervention ist nicht, daß sie druckreif ist, sondern daß sie das, was der Patient verstehen soll, gut vermittelt.

Der Analytiker wird vom Patienten dauernd verkannt. Hysterische Analytiker fühlen sich wohl, wenn sie eine Rolle spielen können, während zwanghafte die Übertragung und ihr reales Sosein verschiedener sehen, als dies der Fall ist.

Depressive leiden, wenn sie als versagend verkannt werden; werden sie als unbegrenzt spendend phantasiert, fühlen sie sich im Vergleich zum übertragenen Objekt versagend, auch wenn sie das in ihrem Verhalten nicht sind. Schizoide genießen die Erleichterung der Empathie durch projektive Identifizierungen vom kommunikativen Typ und gehen mit dem Patienten eine Kollusion der Vermeidung des Oberflächlichen ein. Narzißtische genießen es, für viele Patienten die wichtigste Beziehungsperson zu sein. Phobische genießen es, sich vom Patienten leiten zu lassen, wenn sie ihn nicht kontraphobisch überfordern. Zwanghafte Therapeuten genießen ihre Macht und ihre Effizienz.

Der Analytiker sollte sich weder *verbieten*, das seiner Struktur Entsprechende in den Therapien zu genießen, noch sollte er das *unreflektiert* tun. Er sollte Toleranz nicht nur gegenüber dem Patienten und dem Infantilen in ihm, sondern auch gegenüber sich selbst haben, gegenüber seinen Fehlern und Schwächen. Diese Toleranz kann zu gering, aber auch zu groß sein. Dann gerät sie in Konflikt mit der therapeutischen Verantwortlichkeit.

Da Veränderungen sich in Psychotherapien, besonders in Langzeitanalysen, nur allmählich ergeben, kann der Analytiker nicht nur auf den in der Ferne liegenden therapeutischen Erfolg hin leben und sich nur dadurch motivieren lassen. Er sollte Freude an einer guten Stunde haben, auch wenn die Veränderung beim Patienten nur klein ist und noch viel Arbeit bleibt, um das Erreichte in Verhaltensänderungen umzusetzen.

Ein Analytiker und jeder Therapeut sollte einmal darüber nachdenken, wie groß sein Anteil an den Erfolgen einer Therapie ist - und an den Mißerfolgen.

Seinen Patienten gegenüber sollte ein Therapeut, wenn eine Therapie beendet wird, ähnliche Gefühle entwickeln können wie ein Vater oder eine Mutter, deren Kinder aus dem Haus gehen. Es sind Gefühle der Trauer, aber auch der Erleichterung. Erst gegen Ende seines Berufslebens werden Patienten, die gehen, nicht durch neue ersetzt. Der Analytiker befindet sich dann in einer besonders schwierigen Lage. Ist er seinen Patienten gegenüber zu sehr in die Elternrolle geraten, hat er es vielleicht verlernt, ohne Patienten auszukommen. Die meisten Eltern, deren Kinder aus dem Haus gehen, sind nicht so alt, daß sie mit der Arbeit aufhören, und damit auch umstellungsfähiger als ein Analytiker am Ende seines Berufslebens, der nicht nur die "Kinder", sondern überhaupt seine Arbeit verliert. Analytiker, die nur therapeutische Analysen machen und nicht auch lehrend oder forschend tätig sind, haben es schwerer als solche, die neben der Behandlung ihrer Patienten immer schon andere Aufgaben hatten, die ihnen dann noch bleiben, wenn sie es nicht mehr verantworten können, mit Patienten zu arbeiten, oder wenn ihnen die Arbeit mit Patienten einfach zu beschwerlich geworden ist.

Gruppen

Viele Ängste, die ein Gruppentherapeut in der Gruppe empfinden kann (und die dieser mit den Patienten bis zu einem gewissen Maße teilt), hängen mit der Beziehung zur frühen Mutter zusammen, die durch das Globalobjekt Gruppe repräsentiert wird.

Andere Ängste haben etwas mit der Pluralität Gruppe zu tun. Ein Gruppentherapeut kann Angst haben, nicht allen gerecht zu werden. Manche Therapeuten gehen mit diesen Ängsten so um, daß sie sich auf Gesamtgruppendeutungen beschränken, und übersehen dabei, daß gerade Gesamtgruppendeutungen oft nicht von allen Patienten gleich gut genutzt werden können, sondern daß es notwendig wäre, auch auf den Einzelnen einzugehen - zum Beispiel, indem man die Art seiner Teilnahme an der Gesamtgruppenphantasie erfaßt. Vielen Gruppentherapeuten fällt es schwer, das Gemeinsame an einer Gruppenaktion zu sehen. *Einzeltherapie in der Gruppe*, eine Notlösung, zu der Anfänger dann oft greifen, ist allerdings nicht immer nur ungünstig. Ich habe schon darauf hingewiesen (z.B. in KÖNIG und LINDNER 1991), daß es zweckmäßig sein kann, die Gruppenmitglieder auf dem Wege über Einzelinterventionen zum Verständnis der Situation in der Gesamtgruppe hinzuführen. Manchmal genügt es auch, wenn der Therapeut eine Gesamtgruppendeutung kennt. Er kann seine an Einzelne gerichteten Interventionen dann danach ausrichten.

In der unsicheren Situation einer Gruppe, wo der Therapeut nicht im traditionellen Sinne leitet, suchen viele Therapeuten nach klaren Orientierungen und finden sie in stark reduktionistischen Konzepten. Sie beschäftigen sich nur mit dem Hier und Jetzt und behindern so den Transfer des in der Gruppe Erarbeiteten ins Alltagsleben der Patienten, sie geben nur Gesamtgruppendeutungen oder nur Einzeldeutungen. Die Situation in der Gruppe ist insofern prekär, als der Therapeut von mehreren Personen gleichzeitig angegriffen werden kann oder, wenn eine Person ihn angreift, dies vor den Augen der anderen geschieht. Therapeuten können Angst vor einem *Mobbing* durch die Gruppe haben, Angst, daß die Gruppe auseinanderfällt, eine Angst, die in der Einzeltherapie nicht auftreten kann.

Gerade Therapeuten mit starkem Machtstreben leugnen oft die Macht, die ihnen aus der Rolle des Gruppentherapeuten zuwächst. Eben dadurch, daß der Gruppentherapeut nicht im traditionellen Sinne leitet, befindet er sich in einer fast unangreifbaren Position. So lange die Gruppe sich trifft, bleibt der Therapeut Therapeut. Er kann nicht abgesetzt werden, eben auch deshalb, weil er die Rolle des Leiters im traditionellen Sinne von vornherein nicht einnimmt. Der Kontrast zwischen der Tatsache, daß es sich beim Therapeuten um den Gruppenleiter handelt, und der Tatsache, daß er nicht im üblichen Sinne leitet, bewirkt, daß die Gruppenmitglieder auf das, was er sagt oder zu erkennen gibt, besonderen Wert legen. Ich halte es für wichtig, daß der Gruppentherapeut von diesen Dingen weiß und sie berücksichtigt.

Im Kapitel über das Agieren bin ich auf die Art des Umgangs verschieden strukturierter Therapeuten mit Willkürhandlungen von Patienten eingegangen. Die Kontrolle über das Agieren ist bei ambulanten Gruppentherapien geringer als bei ambulanten Einzeltherapien. Das muß man bei der Indikationsstellung berücksichtigen; daneben ist aber ein Stück *Gegenübertragungsanalyse* notwendig, wenn einen das Willkürverhalten eines Patienten vor oder während der Therapie besonders beunruhigt.

Unter den Bedingungen der Gruppentherapie wacht der Therapeut über die Toleranzgrenze mehrerer Personen, die interagieren. Die Gruppenmitglieder wachen aber auch über ihn. Sie können den Therapeuten darauf aufmerksam machen, wenn er ins Gegenübertragungsagieren kommt; vor allem dann, wenn das Gegenübertragungsagieren nur ein einzelnes Gruppenmitglied betrifft und sich die anderen Gruppenmitglieder in der Position von Beobachtern befinden. Natürlich können die Wahrnehmungen der anderen Gruppenmitglieder übertragungsgefärbt sein, zum Beispiel kann eine Geschwisterrivalität die Phantasie erzeugen, ein bestimmtes Gruppenmitglied werde bevorzugt. Manchmal passiert es auch, daß Frauen, die sich vom Vater zurückgesetzt fühlten, den Eindruck bekommen, die Männer in der Gruppe würden bevorzugt, und umgekehrt. Es empfiehlt sich aber in jedem Fall, kritische Äußerungen eines Gruppenmitgliedes auch über das Verhalten des Therapeuten in der Gegenübertragungsanalyse auf ihren Wahrheitsgehalt zu überprüfen.

Jedes Mitglied einer therapeutischen Gruppe, Teilnehmer oder Leiter, kann auf die Gruppe als Gesamt, auf Untergruppen und auf einzelne Gruppenmitglieder übertragen. Leiter und Gruppenteilnehmer haben wie in der Einzeltherapie verschiedene Rollen; das Verhalten eines Therapeuten ist stärker festgelegt als das eines Patienten. Wie in der Einzeltherapie disponiert die therapeutische Rollenasymmetrie dazu, daß der Patient auf den Therapeuten eher Elternimagines, der Therapeut auf die Eltern eher Kinderimagines überträgt. Auf die Gesamtgruppe übertragen Patienten wie Therapeut in der Regel Elternimagines.

In der Gruppe treten Situationen auf, die das einzeltherapeutische Setting nicht bietet. Wenn ein einzelner Patient nicht zum Termin erscheint, ist die Situation für den Therapeuten eine andere, als wenn ein Gruppenmitglied nicht zum Gruppentermin erscheint. Im ersteren Fall bleibt die Stunde für den Therapeuten frei, im zweiten Fall muß er den Termin wahrnehmen, wenn andere Gruppenmitglieder gekommen sind. Er reagiert dann auf die Abwesenheit des Patienten, aber auch auf die Reaktionen der Gruppenmitglieder auf dessen Abwesenheit. Die Abwesenheit des Gruppenmitgliedes kann geleugnet werden, oder sie wird im Gruppengespräch übergangen, und der Therapeut muß dann entscheiden, ob er das anspricht oder nicht. Manchmal kann er versucht sein, mit den Gruppenmitgliedern in eine Kollusion des Leugnens einzutreten, vor allem dann, wenn mehrere Gruppenmitglieder fehlen und bei den Gruppenmitgliedern und beim Therapeuten die Phantasie der "zehn kleinen Negerlein" entsteht - die Gruppe könne sich unaufhaltsam verkleinern, bis sie nicht mehr existiert.

Ein Einzeltherapeut kann, wenn ein Patient nicht zum Termin kommt, seine Zeit anders verbringen, zum Beispiel mit anderen Menschen, mit einer wichtigen Arbeit, er kann nichts tun oder etwas tun, was ihm Spaß macht. Er kann die Zeit natürlich auch damit verbringen, über den nichtgekommenen Patienten und dessen Behandlung nachzudenken. Im letzteren Falle werden vielleicht Gegenübertragungsphantasien des Nicht-Gemocht- und des Verlassen-Werdens auftauchen. In einer Gruppe, die mit verminderter Teilnehmerzahl stattfindet, ist der Therapeut *auf jeden Fall* für die Dauer der Gruppensitzung mit der Tatsache konfrontiert, daß einer oder mehrere fehlen. Wenn das in ihm Gefühle des Verlassen-Seins, den Nicht-Gemocht- oder Nicht-Anerkanntseins auslöst, kann er denen nicht dadurch entgehen, daß er sich mit etwas anderem beschäftigt.

Wird der Therapeut von einem Gruppenmitglied angegriffen, geschieht das in Gegenwart der anderen Gruppenmitglieder. Trifft der Angreifende tatsächlich Schwächen des Therapeuten, werden die anderen Mitglieder auf solche Schwächen aufmerksam und der Therapeut kann dann das Gefühl haben, öffentlich blamiert zu sein.

Daß er im gleichen Zeitabschnitt viermal so viel Patienten behandelt wie bei einer Einzelanalyse, kann den Therapeuten freuen. Die Verantwortung kann ihn aber auch belasten. Da Gruppentherapie in Doppelstunden durchgeführt wird, sind die Abstände zwischen den Sitzungen größer als in der Einzeltherapie. Damit ist die Gefahr auch größer, daß ein Patient zwischen den Sitzungen agiert (mobilisierte Konflikte werden unter Umständen über die längere Zeit hin schwer ausgehalten). Die Gefahr ist auch größer, daß der Patient agiert, ohne in der Therapie darüber zu sprechen, größer jedenfalls als in einer Einzeltherapie, wo jeder in jeder Sitzung "dran" ist. Natürlich kann auch in einer Einzeltherapie bewußt verschwiegen oder "vergessen" werden, etwas Wichtiges zu berichten; in einer Gruppe ist aber die Versuchung größer, zu schweigen, wenn das Berichten Angst macht, weil immer auch noch andere da sind, die sprechen können.

Aus allen diesen Gründen haben Gruppentherapeuten in der Regel mehr Grund, das Agieren von Patienten zu fürchten, natürlich besonders im ambulanten Setting. Im stationären Setting, wo die Gruppentherapie nur einen Teil des therapeutischen Angebotes ausmacht, wird dem therapeutischen Team und damit auch dem Gruppentherapeuten eher klar, wenn ein Patient agiert und dadurch sich oder andere gefährdet, obwohl natürlich auch hier destruktives Agieren unbemerkt bleiben kann, zum Beispiel wenn es nach außen per Telefon oder in Briefen geschieht.

Obwohl ein Therapeut Ganzobjekte auf die Gruppe übertragen kann, tut er das in der Regel doch weniger als die Patienten, unter anderem deshalb, weil die Gruppe für ihn wegen des Informationsvorsprungs, den er aus den Vorgesprächen zur Gruppe hat, und durch Informationen, die er aufgrund seiner Berufserfahrung durch diagnostische Schlußbildung aus dem Gruppengeschehen ziehen kann, Gruppenmitglieder besser voneinander unterscheidet als die Patienten. Insgesamt kann man annehmen, daß die Gruppe für den Therapeuten weniger leicht zu einem Globalobjekt verschmilzt als für die übrigen Gruppenmitglieder.

Auf eine Gruppe mit Gruppenteilnehmern, die in ihrer Psychodynamik sehr ähnlich sind, wird ein Therapeut meist intensiver reagieren als auf eine Gruppe, die in ihrer Psychodynamik stärker gemischt ist. So hatte ich einmal in einer Gruppe, die nur aus passiv-oralen, arbeitsgestörten Studenten bestand, die Phantasie, um mich herum lägen acht Krokodile, die mich fressen wollten. Ich reagierte also auf die latente Gier der initiativlosen Studenten. Bildhafte Gegenübertragungsphantasien scheinen der Gesamtgruppe gegenüber häufiger aufzutauchen als einem einzelnen Patienten gegenüber. In ihnen stellt sich die Gruppensituation meist in Mehrpersonenphantasien dar, zum Beispiel in der Phantasie von einer Theatervorstellung, einer Zirkusvorstellung, einer Gerichtsverhandlung. Selten taucht in der Phantasie des Therapeuten ein Objekt auf, zu dem er außerhalb des therapeutischen Settings in einer Beziehung steht. Die Phantasien enthalten aber oft eine anonyme Gruppe.

So wie in Gruppen jedes Gruppenmitglied hoffen kann, ein *anderes* Mitglied könne sich mit Problemen präsentieren, kann der Therapeut in einer Gruppe hoffen, daß die therapeutische Arbeit von anderen übernommen wird, von den Patienten. Das ist bis zu einem gewissen Grad sicher erwünscht; die Verteilung der therapeutischen Arbeit zwischen Gruppenmitgliedern und Gruppenleiter hat aber in den verschiedenen Stadien der Gruppenentwicklung jeweils ein anderes Optimum. Nicht immer ist es günstig, wenn nur die Gruppenmitglieder konfrontieren, klären und deuten; ebensowenig ist es günstig, wenn nur der Therapeut dies tut. Stereotyp passive oder stereotyp hyperaktive Therapeuten passen sich den Erfordernissen des Gruppenprozesses in ihrer Aktivität nicht genug an.

Im Lehrbuch der analytischen Gruppenpsychotherapie (KÖNIG und LINDNER 1991) bin ich auf die verschiedenen Gründe eingegangen, die ein Patient haben kann, in einer Gruppe zu schweigen, und habe darauf hingewiesen, daß der Therapeut alle diese - persönlichkeitsbedingten - Gründe auch haben kann. Andererseits gibt es aber auch Unterschiede, die durch die verschiedenen Rollen bedingt sind, die Patienten und Therapeut einnehmen. Wenn ein Patient sich für die gesamte Gruppe verantwortlich zu fühlen scheint, übernimmt er eine Aufgabe, die eigentlich die des Therapeuten ist - entweder, weil er sich immer alle Verantwortung aufbürdet, oder weil er den Therapeuten für unfähig hält, oder weil er mit ihm rivalisiert und zeigen will, daß er es besser kann.

Deutet der Therapeut, entspricht das seiner Rolle. Deutet ein Patient, kann das seiner Rolle entsprechen oder nicht. Es entspricht durchaus seiner Rolle, wenn es nicht überwiegend eine Abwehrfunktion hat.

Wie der Einzeltherapeut kann natürlich der Gruppentherapeut deshalb deuten, weil er durch einen Widerstand gegen das Fortschreiten des Gruppenprozesses dazu motiviert ist. Das gilt für Deutungen, die zu früh erfolgen und so verhindern, daß Übertragungen weit genug anwachsen, um ihre Deutung effektiv zu machen. Manche Therapeuten deuten zu früh, weil sie unbewußt "wissen", daß sie damit auch den Widerstand in der Gruppe erhöhen und den Prozeß verlangsamen werden. Solche Motive kann auch ein deutendes Gruppenmitglied haben.

Gruppenmitglieder können sich hinter einem Therapeutenverhalten verstecken. Sie verlassen die Patientenrolle und nehmen die Rolle eines Therapeuten ein. Umgekehrt kann ein Therapeut die Therapeutenrolle verlassen und sich wie ein Patient verhalten, zum Beispiel dann, wenn er meint, daß die Gruppenmitglieder ihn mit ihren Erwartungen überfordern, wenn er Angst vor der Verantwortung hat oder Angst, als Therapeut nicht kompetent genug zu sein. Manche Therapeuten jonglieren mit den Rollen so, wie es ihrem Schutzbedürfnis entspricht. Wenn sie angegriffen werden, weil sie nichts tun oder leisten, weisen sie auf die Grenzen ihrer Möglichkeiten, ja auf ihre Schwächen hin und nehmen den Angriffen so die Spitze. Entdecken Patienten bei ihnen etwas Richtiges, geben sie das vor sich und natürlich auch vor den Patienten nicht zu, sondern sie flüchten sich in die Rationalisierung: *Alles ist Übertragung*.

Ein Therapeut sollte in seinem Verhalten vorhersehbar sein.

Das Verbalisieren von Gegenübertragung kann zu einem konzeptkonformen Rollenverhalten gehören, wenn man mit frühgestörten Patienten arbeitet. Ein Verbalisieren von Gegenübertragung kann mit Deutungen vermischt werden, ebenso wie ein Patient über seine Gefühle sprechen und gelegentlich auch deuten kann. Das Verbalisieren von Gegenübertragung steht dann aber im Dienst der Therapie und dient nicht etwa dazu, den Therapeuten zu entlasten, wenn es auch sekundär manchmal diese Wirkung haben kann. Der Wunsch, sich zu entlasten, darf sicher nicht das *hauptsächliche* Motiv eines Therapeuten sein, über die Gefühle zu sprechen, die ein Patient in ihm auslöst. Es ist verwirrend, wenn ein Therapeut sich über lange Perioden abstinent verhält, was die Beschreibung seiner Gefühle angeht, und dann plötzlich über seine Gefühle spricht, vor allem, wenn die Patienten merken, daß er es tut, um sich zu entlasten. Der Therapeut wird dann leicht als schwach erlebt, was die Gruppenmitglieder sehr beunruhigen kann, weil sie dann fürchten müssen, daß der Therapeut nicht in der Lage ist, in der Gruppe die Übersicht zu behalten und seine Schutzfunktion wahrzunehmen.

Phobische Therapeuten, die Angst haben, sich in Gruppen zu profilieren und sich von der Gruppe abzusetzen, und zwanghafte Therapeuten, die Dominanzimpulse abwehren, überlassen den Patienten oft dort die Führung, wo deren Aktivität dem Widerstand dient. So kann der Therapeut eine psychodynamische Hypothese in die Gruppe einbringen, andere Gruppenmitglieder tun dies dagegen entweder in Rivalität zum Therapeuten, oder weil die Deutung sie selbst mitbetrifft und Angst mobilisiert. Hier kann es notwendig sein, daß der Therapeut darauf beharrt, seine Hypothesen zu diskutieren und zu überprüfen, weil die Deutung sonst "untergeht". Das heißt, daß der Therapeut von den Privilegien seiner Rolle Gebrauch macht. Er kann zum Beispiel sagen: "Die anderen Hypothesen, die jetzt vorgebracht werden, sind mir plausibel und sollten überprüft werden. Dennoch möchte ich darauf bestehen, daß Sie sich auch mit dem auseinandersetzen, was ich gesagt habe, nämlich: ..."

Manchmal muß der Therapeut deutlich machen, daß er die therapeutischen Aktivitäten der Gruppenmitglieder zwar akzeptiert, aber nicht in diesem Fall, und muß dann begründen, warum nicht. Er kann zum Beispiel sagen: "An sich finde ich es gut, daß Sie sich kritisch Gedanken darüber machen, was in dem, was ich sage, wahr sein könnte und überlegen, was die Wahrheit besser trifft. Hier habe ich aber den Eindruck, daß Hypothesen, die Sie vorbringen von dem, was ich gesagt habe, ablenken sollen, und zwar deshalb, weil die Vermutung, die ich in Bezug auf Herrn X geäußert habe, auch auf andere Gruppenmitglieder zutreffen könnte. Ich würde mich wundern, wenn Herr X (auf den sich die Deutung bezieht) mit diesem Problem in der Gruppe allein wären". Solche Interventionen werden meist gut akzeptiert und führen zu selbstkritischen Aktivitäten der Gruppenmitglieder, auch weil die Gruppenmitglieder hier auf der Ebene der Arbeitsbeziehung angesprochen werden.

Weil die Gruppe als Verstärker für Emotionen wirkt (BATTEGAY 1976), und weil die Interaktionen in der Gruppe komplexer sind als in einer dyadischen Therapie, strengen Gruppentherapien mehr an als Einzeltherapien. Der Therapeut sollte das in Rechnung stellen. Er sollte sich zugestehen, daß eine Gruppe anstrengt, und seinen Tag und seine Woche so strukturieren, daß das berücksichtigt ist.

Balint-Gruppen und Team-Supervisionssitzungen strengen meist weniger an; das gleiche gilt für Fallseminare. Die Arbeit ist sachbezogener, die Beziehungen zu den Gruppenmitgliedern sind weniger asymmetrisch. Man muß weniger mit Übertragungen umgehen, und diese sind meist nicht so intensiv. Daß es bei Balint-Gruppen und Fall-Seminaren meist um einen Patienten oder eine Gruppe geht, die nicht anwesend sind, durch die aber die Interaktionen strukturiert und vereinfacht werden, spielt wahrscheinlich auch eine Rolle. Als ich noch weniger Erfahrung hatte, haben mich Fallseminare mehr angestrengt als heute, während ich bei den therapeutischen Gruppen keinen so großen Unterschied bemerke.

Anmerkungen zur Psychohygiene

Wie überhaupt beim Umgang mit Gegenübertragung empfiehlt es sich, auch positive Gefühle über den Beruf zu hinterfragen. Wenn ein Therapeut sehr viel arbeitet, außer mit seinen Patienten kaum mit Menschen umgeht, und damit zufrieden ist, muß man sich fragen, ob diese Art eingeschränkter Beziehung für diesen Therapeuten vielleicht das Optimum darstellt. Das ist dann nicht unproblematisch, weil solche Therapeuten zu unendlichen Analysen neigen und Schwierigkeiten damit haben können, das vom Patienten Erkannte und Erfahrene in der eigenen Phantasie auf Situationen des Alltagslebens eines Patienten anzuwenden, die sie aus eigener Erfahrung wenig kennen, und deren befriedigende Aspekte sie deshalb auch nicht schätzen gelernt haben. Hätte der Therapeut gern auch Beziehungen außerhalb einer therapeutischen Situation, gestatten das aber seine Lebensverhältnissen nicht, wird er sich durch die Patienten vielleicht ausgenommen und ausgehöhlt fühlen, ohne daß sein Geben irgendwo kompensiert, die Defizite aufgefüllt werden. Dann kann es zu einem Burn-out-Syndrom kommen.

Manche Patienten sind tatsächlich so schwierig, daß ein emotionaler Ausgleich nur begrenzt möglich ist. Niemand kann den ganzen Tag Borderline-Patienten behandeln und nichts anderes tun. Fast alle Therapeuten, die über Borderline-Patienten geschrieben haben, tun neben diesen Behandlungen noch anderes. Sie behandeln noch andere Patienten, haben administrative Aufgaben, lehren, forschen, publizieren. Es fällt auf, daß ein Großteil dieser Tätigkeiten eine Fülle narzißtischer Zufuhr bringen kann, was es diesen Kolleginnen und Kollegen wahrscheinlich erleichtert, Kränkungen und Frustrationen einer schwierigen therapeutischen Arbeit mit Borderline-Patienten auszuhalten. Chefs von Kliniken machen sich das oft nicht klar. Sie erwarten von ihren Mitarbeitern, die derartige narzißtische Zufuhren nicht haben, ebenso schwierige Patienten auszuhalten, wie sie selbst das können, und stellen zwar in Rechnung, daß den Mitarbeitern ihre Erfahrung fehlt, nicht aber die narzißtische Zufuhr in ihrer Position als Chef, Lehrer oder Autor.

In Kliniken stützen sich die Therapeuten im Umgang mit schwierigen Patienten gegenseitig. Sie haben meist auch die Gelegenheit zur Supervision, entweder mit einem Supervisor, dessen Rolle es ist, Supervision anzubieten, oder in Form der sogenannten kollegialen Supervision, im Miteinander-Sprechen über die Patienten. Wenn sie einander über die Patienten berichten, können sie sich auch emotional entlasten, und sie erhalten Hinweise für das Bearbeiten ihrer Gegenübertragung. Andererseits reagieren die Patienten in einer Klinik oft auch als Gruppe, und eine Gruppe wirkt als Verstärker von Emotionen. Das bedingt nun wieder eine besondere emotionale Belastung in sogenannten Krisenzeiten auf einer Station oder in der Gesamtklinik.

In einer Poliklinik gibt es solche Gruppenphänomene unter den Patienten nicht. Andererseits kommt es aber zu Spannungen im Team, die schwer aufgeklärt werden können, wenn ein Patient einem oder einigen, aber nicht allen Therapeuten bekannt ist und diese Untergruppe von Therapeuten durch seine Konflikte beeinflußt. Im Unterschied zu den Verhältnissen auf einer Station, wo alle Therapeuten alle Patienten einigermaßen kennen, ist es dann oft schwierig, die Ursachen unerklärlicher Spannungen im Team herauszufinden. Ein Supervisor muß sich unter Umständen damit begnügen, auf die Klärung der letzten Ursache zu verzichten und nur davon auszugehen, daß bei einem Teil der Therapeuten etwas in Resonanz geraten ist, was ihr Verhalten auch gegenüber den Kolleginnen und Kollegen beeinflußt, und auf dieser Ebene in der Teamsupervision arbeiten.

Die Fähigkeit eines Menschen, Affekte auszuhalten, ist begrenzt; das gilt für intensive Affekte über kurze Zeit und für weniger intensive Affekte über längere Zeit. Von vielen Therapeuten hört man, daß sie es vermeiden, Theaterstücke oder Filme anzusehen, die starke Affekte hervorrufen. Therapeuten mit Problemen im Privatleben behalten wenig Affektbereitschaft für ihre Patienten übrig. Ihre Affekttoleranz wird durch das Privatleben fast ausgeschöpft. Sicher gibt es viele Menschen, die zu wenig Affekte erleben und deshalb Filme oder Theaterstücke ansehen, um ihren Affekthunger zu befriedigen, zum Beispiel dann, wenn sie eine Tätigkeit haben, die wenig Affekte hervorruft. Ein technischer Zeichner in einem Konstruktionsbüro mit gutem Arbeitsklima und wenig Konflikten in seinem Privatleben sieht sich vielleicht Cowboy- oder Kriminalfilme an, um ein Defizit an aggressiven Emotionen aufzufüllen.

Allerdings kommt es auch vor, daß Therapeuten aufgestaute Affekte loswerden wollen und deshalb Filme oder Theaterstücke ansehen, wo sie sich mit aggressiv handelnden Personen identifizieren können, um ihre Affekte so in der Phantasie abzuführen.

Um Affekte abzuführen, eignet sich das Kino besser als das Fernsehen, die Zuschauer in einem Kinosaal wirken affektverstärkend. Zu Hause vor dem Fernseher fehlt die affektverstärkende Wirkung der Zuschauergruppe; außerdem wirken die Figuren auf der großen Leinwand suggestiver und können schon deshalb stärkere Affekte hervorrufen.

Da Psychotherapeuten viel mit jungen Leuten umgehen, fällt es ihnen leichter als anderen, Veränderungen von Normen und Werten der Gesellschaft wahrzunehmen, so daß sie sich damit auseinandersetzen können. Zu ihrer Kernidentität gehören aber die Normen und Werte, die gegen Ende ihrer Spätadoleszenz, also etwa bis zu ihrem 23. Lebensjahr gültig waren, und zwar in der Peergruppe, in der sie sich damals bewegten. Diese Kernidentität ist um so spannungsreicher und manchmal auch brüchiger, je größer die gesellschaftlichen Umwälzungen waren, die während der Adoleszenz stattgefunden haben. Groß waren sie zum Beispiel im Übergang von der Kriegs- zur Nachkriegszeit und in den 68er und frühen 70er Jahren.

Mit zunehmendem Alter wird es immer schwerer, die gesellschaftlichen Veränderungen zu integrieren. Das Verhalten gegenüber solchen Veränderungen rückt dann auf die Flügel der Möglichkeiten, es kommt entweder zu einer unkritischen Anpassung an Neues, aus Angst, sonst hinter der Entwicklung zurückzubleiben, oder es werden unkritische Gegenpositionen gegen alles Neue bezogen. Auch Psychotherapeuten bleiben nicht davor bewahrt, den Verhältnissen nachzutrauern, die in ihrer Jugend herrschten, auch Psychotherapeuten erinnern aus jener Zeit oft vorwiegend das Gute, zumal die Adoleszenz als Thema in den Lehranalysen bis in die jüngste Vergangenheit eine geringe Rolle spielte - man beschäftigte sich mehr mit den ödipalen Konflikten als mit ihren Neuauflagen in der Adoleszenz und allem, was Adoleszenz sonst noch bedeutet.

Allein schon die verstärkte Hinwendung der heutigen Psychotherapeuten zu den Konflikten und Problemen der Adoleszenz könnte dafür sprechen, eigene Selbsterfahrung zu ergänzen, in Zusammenarbeit mit einem Therapeuten, der sich in den Problemen der Adoleszenz auskennt - am besten in Selbsterfahrungsgruppen oder eben wieder in einem Stück Einzelanalyse.

Trauer wird oft so verstanden, als ob man nur um Objekte trauern könnte, um Menschen, vielleicht auch um Tiere, eventuell um den Verlust seiner Heimat. Trauern kann man aber auch um den Verlust von Kompetenzen und Lebensmöglichkeiten, wie sie im Alter eintreten, wenn die Kräfte in vielen Bereichen abnehmen. Man kann um verloren gegangene Attraktivität trauern, Attraktivität, die durch einen Unfall verloren wurde oder durch das Altern, und zwar nicht nur, weil ihr Verlust es vielleicht erschwert, Beziehungen aufzunehmen und zu erhalten, sondern auch, weil man sich selbst nicht mehr so gut gefällt, weil etwas, was einem an sich selbst gefallen hat, verloren ist. Auf solche Verluste reagieren manche Menschen mit Wut, Resignation, Depression, Vorwürfen an das Schicksal, Kränkung. Man kann aber auch trauern.

Trauern kann man nun nicht nur um Tatsächliches, sondern auch um Phantasiertes. Man kann mit Trauer von einer Phantasie Abschied nehmen, ob die nun ein Lebensziel betraf, persönliche Eigenschaften, die man glaubte zu haben und in Wirklichkeit nicht hat, um die Illusion, von einem bestimmten Menschen geliebt zu werden, einem Menschen helfen zu können oder sich als stärker zu erweisen als jener.

Ist die Trauerarbeit getan, tritt dann oft ein Gefühl der Befreiung ein. Man hat das Verlorene hinter sich gelassen. Zwar vermißt man es noch gelegentlich, wird gelegentlich dann noch traurig, aber es sind auch neue Kräfte frei geworden, die vorher in der Trauerarbeit gebunden waren. Man kann sich Neuem zuwenden, manche Menschen tun das selbst noch im hohen Alter. Soweit sie in der Vergangenheit leben, wenden sie sich neuen Aspekten der Vergangenheit zu, die sie vielleicht vorher wenig beachtet, für sich nicht ausgewertet haben, Beziehungserfahrungen, Eindrücke aus fremden Ländern, Erfahrungen mit

Dichtung und bildender Kunst. Oft gewinnt auch etwas, was man kennt und "abgehakt" zu haben glaubte, neue Bedeutungen und zeigt neue Aspekte,

Menschen, die ihre Lebensberechtigung daraus ableiten, für andere da zu sein - vor allem natürlich Menschen mit einer depressiven Struktur - haben es im Alter besonders schwer. Oft sind alte Menschen tatsächlich niemandem mehr nützlich. Gerade Psychoanalytiker, die meist bis ins höhere Alter arbeiten, können sich das schwer vorstellen. Immerhin sind alte Menschen oft besser in der Lage, für sich selbst etwas zu tun als für andere, und wer das nicht gelernt hat und nicht genießen kann, ist arm dran. Oft kehren sich für den Depressiven die Rollen auch um. Er hat sein ganzes Leben etwas für andere getan. Nun, da er alt und schwach ist, spürt er die Berechtigung, zu verlangen, daß andere etwas für ihn tun. Er hat es aber nicht gelernt, andere dazu zu motivieren. Deshalb scheint er mit seinen Erwartungen und Forderungen oft anspruchlich und egoistisch. Wird ihm das zum Vorwurf gemacht, trifft es ihn als Mensch, der immer für andere da war, besonders hart.

Man kann beobachten, daß ältere Analytiker älteren Menschen eher ein Veränderungspotential zutrauen, als sie das früher getan hatten. Das bezieht sich aber meist auf Leute, die ebenso alt sind wie sie oder etwas jünger. Oft aber scheuen sich Analytiker, die zwar noch voll leistungsfähig sind, denen das leistungseinschränkende Alter aber näher gerückt ist, mit Menschen umzugehen, die ihnen diese Einschränkungen vor Augen halten, obwohl das ihnen vielleicht helfen könnte, später selbst mit diesen Einschränkungen fertigzuwerden.

Junge Analytiker trauen älteren Patienten nicht nur noch wenig Veränderungen zu; sie fühlen sich bei ihnen auch "komisch" als jemand, der Auslöser für Elternübertragungen bieten soll. Die Erfahrung zeigt zwar, daß Elternübertragung auf einen jüngeren Analytiker möglich ist. Gleichzeitig kommt es aber doch auch zu Kindübertragungen. Mit denen umzugehen ist der Analytiker meist ungeübt. Zwar kann auch ein Kind den Eltern etwa sagen, Eltern können von Kindern lernen, wie Väter und Mütter wissen, die dazu bereit sind und ihre Autorität dadurch nicht gefährdet fühlen. Die Konflikte der alten Menschen betreffen, soweit sie die Persönlichkeit geformt haben, aber überwiegend ihre Eltern und Geschwister.

Zwar ist es möglich, daß sich im Konflikt mit Kindern wesentliche Persönlichkeitsaspekte darstellen - gerade problematische Eigenschaften des Charakters - und es gibt bekanntlich Übertragungssituationen, in denen der Analytiker zum Kind gemacht wird und der Patient sich mit einem Elternteil identifiziert. Die meisten Analytiker fühlen sich in einer solchen Konstellation aber unwohl und interpretieren diese Übertragungsform oft zu rasch als Widerstand gegen eine Elternübertragung, in der sich der Patient schlecht fühlen würde - da überträgt er lieber Anteile seines kindlichen Selbst und nimmt die Elternposition ein. Im Umgang mit alten Menschen kann es aber wichtig sein, die Kind-Eltern-Konstellation über längere Zeit auszuhalten. Die wenigen Erfahrungen, über die ich in dieser Hinsicht verfüge, zeigen mir, daß man dann doch Veränderungen erzielen kann, die eine solche Übertragungskonstellation als eigenständiges Arbeitsfeld rechtfertigen.

Anhang

Fragen zur Gegenübertragung

Wie würde ich den Patienten beschreiben? ✓
An wen erinnert er mich? ✓
Was löst er in mir aus? (Phantasien, Einfälle, Affekte, Stimmungen, Handlungsimpulse) ✓
Meine ich, daß ich eine richtige Indikation gestellt habe? ✓
Sehe ich während der Therapie häufig auf die Uhr?
Vergesse ich die Zeit?
Was sind die wichtigsten Beziehungspersonen des Patienten? ✓
Welche Gefühle lösen die in mir aus? ✓
Wenn der Patient Streit mit wichtigen Beziehungspersonen hat, auf wessen Seite stehe ich innerlich?
Möchte ich mit dem Patienten privat etwas zu tun haben?
Was?
Ist mir die soziale Schicht vertraut, aus der der Patient kommt?
Wie finde ich diese soziale Schicht?
Fällt mir der Patient zwischen den Stunden ein?
Was löst die Einfälle aus?
Mache ich mir Sorgen um ihn?
Habe ich Angst um ihn?
Habe ich Angst vor ihm?
Habe ich Angst vor seinen Beziehungspersonen?
Habe ich Angst vor dem Kollegen, der ihn überwiesen hat?
Wie schätze ich die Einstellungen des Patienten zu seinen Beziehungspersonen ein?
Wie bewerte ich sie?
Wie schätze ich die Einstellung des Patienten zu seiner Arbeit ein?

Wie bewerte ich sie?

Wie finde ich seine Freizeitbeschäftigungen?

Wenn er eine körperliche Erkrankung oder eine Behinderung hat: Kann ich mich da hineinfühlen?

Wie finde ich die Pünktlichkeit des Patienten?

Die Unpünktlichkeit?

Wenn der Patient aus einer anderen Sozialschicht stammt: Berücksichtige ich das in meinen Interventionen?

Überfordere ich ihn?

Unterfordere ich ihn?

Worum beneide ich den Patienten?

Ist der Patient/die Patientin erotisch attraktiv?

Für mich?

Für andere?

Könnte sich da was ändern?

Wenn die Patientin/der Patient meine Tochter/mein Sohn wäre, wie wäre voraussichtlich die Beziehung?

Was würde mich stören?

Was würde ich gut finden?

Welche Eigenschaften des Patienten lehne ich ab?

Wenn ich das Ende der Therapie antizipiere: Kann ich mich voraussichtlich schwer oder leicht trennen?

Wenn ich mir meine Primärfamilie vorstelle, welche der Personen aus der Primärfamilie sind in meinen derzeitigen äußeren Beziehungen repräsentiert?

Könnte der Patient meine jetzige Familie vervollständigen? Oder wäre er zuviel?

Möchte ich mit diesem Patienten verwandt sein?

Könnte ich mir vorstellen, ein besserer Partner/eine bessere Partnerin für den Patienten zu sein?

In welcher Hinsicht?

Worin würde der Patient mich überfordern?

Worin würde er mich entlasten?

Im Vergleich mit meinem Partner: Was sind die Unterschiede und Gemeinsamkeiten?

Konnte ich mir seinen Namen leicht merken?

Wenn der Patient geht: Bin ich zufrieden, unzufrieden, erleichtert?

Träume ich vom Patienten?

Träume ich von Personen, hinter denen sich der Patient verbergen könnte?

Für Therapeuten, die mitschreiben: Ist es mir leicht, mitzuschreiben, oder schwer? Und warum?

Wird die Patientin/der Patient plötzlich erotisch attraktiv für mich?

Verschwindet eine erotische Attraktion, die vorher vorhanden war?

Fühle ich mich zu Aktivität gedrängt?

Habe ich Angst vor Aktivität?

Glaube ich, daß der Patient schon weiß, was ich weiß, zum Beispiel meinen Urlaubstermin?

Ich werde idealisiert: Warum?

Soll eine alternative Übertragung verhindert werden?

Wird einfach nur ein ideales Objekt übertragen?

Soll ich ein starker Bundesgenosse sein?

Soll ich ein starker Therapeut sein?

Soll ich ein Therapeut sein, bei dem man nicht arbeiten muß?

Will mir der Patient zeigen, wie ich eigentlich sein sollte, indem er mir die Eigenschaften, die er sich wünscht, schon zuschreibt?

Finde ich den Patienten besonders interessant?

Ist er mir uninteressant geworden?

Werde ich in den Stunden müde?

Verspüre ich bei manchen Äußerungen des Patienten einen blitzartig auftretenden Ärger?

Bereue ich, die Therapie angefangen zu haben?

Habe ich ein Bedürfnis nach Supervision?

Würde ich es als kränkend empfinden, wenn ich Supervision für diesen Patienten annehmen würde?

Wie empfinde ich direkte Angriffe des Patienten?

Verbale?

Überschreitungen der Grenzen des Settings?

Wie empfinde ich die Widerstände des Patienten?

Als sinnvoll eingesetzt?

Als unnötig bremsend?

Als immobilisierend?

Als schlau?

Als plump?

Ärgere ich mich über die Abwehrmechanismen, die der Patient einsetzt, weil ich sie von mir gut kenne?

Bin ich besonders tolerant gegen seine Abwehrmechanismen, weil ich sie von mir gut kenne?

Wie finde ich die Reaktionen des Patienten auf meine Konfrontationen?

- auf meine Klarifizierungen?
- auf meine Deutungen?

Stimmt der Patient immer zu?

Macht mich das zufrieden?

Macht mich das unsicher?

Macht mich das mißtrauisch?

Stimmt der Patient regelmäßig nicht zu (ja, aber)?

Ärgert mich das?

Finde ich das positiv?

Gebe ich mich damit zufrieden, daß der Patient zustimmt?

Achte ich auf die Auswirkungen meiner Deutungen auf den Prozeßverlauf?

Achte ich darauf, ob und wie eine Einsicht im Alltagsleben des Patienten umgesetzt wird?

Glaube ich, daß mehr die Einsicht oder mehr die Beziehung heilt?

Interessieren mich Menschen, die dem Patienten wichtig sind?

Wenn der Patient im Umgang mit diesen Menschen Einsichten umsetzt, finde ich das wichtig oder unwichtig?

Freue ich mich, oder langweilt es mich, wenn der Patient von etwas außerhalb der analytischen Dyade spricht?

Freue ich mich über die Fortschritte der Therapie?

Bei negativen therapeutischen Reaktionen: Halte ich sie für analysierbar?

Enttäuschen, ärgern oder kränken sie mich?

Habe ich geprüft, ob es sich um eine echte negative therapeutische Reaktion handelt, oder ob eine Intervention schlecht war?

Habe ich das Leiden des Patienten nicht ernst genommen, indem ich auf die schon erreichten Fortschritte hinwies und nicht berücksichtigte, daß diese im Vergleich zu dem, was noch zu bearbeiten bleibt, klein sind?

✳ Bin ich überskeptisch gegenüber Fortschritten in der Therapie?

Sind sie mir zu gering?

Unheimlich groß?

Beurteile ich die Fortschritte dieses Patienten anders als die Fortschritte der meisten anderen Patienten?

✳ Habe ich Mühe, den Redefluß des Patienten zu begrenzen?

Habe ich das Gefühl, man muß ihm alles herausziehen?

Wie sind meine Gefühlsreaktionen darauf?

Bei fortgeschrittenen Therapien: Warum will ich diese Therapie noch fortsetzen?

Sind es Ziele, die der Patient noch erreichen will?

Meine Ziele?

Habe ich Angst vor dem, was um die Ecke liegt?

Habe ich Angst vor Trennung?

Habe ich das Gefühl, dem Patienten etwas schuldig geblieben zu sein?

Habe ich einen Drang nach Vollständigkeit?

Nach Vollkommenheit?

Weiß ich überhaupt, ob der Patient noch seine Symptome hat?

Wenn es sich um Beziehungsprobleme handelt: Wie konfliktarm sollen die Beziehungen des Patienten werden?

Wenn es sich um Arbeitsstörungen handelt: Was soll der Patient in seiner Arbeit erreichen?

Gehöre ich zu den Menschen, die gerade bei Schwierigkeiten zu besonderer Aktivität gebracht werden und dabei die Ziele der Aktivität aus den Augen verlieren?

Habe ich bestimmte Konfliktbereiche "übersehen"?

Weil es auch die meinigen sind?

Weil ich Konfliktbereiche mit dem Patienten bearbeitet habe, die ich von mir gut kenne, und andere beiseite gelassen habe, die ich nicht so gut kenne?

Habe ich einen Konfliktbereich übersehen, damit noch etwas zu bearbeiten bleibt und die Trennung hinausgeschoben wird?

Habe ich einen Konfliktbereich übersehen, weil mich der Patient/die Patientin im beruflichen Status übertreffen könnte, wenn er diesen Bereich bearbeitet hat?

Weil der Patient/die Patientin für mich dann zu attraktiv werden könnte?

Wünsche ich mir private Beziehungen zum Patienten/zur Patientin?

Sind es Phantasien oder konkrete Wünsche?

Wenn es konkrete Wünsche sind, wie kann ich die rechtfertigen?

Oder habe ich es vermieden, darüber nachzudenken?

Weiß ich, was der Patient zur Zeit auf mich überträgt?

Wenn nicht, was tue ich, um die Situation zu klären?

Kann es sein, daß ich eine Übertragung ahne und fürchte, und deshalb den Widerstand gegen das Manifestwerden der Übertragung nicht bearbeite?

Bin ich in letzter Zeit besonders nett zu dem Patienten?

Hat es etwas damit zu tun, daß eine aggressive Übertragung ansteht, die ich verhindern möchte?

Fühle ich mich im Umgang mit aggressiven Übertragungen besonders sicher?

Hat es etwas damit zu tun, daß mir Aggressivität in Beziehungen vertraut ist, ich Nähe dagegen fürchte?

Oder neige ich dazu, Aggressionen masochistisch zu verarbeiten und zum Beispiel eine moralische Befriedigung daraus zu ziehen, daß ich solche Aggressionen aushalten kann?

Will ich einem idealen Elternbild folgen, das viel aushält?

Ich erwarte eine Liebesübertragung - liegt wirklich eine an?

Ich bin der Meinung, daß keine Liebesübertragung anliegt: Will ich sie vielleicht nicht erkennen?

Wie fühle ich mich mit heterosexuellen Liebesübertragungen? Mit homosexuellen?

Neige ich dazu, Liebesübertragungen nur auf eigene persönliche Vorzüge zu beziehen?

Neige ich dazu, Liebesübertragung als etwas anzusehen, das mich persönlich nichts angeht?

Neige ich dazu, Liebesübertragung nicht zu respektieren?

Bin ich mir klar darüber, wozu eine Liebesübertragung nützen kann?

Neige ich dazu, Liebesübertragung zu locken?

Empfinde ich eine Liebesübertragung als Zumutung, weil der Partner im privaten Leben wegen mangelnder Vorzüge nicht in Frage käme?

Neige ich dazu, eine positive präödipale Übertragung als eine ödipale Liebesübertragung anzusehen?

Neige ich dazu, eine ödipale Liebesübertragung als präödipale anzusehen?

Neige ich dazu, adoleszente Übertragungen als ödipal anzusehen?

Oder umgekehrt?

Ist alle Liebe von Patientinnen/Patienten für mich nur Übertragung?

Empfinde ich Gefühle und Wünsche des Patienten, die ich von mir nicht kenne oder die bei mir weniger intensiv sind, als unangemessen? (Gilt für aggressive und Liebesübertragung)

Bin ich mir im klaren darüber, daß Leistung Liebe nicht bewirken kann?

Bin ich mir im klaren darüber, daß Mangel an Leistung Liebe verhindern kann?

Wenn ich mich langweile - was ist die Ursache?

Gestehe ich mir nicht zu, mich über den Patienten zu ärgern?

Neige ich dazu, mich in der Weise in den Patienten hineinzufühlen, daß ich frage, was ich wohl an seiner Stelle tun würde, statt zu fragen, was der Patient empfindet und tun möchte?

Bagatellisiere ich Unterschiede in Normen und Werten?

Überbewerte ich sie?

Wie gehe ich überhaupt mit Normen und Werten um, die nicht die meinen sind?

Womit kann mich ein Patient am leichtesten provozieren?

Zur Psychohygiene des Therapeuten

Was mache ich in den Pausen zwischen den Sitzungen?

Wieviel Zeit zwischen den Stunden empfinde ich als optimal?

Wieviel Zeit nehme ich mir tatsächlich?

Warum nicht mehr oder weniger?

Wird meine Arbeit angemessen bezahlt?

Müßte ich mehr bekommen?

Oder weniger?

Wie reagiere ich darauf?

Gibt es für mich Zeiten, in denen ich selten an Patienten denke?

Mit welchen Gefühlen denke ich an sie?

An welche Patienten denke ich außerhalb der Arbeitszeit nie?

Sind das vielleicht Patienten, die selbst dazu neigen, die Stunden von der übrigen Zeit des Tages zu isolieren?

Oder sind es Patienten, die dazu neigen, die Stunden auszudehnen, wogegen ich mich dann zur Wehr setze?

Fällt es mir sehr leicht/sehr schwer, Störendes aus meinem Bewußtsein zu verdrängen (zu unterdrücken)?

Neige ich dazu, meine Gedanken und Gefühle auf einen Patienten zu konzentrieren, so daß die anderen Patienten zu kurz kommen?

Neige ich auch sonst dazu, in einem bestimmten Beziehungsfeld (Familie, Arbeitskollegen) eine Person als allein wichtig zu empfinden?

Empfinde ich das als ein Problem, das zu seiner Lösung weitere Selbsterfahrung brauchen würde, oder meine ich, es gehe allen Menschen so?

Werden mir im Kino bei traurigen Filmen oft die Augen naß, obwohl mir das unangenehm ist?

Nehmen die Patienten mein Gefühlsleben so in Anspruch, daß ich mir keine traurigen Filme anschauen mag?

Bin ich in meiner Freizeit am liebsten allein, obwohl ich früher ein geselliger Mensch war?

Hat das etwas mit emotionaler Überlastung durch meine Patienten zu tun?

Was könnte ich an meiner Arbeit ändern, damit mir die Kraft bleibt, auch mit anderen Menschen umzugehen als nur mit den Patienten?

Oder habe ich Probleme in symmetrischen Beziehungen, und ist deshalb die asymmetrische Therapeut-Patient-Beziehung für mich das Optimale?

Ist es die Mischung von Intimität und Distanz?

Die klare Rollenverteilung?

Das Machtgefühl im Umgang mit Menschen, die Hilfe brauchen?

Die moralische Befriedigung, mich eingesetzt zu haben?

Weisen mich andere Menschen zurück, wenn ich ihnen helfen oder mich unter Zurücknahme eigener Interessen für sie einsetzen will, zum Beispiel meine Kinder, mein Partner, Freunde, Arbeitskollegen?

Bin ich im Umgang mit anderen Menschen leicht kränkbar, und macht mir ein kränkendes Verhalten eines Patienten wenig aus, weil ich es seiner Pathologie zuschreiben kann?

Erhalte ich von niemandem soviel Anerkennung wie von meinen Patienten?

Soviel Bewunderung?

Fürchte ich, eine Beziehung, von der nicht abzusehen ist, daß sie enden wird, könnte mich zu abhängig machen?

Fühle ich mich als "Begleiter" eines Patienten besonders wohl und habe ich sonst niemanden, den ich begleiten kann?

Reagiere ich lieber, als daß ich aus mir heraus handle?

Was äußert sich darin, daß ich wenig interveniere?

Was darin, daß ich mich schwer aufraffen kann, Arbeiten zu erledigen, die es verlangen, daß ich initiativ werde und gestalte (zum Beispiel beim Schreiben von Berichten im Gutachterverfahren)?

Literatur

AHRENS, S. u. DEFFNER, D. (1985): Alexithymie - Ergebnisse und Methodik eines Forschungsbereiches der Psychsomatik. Psychother. Psychosom. Med. Psychol. 35: 147-159.
ALEXANDER, F. (1956): Psychoanalysis and psychotherapy. W.W. Norton, New York.
ALEXANDER, F. (1977): Psychosomatische Medizin. Walter de Gruyter, Berlin/New York.
ARGELANDER, H. (1967): Das Erstinterview in der Psychotherapie. Psyche 21: 341-368; 429-467; 473-512.
ARGELANDER, H. (1985): Der Flieger. Eine charakteranalytische Fallstudie. Suhrkamp, Frankfurt a.M.
BATTEGAY, R. (1976): Der Mensch in der Gruppe. Bd. 1, 5. Aufl. Huber, Bern.
BELAND, H. (1992): Der Lehranalytiker, der gut genug ist. In: U. STREECK u. H.-V. WERTHMANN (Hg.), Lehranalyse und psychoanalytische Ausbildung. Vandenhoeck u. Ruprecht, Göttingen, S. 11-26.
BION, W.R. (1959): Attacks on linking. Int. J. Psycho-Anal. 40: 308-315.
BION, W.R. (1970): Attention and interpretation. Tavistock, London.
BISCHOF, N. (1985): Das Rätsel Ödipus. Piper, München.
BRADLOW, P.A. u. COEN, S.J. (1975): The analyst undisguised in the initial dream in psychoanalysis. Int. J. Psycho-Anal. 56: 415-425.
BRENNER, C. (1976): Psychoanalytic technique and psychic conflict. Int. Univ. Press, New York.
BRENNER, C. (1977): Working alliance, therapeutic alliance, and transference. J. Am. Psa. Ass. (Suppl.) 37: 137-157.
BRENNER, C. (1982): The mind in conflict. Int. Univ. Press, New York.
CALDER, K.T. (1980): An analyst's self-analysis. J. Am. Psa. Ass. 28: 5-20.
CHASSEGUET-SMIRGEL, J. (1986): Die archaische Matrix des Ödipuskomplexes. In: DIES., Zwei Bäume im Garten. Verlag Internationale Psychoanalyse, München/Wien (1988), S. 88-111.
CHEDIAK, C. (1979): Counter-reactions and countertransference. Int. J. Psycho-Anal. 60: 117-129.
CHUSED, J.F. u. RAPHLING, D.L. (1992): The analyst's mistakes. J. Am. Psa. Ass. 40: 89-116.
CREMERIUS, J. (1977a): Grenzen und Möglichkeiten der psychoanalytischen Behandlungstechnik bei Patienten mit Über-Ich-Störungen. Psyche 31: 593-636.

CREMERIUS, J. (1977b): Übertragung und Gegenübertragung bei Patienten mit schwerer Über-Ich-Störung. Psyche 31: 879-896.
CREMERIUS, J. (1979): Gibt es zwei psychoanalytische Techniken? Psyche 33: 577-599.
DOOLITTLE, H. (1956): Tribute to Freud. Norman Holmes, New York (Dt.: Huldigung an Freud. Ullstein, Frankfurt a.M. 1975).
DÜHRSSEN, A. (1972): Analytische Psychotherapie in Theorie, Praxis und Ergebnissen. Vandenhoeck u. Ruprecht, Göttingen.
EISSLER, K.R. (1953): The effect of the structure of the ego on psychoanalytic technique. J. Am. Psa. Ass. 1: 104-143.
ERIKSON, E. (1970): Identität und Lebenszyklus. Suhrkamp, Frankfurt a.M.
ERMANN, M. (1987): Behandlungskrisen und die Widerstände des Psychoanalytikers. Bemerkungen zum Gegenübertragungswiderstand. Forum Psychoanal. 3: 100-111.
ETCHEGOYEN, R.H. (1991): The fundamentals of psychoanalytic technique. Karnac, London/New York.
EZRIEL, H. (1960/61): Übertragung und psychoanalytische Deutung in der Einzel- und Gruppenpsychotherapie. Psyche 14: 496-523.
FLIESS, R. (1942): Metapsychology of the analyst. Psychoanal. Quart. 11: 211-227.
FLIESS, R. (1953): Countertransference and counteridentification. J. Am. Psa. Ass. 1: 268-284.
FREUD, S. (1900): Die Traumdeutung. G.W. II/III. S. 1-642.
FREUD, S. (1905): Bruchstück einer Hysterie-Analyse. G.W. V, S. 163-286.
FREUD, S. (1909): Der Familienroman der Neurotiker. G.W. VII, S. 227-231.
FREUD, S. (1912): Ratschläge für den Arzt bei der psychoanalytischen Behandlung. G.W. VIII, S. 367-387.
FREUD, S. (1914): Erinnern, Wiederholen und Durcharbeiten. G.W. X, S. 126-136.
FREUD, S. (1915a): Das Unbewußte. G.W. X, S. 264-303.
FREUD, S. (1915b): Bemerkungen über die Übertragungsliebe. G.W. X, S. 305-321.
FREUD, S. 1919): Wege der psychoanalytischen Therapie. G.W. XII, S. 183-194.
FREUD, S. (1920): Jenseits des Lustprinzips. G.W. XIII, S. 3-69.
FREUD, S. (1921): Massenpsychologie und Ich-Analyse. G.W. XIII, S. 73-161.
FREUD, S. (1923): Das Ich und das Es. G.W. XIII, S. 237-289.
FREUD, S. (1926): Hemmung, Symptom und Angst. G.W. XIV, S. 111-205.
FREUD, S. (1927a): Die Zukunft einer Illusion. G.W. XIV, S. 325-380.
FREUD, S. (1927b): Psychoanalysis and faith: The letters of Sigmund Freud and Oskar Pfister. H. Meng u. E.L. Freud (Hg.), Basic Books, New York (zit. n. E.A. Ticho 1972), S. 113-117.

FREUD, S. (1933): Neue Folge der Vorlesungen zur Einführung in die Psychoanalyse. G.W. XV, S. 3-197.
FREUD, S. (1937): Die endliche und die unendliche Analyse. G.W. XVI, S. 57-99.
GILL, M.M. (1954): Psychoanalysis and exploratory psychotherapy. J. Am. Psa. Ass. 2: 771-797.
GILL, M.M. (1967; Hg.): The collected papers of David Rapaport. Basic Books, New York/London.
GILL, M.M. (1982): Analysis of transference. Vol. I: Theory and technique. Int. Univ. Press, New York.
GLOVER, E. (1955): The technique of psychoanalysis. Int. Univ. Press, New York.
GREENSON, R.R. (1967): The practice and the technique of psychoanalysis. Int. Univ. Press, New York (Dt.: Technik und Praxis der Psychoanalyse, Klett, Stuttgart 1975).
GREENSON, R.R. (1974): The decline and fall of the 50-minute hour. J. Am. Psychoanal. Ass. 22: 785-791.
GREENSON, R.R. u. WEXLER, M. (1969): The non-transference relationship in the psychoanalytic situation. Int. J. Psycho-Anal. 50: 27-39.
GRINBERG, L. (1962): On a specific aspect of countertransference due to the patient's projective identification. Int. J. Psycho-Anal. 43: 436-440.
GRINBERG, L. (1982): Los afectos en la contertransferencia. Einführung zum Panel Los afectos en la contratransferencia. Fourteenth Latinamerican Psychoanalytic Congress, FEPAL, Garamond. Actas, 205-209 (zit. n. Etchegoyen 1991).
GRUNERT, U. (1975): Der Analytiker im Initialtraum. Psyche 29: 865-889.
HEIGL, F. (1960): Die Gegenübertragungsangst und ihre Bedeutung. Zschr. Psychosom. Med. Psychoanal. 6: 29-35.
HEIGL, F. (1987): Indikation und Prognose in Psychoanalyse und Psychotherapie. Vandenhoeck u. Ruprecht (3. Aufl.), Göttingen.
HEIGL-EVERS, A. (1968): Einige technische Prinzipien der analytischen Gruppenpsychotherapie. Zschr. Psychosom. Med. Psychoanal. 14: 282-291.
HEIGL-EVERS, A. u. HEIGL, F. (1973): Gruppentherapie: interaktionell - tiefenpsychologisch fundiert (analytisch orientiert) - psychoanalytisch. Gruppenpsychother. Gruppendyn. 7: 132-157.
HEIGL-EVERS, A. u. HEIGL, F. (1983): Das interaktionelle Prinzip in der Einzel- und Gruppenpsychotherapie. Zschr. Psychosom. Med. Psychoanal. 29: 1-14.
HEIMANN, P. (1950): On countertransference. Int. J. Psycho-Anal. 31: 81-84.
HENSELER, H. (1974): Narzißtische Krisen - Zur Psychodynamik des Selbstmords. Rowohlt, Reinbek.
HENSELER, H. (1981): Behandlungsprobleme bei chronisch-suizidalen Patienten. In: C. REIMER (Hg.), Suizid - Ergebnisse und Therapie. Springer, Berlin/Heidelberg/New York.

HOFFMANN, S.O. (1979): Charakter und Neurose. Suhrkamp, Frankfurt a.M.
HOFFMANN, S.O. (1983): Die niederfrequente psychoanalytische Langzeittherapie. Konzeption, Technik und Versuch einer Abgrenzung gegenüber dem klassischen Verfahren. In: HOFFMANN, S.O. (Hg.), Deutung und Beziehung. - Kritische Beiträge zur Behandlungskonzeption und Technik in der Psychoanalyse. Fischer, Frankfurt a.M., S. 183-193.
HORNEY, K. (1973): Unsere inneren Konflikte. Kindler, München.
JANUS, L. (1987): Die Bedeutung des Konzepts der Geburtsangst in der Geschichte der Psychoanalyse. Psyche 41: 832-845.
KÄCHELE, H. (1992): Die Persönlichkeit des Psychotherapeuten und ihr Beitrag zum Behandlungsprozeß. Zschr. Psychosom. Med. Psychoanal. 38: 227-239.
KEMPER, W. (1953/54): Die Gegenübertragung. Psyche 7: 593-626.
KERNBERG, O.F. (1965): Notes on countertransference. J. Am. Psa. Ass. 13: 38-56.
KERNBERG, O.F. (1979): Borderline-Störungen und pathologischer Narzißmus. Suhrkamp, Frankfurt a.M. 3. Aufl.
KERNBERG, O.F.; SELZER, M.A.; KOENIGSBERG, H.W.; CARR, A.C. u. APFELBAUM, A.H. (1989): Psychodynamic psychotherapy of borderline patients. Basic Books, New York.
KIND, J. (1987): Strukturabhängige Gegenübertragungsschwierigkeiten bei suizidalen Patienten. Forum Pschoanal. 3: 215-226.
KIND, J. (1992): Suizidal. Die Psychoökonomie einer Suche. Vandenhoeck u. Ruprecht, Göttingen.
KLEIN, M. (1946): Notes on some schizoid mechanisms. Int. J. Psycho-Anal. 27: 99-110.
KLÜWER, R. (1983): Agieren und Mitagieren. Psyche 37: 828-840.
KÖNIG, K. (1975): Der Einfluß des klinisch-therapeutischen Settings auf die konfliktorientierte Behandlungsmotivation der Patienten. Psychother. Med. Psychol. 25: 103-108.
KÖNIG, K. (1976): Übertragungsauslöser - Übertragung - Regression in Gruppen. Gruppenpsychother. Gruppendyn. 10: 220-232.
KÖNIG, K. (1979): Transfert et alliance coopérative en groupanalyse. Bull. Soc. franc. Psychotherapie de Groupe, Nov., 1-19.
KÖNIG, K. (1981): Angst und Persönlichkeit. Das Konzept vom steuernden Objekt und seine Anwendungen. Vandenhoeck u. Ruprecht, Göttingen. 3. Aufl. 1991.
KÖNIG, K. (1982): Der interaktionelle Anteil der Übertragung in Einzelanalyse und analytischer Gruppenpsychotherapie. Gruppenpsychother. Gruppendyn. 18: 76-83.
KÖNIG, K. (1984): Unbewußte Manipulation in der Psychotherapie und im Alltag. Georgia Augusta 40: 10-16.
KÖNIG, K. (1991a): Praxis der psychoanalytischen Therapie. Vandenhoeck u. Ruprecht, Göttingen.

KÖNIG, K. (1991b): Projective identification. Group Analysis 24: 323-331.
KÖNIG, K. (1991c): Merkmale des Therapeutenverhaltens entlang bipolarer Kontinua. Forum Psychoanal. 7: 283-290.
KÖNIG, K. (1992a): Projektive Identifizierung. Gruppenpsychother. Gruppendyn. 28: 17-28.
KÖNIG, K. (1992b): Kleine psychoanalytische Charakterkunde. Vandenhoeck u. Ruprecht, Göttingen.
KÖNIG, K. (1993): Einzeltherapie außerhalb des klassischen Settings. Vandenhoeck u. Ruprecht, Göttingen.
KÖNIG, K. u. KREISCHE, R. (1991): Psychotherapeuten und Paare. Vandenhoeck u. Ruprecht, Göttingen.
KÖNIG, K. u. LINDNER, W.-V. (1991): Psychoanalytische Gruppentherapie. Vandenhoeck u. Ruprecht, Göttingen.
KÖRNER, J. (1989a): Kritik der "therapeutischen Ich-Spaltung". Psyche 43: 385-396.
KÖRNER, J. (1989b): Arbeit an der Übertragung? Arbeit an der Übertragung! Forum Psychoanal. 5: 209-223.
KOHUT, H. (1971): The analysis of the self. Int. Univ. Press, New York.
KREISCHE, R. (1986): Zu den Auswirkungen von Charakterstruktur, Übertragung und Gegenübertragung bei der Behandlung neurotischer Paarkonflikte. Gruppenpsychother. Gruppendyn. 22: 22-35.
KRUTZENBICHLER, H.S. u. ESSERS, H. (1991): Muß denn Liebe Sünde sein? Kore, Freiburg i.Br.
LANGS, R. (1976): The bipersonal field. Jason Aronson, New York.
LANGS, R. (1979): The supervisory experience. Jason Aronson, New York.
LESTER, E.P; JODOIN, R.-M. u. ROBERTSON, B.M. (1989): Countertransference dreams reconsidered: A survey. Int. Rev. Psycho-Anal. 16: 305-314.
LITTLE, M. (1951): Counter-transference and the patient's response to it. Int. J. Psycho-Anal. 32: 32-40.
LOCH. W. (1965): Übertragung - Gegenübertragung. Anmerkung zur Theorie und Praxis. Psyche 19: 1-23.
LOCH, W. (1974): Der Analytiker als Gesetzgeber und Lehrer. Psyche 28: 431-460.
LUBORSKY, L. (1988): Einführung in die analytische Psychotherapie. Springer, Berlin/Heidelberg/New York (Engl.: Principles of psychoanalytic psychotherapy. Basic Books, New York 1984).
LUBORSKY, L. u. CRITS-CHRISTOPH, P. (1990): Understanding transference. The CCRT method. Basic Books, New York.
MEISSNER, W.W. (1984): Psychoanalysis and religious experience. Yale Univ. Press. Ann Arbor.
MERTENS, W. (1991): Einführung in die psychoanalytische Therapie. Bde. 1 bis 3, Kohlhammer, Stuttgart/Berlin/Köln.
MOELLER, M.L. (1977): Zur Theorie der Gegenübertragung. Psyche 31: 142-166.

MOORE, B.E. u. FINE, B.D. (1990; Hg.): Psychoanalytic terms and concepts. The American Psychoanalytic Association and Yale Univ. Press. New Haven/London.
NERENZ, K. (1985): Zu den Gegenübertragungskonzepten Freuds. Psyche 39: 501-518.
OGDEN, T.H. (1979): On projective identification. Int. J. Psycho-Anal. 60: 357-373 (Dt.: Die projektive Identifikation. Forum Psychoanal. (1988) 4: 1-21).
RACKER, H. (1957): The meanings and uses of countertransference. Psa. Quart. 26: 303-357.
RACKER, H. (1968): Transference and countertransference. Int. Univ. Press. New York (Dt.: Übertragung und Gegenübertragung. Reinhardt, München/Basel 1978; Span.: Orig.: Estudios sobre técnica psicoanalitica. Paidós, Buenos Aires 1960).
REICH, A. (1951): On countertransference. Int. J. Psycho-Anal. 32: 25-31.
REICH, A. (1960): Further remarks on countertransference. Int. J. Psycho-Anal. 41: 389-395.
REICH, A. (1966): Empathy and countertransference. In: A. Reich, Psychoanalytic contributions. Int. Univ. Press. New York 1973, S. 344-360.
REICH, W. (1973): Charakteranalyse. Technik und Grundlagen. Fischer, Frankfurt a.M.
RICHTER, H.-E. (1977): Patient Familie. Rowohlt, Reinbek.
RIEMANN, F. (1959): Die Struktur der Therapeuten und ihre Auswirkung in der Praxis. Psyche 13: 150-159.
RIEMANN, F. (1959/60): Bedeutung und Handhabung der Gegenübertragung. Zschr. Psychosom. Med. Psychoanal. 6: 123-132.
RIEMANN, F. (1976): Grundformen der Angst. Reinhardt, München/Basel.
ROHDE-DACHSER, C. (1981): Dyade als Illusion. Zschr. Psychosom. Med. Psychoanal. 27: 318-337.
ROHDE-DACHSER, C. (1987): Auswirkungen der ödipalen Dreieckskonstellation bei narzißtischen und bei Borderline-Störungen. Psyche 41: 773-799.
SANDLER, J. (1960): The background of safety. Int. J. Psycho-Anal. 41: 352-356.
SANDLER, J. (1976): Countertransference and role-responsiveness. Int. Rev. Psycho-Anal. 3: 43-47 (Dt.: Gegenübertragung und Bereitschaft zur Rollenübernahme. Psyche (1976) 30: 297-305.
SANDLER, J. (1987; Hg.): Projection, identification, projective identification. Int. Univ. Press. Madison, Conn.
SANDLER, J. (1992): Reflections on developments in the theory of psychoanalytic technique. Int. J. Psycho-Anal. 73: 189-198.
SANDLER, J.; DARE, C. u. HOLDER, A. (1973): The patient and the analyst. The clinical framework of psychoanalysis. Allen u. Unwin, London (Reprinted: Karnac Books, London 1979).
SANDLER, J.; DARE, C. u. HOLDER, A., revised and expanded by J. Sandler u. A.U. Dreher (1992): The patient and the analyst. Karnac, London.

SANDLER, J. u. SANDLER, A.-M. (1983): The "second censorship", the "three box model" and some technical implications. Int. J. Psycho-Anal. 64: 413-425.

SANDLER, J. u. SANDLER, A.-M. (1985): Vergangenheits-Unbewußtes, Gegenwarts-Unbewußtes und die Deutungen der Übertragung. Psyche 39: 800-829.

SARAVAY, S.M. (1978): A psychoanalytical theory of group development. Int. J. Group Psychother. 28: 481-507.

SCHAFER, R. (1976): A new language for psychoanalysis. Yale Univ. Press. New Haven.

SCHARFENBERG, J. u. NASE, E. (1977; Hg.): Psychoanalyse und Religion. Wege der Forschung. Wiss. Buchges., Darmstadt.

SCHULTZ, H. (1973): Zur diagnostischen und prognostischen Bedeutung des Initialtraumes in der Psychotherapie. Psyche 27: 749-769.

SCHULTZ-HENCKE, H. (1973): Lehrbuch der analytischen Psychotherapie. Thieme, Stuttgart. 2. Aufl.

SCHWIDDER, W. (1972): Klinik der Neurosen. In: K.P. KISKER; J.-E. MEYER; M. MÜLLER u. E. STÖMGEN (Hg.), Psychiatrie der Gegenwart. Forschung und Praxis. Bd. II/Teil 1. Springer, Berlin/Heidelberg/New York, S. 351-476.

SEARLES, H.F. (1978/79): Concerning transference and countertransference. Int. J. Psychother. 7: 165-188.

STONE, L. (1973): Die psychoanalytische Situation. Fischer, Frankfurt a.M. (Engl.: The psychoanalytic situation. An examination of its development and essential nature. Int. Univ. Press. New York 1961).

STRACHEY, J. (1934): The nature of the therapeutic action of psychoanalysis. Int. J. Psycho-Anal. 15: 127-159.

STREECK, U. u. WEIDENHAMMER, B. (1987a): Hintergrundannahmen und sprachliche Handlungsmuster des Analytikers bei der Handhabung der Übertragung. Materialien Psychoanalyse 13: 179-195.

STREECK, U. u. WEIDENHAMMER, B. (1987b): Zum Redeverhalten des Analytikers im Übertragungsgeschehen. Psyche 41: 60-74.

SULLIVAN, H.S. (1953): The interpersonal theory of psychiatry. W.W. Norton, New York.

THOMÄ, H. u. KÄCHELE, H. (1986): Lehrbuch der psychoanalytischen Therapie. Bd. 1 (1986), Bd. 2 (1988). Springer, Berlin/Heidelberg/New York.

TICHO, E.A. (1972): The effects of the analyst's personality on psychoanalytic treatment. Psa. Forum 4: 137-151.

TICHO, G.R. (1971): Selbstanalyse als Ziel der psychoanalytischen Behandlung. Psyche 25: 31-43.

TRESS, W. (1986): Das Rätsel der seelischen Gesundheit. Vandenhoeck u. Ruprecht, Göttingen.

TRESS, W. (1989): Ein Blick auf die Konturen des Elefanten. Bericht von der 19. Jahrestagung der Society for Psychtherapy Research (SPR) in Santa Fé vom 14.-18. Juni 1988. Zschr. Psychosom. Med. Psychoanal. 35: 175-186.

VOLKAN, V.D. (1991): Vortrag im Krankenhaus Tiefenbrunn, Rosdorf (bei Göttingen).
WEISS, J., SAMPSON, H. u. The Mount Zion Psychotherapy Research Group (1986): The psychoanalytic process. The Guilford Press, New York/London.
WILLI, J. (1972): Die hysterische Ehe. Psyche 26: 326-356.
WINNICOTT, D.W. (1949): Hate in the counter-transference. Int. J. Psycho-Anal. 30: 69-74.
WINNICOTT, D.W. (1960): Countertransference. Brit. J. Med. Psychol. 33: 17-21.

Register

Abstinenz
   Anstrengung 63f
   nach Lehranalyse 190ff
   und Übertragungsauslöser 62ff
Abwehr und Empathie 38
Abwehrmechanismen
   beim Therapeuten Ich-synton 92f
   erkennen 92f
   übersehen 92f
Abwehrrepräsentanz, analoge 93
Acting in, acting out 95ff
Affektabfuhr des Therapeuten 206
Affekte
   kommunikative Funktion 82
   und Handlungsimpulse 35
Affekttoleranz des Therapeuten 205f
Affektualisierung bei hysterischen Therapeuten 117
Agieren 95ff
   aus dem Charakter und aus der Übertragung 99
   "erwachsenes" infantiler Wünsche 97f
   in Regression 95f
   infolge einer Entwicklungsstörung 95f
   lärmende Formen 99
   masochistisches und Übertragung böser vertrauter Objekte 101
   selbst- und fremdschädigendes 88
   stille Formen 99
   therapeutisch genutzt 100
   Toleranzgrenze des Therapeuten 99
   und Charakterneurose 99
   und Probieren 19
   und Verschieben 97
Alexithymie 150
Alltagssituation und therapeutische Situation 72
Analytiker (s. a. Therapeut) 68
   als Übertragungsauslöser 15
   analysiert seine Träume 181ff
   Berufseignung 193ff
   Charakterstruktur und Handeln 45ff (s. a. Therapeuten-Charakter)
   Geschlecht 137ff
   reagiert auf professionelle Rolle 60ff
   überträgt inneres Objekt Patient 28
   verschiebt Beziehungswünsche 28
Anerkennung und Liebe, Verwechselung 113
Angehörige zur Diagnostik hinzuziehen 166f
Angst
   ödipale, Vater und Mutter gleichzeitig zu verlieren 140
   um den Patienten und vor dem Patienten 110ff
Antwortbereitschaft, freischwebende 20

Arbeitsbeziehung, Kritik des
    Konzepts 40
Arbeits-Ich 39, 42, 56ff, 124
    als falsches Selbst 59
Arbeitsstil
    analytischer 48ff
    optimaler f. d. Patienten 48ff
Asymmetrie der therapeutischen Beziehung 66

Behandlungsziele, unrealistische 88f
Beziehung zum Analytiker als sekundärer Krankheitsgewinn 80
Beziehung zum Therapeuten, angesprochene und unangesprochene 83
Beziehungskonflikte, zentrale 45
Beziehungswünsche, basale 19
Bildung als prognostischer Faktor 165
Billigen und Verstehen 121
Biographische Anamnese 164
Borderline und Setting 170
Borderline-Patienten und narzißtisches Gleichgewicht des Therapeuten 204f
Burn-out 204

Charakter
    pathologischer 47f
    Therapeut, Charakter s. dort
    und Setting 50ff
    und Übertragung 44f
Charakteragieren 99, 101
    Ich-dystones und Ich-syntones 101
    ideologisiertes 101
Charakterstruktur und Charakterzüge 46
Charaktertypologie von RIEMANN 47

Charakterwiderstände 78
Compartmentalisierung 59
Containerfunktion des Therapeuten, Komponenten 123

Dankbarkeit 113
Dekodierungsschwäche bei hysterischen Therapeuten 110
Deuten
    in Haltefunktion 86
    narzißtisch besetzt 60
    zu frühes, im Dienst des Widerstandes 91
    und Identifizierung mit dem bewußten Selbst des Patienten 37f
Deutungen, Wege dahin 61
Diagnose 164ff
Dienstleistungsberuf Ther. 143f
Durcharbeiten bei passiv-femininen Einstellungen 82
Dyadische Fixierung 111

Einfälle 36
Einfühlen und Schlußfolgen 38f
Einfühlung und projektive Identifizierung mit Selbstanteilen 36
Einsicht
    "magisch" wirkende 70
    und Handlungsanweisung 73
    und künftige Wahrnehmungen 70f
Elternrolle und Therapeutenrolle 65ff
Elternübertragung des Therapeuten 68
Empathie
    und Abwehr 38
    und Identifizierung 61f
Entscheidungen an den Grenzen des Settings 51f
Erfolg, gefürchteter 88

Familiarität 19, 80
Familienroman 67
Festungsfamilie 89
Frauen, oral fixierte 141f

Geburtstrauma 30
Gedanken und Tat 71
Gefühle
　Abwehr 110
　fehlende: diagnostische
　　Auswertung 110
　metabolisieren 24, 122f
　selektiv und kontrolliert
　　mitteilen 123
Gegenübertragung
　Affekte, Stimmungen,
　　Handlungsimpulse 15
　"bekennen" 128ff
　bewerten 61
　des Patienten 89
　Definition 33
　diagnostisch auswertbare 12
　erklären und verstehen 14
　erotische 129f
　ganzheitlich/spezielle 15
　hilfreiche 42
　Komponenten 33f
　Lackmustheorie 13
　neurotische Reaktionen,
　　hilfreiche 42
　Phantasien 41
　störende 41f
　totalistische als Gegen-
　　reaktionen 16
　totalistisch-spezielle 33ff
　unbewußte Reaktion auf
　　Übertragung 13
　und aktuelle Beziehungen
　　des Analytikers 14, 61
　und Institution, in der ein
　　Patient arbeitet 151f
　und Lebensgeschichte des
　　Analytikers 14
　und Tagesform 14
　und Übertragungen des
　　Analytikers 14f
　und Wissen 62
　verbalisieren 126ff
　zu überwindende 12
Gegenübertragungsanalyse,
　Methodik und Ziele 42ff
Gegenübertragungsneurose 92
Gegenübetragungsreaktionen,
　habituelle 35f
Gegenübertragungsträume 108ff
Gegenübertragungswiderstand
　77
　in Gruppen 201
　gegen ödipale Pathologie
　　134ff
Gegenwartsunbewußtes 16,
　17f, 65, 131f, 180f
Geschwisterrolle 67f
Gruppe
　als Verstärker für
　　Emotionen 203
　und Gegenübertragung 196ff
Gruppenmitglieder wachen
　über Therapeuten 197f
Gruppentherapeut
　Ganzobjektübertragung 199f
　Geschlecht 138ff
　leugnet seine Macht 197
　reagiert auf Gruppe mit
　　homogener Psycho-
　　dynamik 200
　seine Aktivität 200f
　verbalisiert Gegenüber-
　　tragung 202
Gruppentherapie
　Patienten fehlen, Therapeut
　　reagiert 198f
　strengt an 203
　und reduktionistische
　　Konzepte 196f
　und Agieren 199

Handlungen, Analyse 43
Handlungsanweisung
　isoliert erinnerte und
　　Durcharbeiten 73
　und Einsicht 73
Handlungsdialog 21
Handlungsimpulse
　und Affekte 35
　und Phantasien 41
Haßgefühle des Patienten,
　schwer zugängliche 121
Heilungserwartungen 170f

Idealisierung
　Erträglichkeit 79
　Mißtrauen dagegen 79
Idealisierungshunger 79
Identifizierung
　projektive 19ff
　und Empathie 61f
Identifizierungen und
　Regression 27
Identitätswiderstand 81
Impuls und Tat 116
Indikation 164ff
　institutionelle Momente 166
　und Sympathie 133
Institution, in der ein Patient
　arbeitet, und Gegenübertragung 151f
Interpretationsspielräume 63
Interview 164
Introspektionsfähigkeit 165
Inzest 130ff

Kind im Erwachsenen 18, 52
Kleinwüchsigkeit 147f
Kollusion, ideal zu sein 26f
Komplexität, Umgang damit
　trainieren 31
Konfrontation 43f
　Umgang damit 60
　und Erfahrung 31f

Körperbehinderte 145ff
　Schwierigkeiten der
　　Einfühlung 146f
　und berufliche Vorerfahrungen 145f
Körpergefühle 36
Körperliche Merkmale 145ff
Körperlichkeit, Einfühlung
　darein 81
Konzepte, vereinfachende 28ff
Kurieren aus einem Punkte 30

Lackmustheorie 14
Lehranalyse
　Funktion bei Bearb. von
　　Gegenübertragung 185ff
　Grenzen 39, 175ff
Leugnen und Leugnung 93f
Liebe und Anerkennung,
　Verwechselung 113
Liebesübertragung 130ff
　heterosexuelle und homosexuelle auf Therapeutinnen 140f
　Machtverhältnisse 72
　und Selbstwertgefühl 132f
　Verschiebung 132

Männer, oral fixierte 142f
Mikrosymptome und Selbstanalyse 183, 185
Mißallianzen, therapeutische
　20
Mitagieren
　im Handlungsdialog 98
　verstärkt Übertragungsauslöser 98f
Mutter
　als Ernährerin 141ff
　ideale 66

Nachdenken über Patienten
　188ff

231

Negative therapeutische
 Reaktion 84ff
Neid
 gegenüber Patienten 118
 von Patienten 118ff
Neubearbeitung und Neudruck
 36f
Normen und Werte, Einfluß
 auf Diagnostik und
 Interventionen 39

Objekt, übertragenes spielen
 124ff
Objektbeziehungen und
 Konflikte 27
Objektvorstellung, reife 124f
Ödipale Pathologie, Gegen-
 übertragungswiderstand
 134ff
Ödipale Übertragungen und
 Übertragungsauslöser 81
Ödipuskomplex, archaische
 Matrix 135

Patient
 bremst 88
 mit Rachewünschen 121
 supervidiert Analytiker 38
 testet Analytiker 57f
 Toleranzgrenze 90
Patientin fühlt sich als
 "Sexualobjekt" 133
Pausen zwischen den Stunden
 189f
Penisneid 119f
Phantasien 36
 und Handlungsimpulse 41
Prinzip Antwort 127f
Prinzip Deutung 127
Probieren und Agieren 19
Professionelle Rolle, Veran-
 kerung darin 64
Prognose 164ff

Projektive Identifizierung 19ff,
 64
 Abgrenzungstyp 22
 Akt aktiver Empathie? 20
 als Abwehr 22f
 als Regelkreis 23
 Analytiker soll
  "explodieren" 24
 archaische erkennen 24f
 bei Borderline-Patienten 23
 bei frühgestörten Patienten 20
 durch den Therapeuten 26
 entdecken 26
 Familiarität 22
 Gefühle beherrschen 26
 interaktioneller Anteil 21
 kommunikativer Typ 22
 Konfliktentlastungstyp 22
 omnipotente Kontrolle 22
 persönlichkeitsfremde 36
 Prokrustesbett 39
 Ubiquität 26
 und Eskalationen 24
 und Leugnung 23
 und professionelle Rolle des
  Therapeuten 23
 und Projektion 23
 und Therapeutenrolle 24
 Übertragungstyp 21f
 wiedererkennen 25
Psychoanalyse als
 Religionsersatz 162
Psychosomatisch Kranke
 Motivation zur Psycho-
  therapie 150f
 Reaktionen d. Analyt. 148ff

Rachegefühle vom Patienten
 und Therapeuten 121f
Rahmenbedingungen
 als Rituale betrachtet 159ff
 Erfahrungen in der Lehranalyse 156ff

Rangordnungen als Übertragungsauslöser an Instituten 191
Rangreihen von Interventionen 43f
Reaktionen, fehlende, diagnostisch auswerten 31
Regeln und Rituale 159ff
Regression, vereinfachende 30
Religion 163
Restneurose 172
Rituale
   dysfunktionale 161f
   machen sicher 153f
   Regeln 159ff
   und Abstinenz 154f
   und Rahmenbedingungen 152ff
   und Werte 161
Rivalität des Therapeuten mit realen Eltern 122
Rollen, soziale, Übertragung auf Analytiker 143f
Rollenübernahme, aktive 125f

Scheinprobleme bearbeiten 88
Schlußfolgern und Einfühlen 38f
Schuldgefühle, reale und neurotische 113ff
Sekundärer Krankheitsgewinn 80f
Selbstanalyse 179ff
   und Mikrosymptome 183, 187
Selbsterfahrung, Durcharbeiten 42
Selbsterfahrungsgruppen, psychoanalytisch-interaktionell 126f
Setting und Charakter 50ff
Sexualüberschätzung 98
Sozialschicht, Kenntnis davon 81

Spiegel 12, 28, 39, 138
Spontaneität 56, 62
Stimmungen 36
Suizidalität 101ff
   aufgegebenes Objekt 102
   fusionierte 102f
   manipuliertes Objekt 101f
   pseudostabile Beziehungkonstellation 102
Supervision
   durch den Patienten 187f
   Funktion beim Bearbeiten von Gegenübertragung 185ff
   und Lehranalyse, Abgrenzung der Aufgaben 178
Sympathie
   für Patienten 115f
   und Indikation 133
Symptomverstärkung bei negativer therapeutischer Reaktion 86

Tagträume im Dienst der Selbstanalyse 184
Tat
   und Gedanke 71
   und Impuls 116
Täuschung
   Auflösung therapeutisch wirksam 144
   selbst therapeutisch wirksam 144
Therapeut (s. a. Analytiker)
   Alter 162, 206f
   bremst 88
   Containerfunktion 122ff
   der vermeidet, nimmt Vermeidungen des Patienten übel 93
   hat Beziehungen nur zu Patienten 204
   ist ärgerlich 94

leugnet 94
masochistische Charakter-
 haltungen und Agieren 101
reagiert auf Widerstand 77ff
sadistisches Charakter-
 agieren 101
Schichtzugehörigkeit der
 Primärfamilie 159
Toleranzgrenze 90f
und Normen und Werte in
 der Gesellschaft 206
und Verarbeitung der
 Probleme seiner
 Adoleszenz 206f
vereinsamter 34
trauert 207f
Therapeuten- (Analytiker-)
 Charakter
 depressiver 32, 49, 55, 68f,
  74f, 87, 103f, 111, 120f,
  123, 158, 164f, 167,
  173f, 190, 194, 208
 hysterischer 32, 49, 56, 60,
  69f, 73f, 76, 100, 107f,
  117, 124, 158,164, 166ff,
  174, 194
 narzißtischer 69, 75f, 87,
  100, 162, 166f, 190
 phobischer 32, 49, 56, 60,
  74, 76, 100, 106, 123,
  165ff, 174, 202
 schizoider 32, 49, 55, 60,
  76f, 100, 104, 123f,
  164ff, 173
 zwanghafter 49, 56, 60, 69f,
  74f, 90, 100, 105f, 117f,
  123, 162, 164ff, 174,
  194, 202
Therapeutenrolle
 und Elternrolle 65ff
 und Mensch sein 64, 130
Therapeutenwahl umgeht
 Konflikte 89

Therapeutische Erfahrungen,
 Grenzen 176ff
Therapeutische Situation und
 Alltagssituation, 72
Therapie beenden 173f
Therapie, vorgeschlagene und
 Bildungsgrad 165
Therapiezimmer als Paradies
 72
Toleranz
 als moral. Forderung 52f
 echte 55
 gegenüber der eigenen
  Abwehr 93
 gegenüber dem Infantilen
  65, 67
 verachtend-mitleidige 55
Toleranzgrenze 38
Toleranzgrenzen der Patienten
 in Gruppentherapie 197
Trauer 111f
Treue 195

Über-Ich
 ausgewechselte Inhalte 71
 Inhalte und Bezugsgruppen
  53f
 strenges, unbewußtes 52
Über-Ich-Einflüsse, rationali-
 sierte 52
Über-Ich-Widerstand 80
Übertragung
 Aktualisierung 21
 aus der Adoleszenz, Widerstand gegen das
  Erkennen 136f
 interaktioneller Anteil 21
 milde und unaus-
  gesprochene positive 78
 und Charakter 44f
Übertragungen des Analytikers
 27f
 und professionelle Rolle 27f

Übertragungen nie ganz
 aufgelöst 190f
Übertragungsagieren 99
Übertragungsauslöser 23, 40
 reale 35
 und Abstinenz 62ff
 und Verkennung 35
Übertragungsentwicklung,
 erschwert durch Verhalten
 des Therapeuten 81
Übertragungserwartungen
 im Alltagsleben 72
 in der Therapie 72
Übertragungswiderstand 78
 unbewußt gleich neurotisch
 14
 infantiles und Sekundärpro-
 zeßhaftes Unbewußtes
 16ff

Vater
 als Ernährer 141ff
 idealer 66
Vergangenheitsunbewußtes 18,
 65, 131f
Verschieben infantiler Komponenten einer Liebes-
 übertragung 98, 131f
 und Agieren 97
 Verliebtheit in der Therapie
 und außerhalb 98
Verstehen und billigen 121
Vorbewußtes
 als Gegenwartsunbewußtes 16
 bewußtseinsfähiges 17

Werte und Normen, Einfluß
 auf Diagnostik und
 Interventionen 39
Werte und Rituale 161
Werte und Sozialschicht 54f

Widerstand
 als Übertragungsauslöser
 für den Analytiker 79
 auf therapeutisches Konzept
 hin definiert 93, 150
 aus Ich-Interessen 80
 beziehungsregulierend 93
 Definition 77
 gegen Auflösung der
 Übertragung 80
 gegen das Bearbeiten der
 Übertragung im Hier und
 Jetzt 78
 gegen das Bewußtwerden
 der Übertragung 78
 gegen das Mitteilen der
 Übertragung 78
 gegen das Ungewohnte 83
 gegen die Auflösung der
 Übertragung 78
 genetische Verknüpfungen
 in dessen Dienst 92
 grober 78
 Kompetenzen im Umgang
 mit verschiedenen
 Formen, persönlichkeits-
 abhängige 79ff
 Schutzfunktion 93
 subtiler 78
Widerstandkollusionen 87ff
 aufgelöste und Befindlichkeit des Therapeuten 91
 u. Gegenwartsunbewußtes 90
Widerstandsniveau, optimales
 93
Wünsche, konservative und
 progressive 19
Wut gegenüber Patienten 116ff

Zensor, zweiter 16
Zuschreibungen 36
Zweierbeziehung, Fixierung
 auf 136

Karl König bei Vandenhoeck & Ruprecht

Selbstanalyse
Hinweise und Hilfen

»Das Buch soll praktizierenden Analytikern, deren Lehranalyse und Selbsterfahrungsgruppe schon einige Zeit zurückliegen, Hilfen geben, unter dem Eindruck ihrer aktuellen analytischen Erfahrungen und trotz bestehender Hindernisse ihre Selbstanalyse weiter voranzutreiben. Außerdem werden Hinweise darauf gegeben, was der Analytiker tun kann, um die selbstanalytische Kompetenz seiner Patienten zu fördern. U. a. wird dabei im einzelnen eingegangen auf: private und berufliche Selbstanalyse, die Selbstanalyse von Übertragung und Charakter, Selbstanalyse in Paarbeziehungen, die Technik und die freie Assoziation in der Selbstanalyse, die Fixierung auf die Genese als Widerstand, Identitätswiderstände, Träume in der Selbstanalyse, die entsprechende Eignung verschiedener Persönlichkeitsstrukturen und die Grenzen einer Selbstanalyse.«
Zentralblatt Neurologie / Psychiatrie

Widerstandsanalyse

Eine psychoanalytische Therapie will dazu verhelfen, unbewußte Anteile, die belasten, hemmen oder krankmachen, ins Bewußtsein zu bringen und damit zur Heilung beizutragen. Dieser Prozeß braucht individuell seine Zeit und ist naturgemäß von Widerständen des Patienten begleitet. Karl König legt in seiner „Widerstandsanalyse" Wert darauf, immer auch die positive Funktion von Widerstand in der Psychotherapie im Blick zu haben. Denn ohne Widerstände können starke unbewußte Impulse das Ich überschwemmen und damit das Individuum überfordern. Widerstände verlangsamen den therapeutischen Prozeß, so wird er für Patienten erträglich. König beschreibt das Ziel eines optimalen Widerstandsniveaus, das Therapeut und Patient gemeinsam anstreben sollten.

Übertragungsanalyse

Übertragung ist ein zentraler Vorgang in der Psychoanalyse, bei dem unbewußte, meist aus der frühen Kindheit entstandene Gefühle und Wünsche gegenüber den Eltern oder anderen wichtigen Personen aktualisiert und auf den Analytiker gerichtet werden. Dadurch werden unbewußte Konflikte wiederbelebt und können bearbeitet werden.
Es gibt derzeit kein einheitliches Verständnis vom Phänomen der Übertragung. Karl König zeigt die Differenzierung und Erweiterung des Übertragungsbegriffs in der nachfreudianischen Psychoanalyse auf. Daraus leiten sich unterschiedliche behandlungstechnische Fragen ab: Welche Übertragungsauslöser gibt es? Wann und in welcher Form soll eine Übertragung angesprochen werden? Wie wird dabei mit Widerständen gegen das Manifestwerden von Übertragung umgegangen?

Abwehrmechanismen

Psychische Abwehr richtet sich von Beginn des Menschenlebens an gegen alles, was Angst oder Unlust hervorrufen könnte. Daran ist nichts Krankhaftes; jeder Mensch setzt Abwehrmechanismen ein, um sein Wohlbefinden und sein Gefühl der Sicherheit zu stärken.
Die Vielzahl bewußter und unbewußter Abwehrmechanismen, die unser Erleben wesentlich bestimmen, fächert Karl König anhand von Beispielsituationen sowohl innerhalb als auch außerhalb der Psychotherapie auf.

— In der Therapie weisen spezifische Abwehrformen auf ihre zugrundeliegenden Konflikte, die so erkannt ins Bewußtsein gehoben und bearbeitet werden können. Die Form der Abwehr erlaubt, wie die der Übertragung, den Blick auf die Genese der Konflikte.
— Im alltäglichen Leben eröffnet das Erkennen der eigenen Abwehrmechanismen wie auch der des Gegenübers einen weniger verkrampften Umgang mit neuen oder angstmachenden Situationen.

Indikation
Entscheidungen vor und während einer psychoanalytischen Therapie

»Die Weichenstellung der Indikation vor Beginn einer Behandlung, aber auch die vielen kleinen Entscheidungen im Psychoanalytischen Prozeß eröffnen Spielräume, die gezielter genutzt werden können, wenn Gesetzmäßigkeiten und Wirkfaktoren erkannt werden. Der Autor arbeitet Fallstricke und Risiken deutlich heraus.«
Dr. med Mabuse

»Insgesamt eine sehr umfassende Lektüre mit sehr differenzierten Fragestellungen, die zum Nachdenken und zur Klärung einladen. Inhaltlich ein kompaktes, informatives und äußerst lesenswertes Buch, nicht nur für Psychoanalytiker und Psychotherapeuten.«
Gruppenpsychotherapie und Gruppendynamik

Einführung in die stationäre Psychotherapie

Karl König hat nach zahlreichen Fachbüchern zur psychotherapeutischen Technik seine jahrelangen Erfahrungen als Arzt einer großen psychotherapeutischen Klinik und als Supervisor stationärer Einrichtungen systematisiert zu dieser ersten Darstellung, die alle Dimensionen stationärer Psychotherapie umfassend behandelt:
Konzepte stationärer Therapie / die Klinik als therapeutischer Raum, als Rahmen des Gruppenlebens / Krankheitsbilder und Indikationen / Beziehungen in der Klinik, Frauen und Männer / die verschiedenen Settings / unterstützende Therapieformen / Supervision / Ende der Therapie, Entlassung, Arztbriefe, Therapieabbruch / Berufsgruppen in der Klinik, Interessenkonflikte, Vor- und Weiterbildung
Aus grundsätzlichen Überlegungen werden jeweils konkrete Hinweise und Hilfen für die Fragen der Praxis abgeleitet.

Angst und Persönlichkeit
Das Konzept vom steuernden Objekt und
seine Anwendungen

Anhand der Begründung seines Konzepts vom steuernden
Objekt gelingt dem Autor eine stringente Beschreibung
und Erklärung der charakterologischen Merkmale der phobischen Persönlichkeitsstruktur. Aus dem theoretischen
Gesamtkonzept werden wertvolle psychotherapeutisch-
technische Konsequenzen für die Behandlung von Angstpatienten abgeleitet.
»Dieses Buch ist eine hervorragende klinische Studie, die
jeder praktisch tätige Psychotherapeut und Psychoanalytiker mit großem Gewinn lesen wird. Es ist aber auch ein
Markstein, der nachweist, daß die ichpsychologische-
objektbeziehungstheoretische Sichtweise inzwischen in die
deutsche Psychoanalyse-Literatur Eingang gefunden hat.«
Praxis der Psychotherapie und Psychosomatik

Einzeltherapie außerhalb des klassischen Settings

»Es ist das Verdienst von Karl König, einem hocherfahrenen Psychoanalytiker und Professor für Gruppenpsychotherapie an der Universität Göttingen, daß er ... eine kompetente, lesbare und klare Übersicht der verschiedenen
modernen psychoanalytischen Behandlungskonzepte anbietet. Statt unkritischer Vereinfachung arbeitet der Autor die
besonderen Schwierigkeiten dieser Verfahren (Zeitbegrenzung, Fokussierung, Blickkontakt) heraus und bietet an
zentraler Stelle ausführliche Kapitel zur Technik, zur Analyse von Übertragung und Gegenübertragung und zur
Indikation und Prognose an. Persönliche Eigenarten des
Therapeuten (und nicht nur des Patienten) werden genauso
erörtert wie die Differenz von Wertnormen zwischen Therapeut und Patient, Therapien mit sehr jungen und sehr
alten Patienten und Übergängen von Einzel- und Gruppentherapie und umgekehrt. Diese genauso kompetente wie
kritische Übersicht des Autors Karl König erfüllt ein seit
langem bestehendes Desiderat.« *Der Nervenarzt*

Psychoanalyse und Psychotherapie

Lester Luborsky
Einführung in die analytische Psychotherapie
Ein Lehrbuch. Mit einem Geleitwort von Horst Kächele / Reiner W. Dahlbender.
2. Auflage 1995. 179 Seiten, kartoniert
ISBN 3-525-45780-4

Annemarie Dührssen
Die biographische Anamnese unter tiefenpsychologischem Aspekt
4. Auflage 1997. 159 Seiten, kartoniert
ISBN 3-525-45684-0

Michael Ermann (Hg.)
Die hilfreiche Beziehung in der Psychoanalyse
2. Auflage 1996. 162 Seiten mit 10 Abbildungen, kartoniert
ISBN 3-525-45753-7

Annelise Heigl-Evers / Jürgen Ott (Hg.)
Die psychoanalytisch-interaktionelle Methode
Theorie und Praxis
3., überarbeitete Auflage 1998.
Ca. 268 Seiten, kartoniert
ISBN 3-525-45782-0

Almuth Bruder-Bezzel
Geschichte der Individualpsychologie
2., neu bearbeitete Auflage 1998.
Ca. 280 Seiten, kartoniert
ISBN 3-525-45834-7

Adolf-Ernst Meyer
Zwischen Wort und Zahl
Psychosomatische Medizin und Psychotherapie als Wisssenschaft
Ausgewählte Schriften. Herausgegeben von Friedrich-Wilhelm Deneke, Antje Haag, Horst Kächele, Ulrich Lamparter und Ulrich Stuhr.
1998. 241 Seiten, kartoniert
ISBN 3-525-45828-2

Till Bastian
Der Traum von der Deutung
Einhundert Jahre Psychoanalyse zwischen Via regia und Holzweg
Sammlung Vandenhoeck.
1998. Ca. 140 Seiten, Paperback
ISBN 3-525-01448-1

Reimer Hinrichs
Freuds Werke
Ein Kompendium zur Orientierung in seinen Schriften
1994. 127 Seiten, kartoniert
ISBN 3-525-45773-1

Paul L. Janssen / Manfred Cierpka / Peter Buchheim (Hg.)
Psychotherapie als Beruf
1997. 241 Seiten mit 9 Tabellen, kartoniert
ISBN 3-525-45817-7

Vandenhoeck & Ruprecht